Practice Makes Perfect!

CEDU(쎄듀)는 **A Comprehensive English eDU**cation(종합적 영어교육)의 약자입니다.

펴낸이	김기훈 김진희
펴낸곳	㈜쎄듀/서울시 강남구 논현로 305 (역삼동)
발행일	2021년 10월 18일 초판 1쇄
내용 문의	www.cedubook.com
구입 문의	콘텐츠 마케팅 사업본부
	Tel. 02-6241-2007
	Fax. 02-2058-0209
등록번호	제22-2472호
ISBN	978-89-6806-232-2
	978-89-6806-230-8(세트)

Training Book

500 SENTENCES
ESSENTIAL

천일문 핵심 문제집

저자

김기훈

現 ㈜쎄듀 대표이사
現 메가스터디 영어영역 대표강사
前 서울특별시 교육청 외국어 교육정책자문위원회 위원
저서 | 천일문 / 천일문 Training Book / 천일문 GRAMMAR
첫단추 BASIC / 어법끝 / 문법의 골든룰 101 / Grammar Q
어휘끝 / 쎄듀 본영어 / 절대평가 PLAN A / 독해가 된다
The 리딩플레이어 / 빈칸백서 / 오답백서 / 거침없이 Writing
첫단추 / 파워업 / ALL쏨 서술형 / 수능영어 절대유형 / 수능실감 등

쎄듀 영어교육연구센터

쎄듀 영어교육센터는 영어 콘텐츠에 대한 전문지식과 경험을 바탕으로 최고의 교육 콘텐츠를 만들고자 최선의 노력을 다하는 전문가 집단입니다.
오혜정 수석연구원 · 한예희 책임연구원 · 구민지 전임연구원 · 김진경 전임연구원 · 이누리 연구원

검토에 도움을 주신 분들

조시후 선생님(SI어학원) · 안명은 선생님(아우룸영어) · 안미영 선생님(스카이플러스학원) · 황성현 선생님(서문여자고등학교)
김명열 선생님(대치명인학원) · 박고은 선생님(스테듀입시학원) · 박혜진 선생님(박혜진영어연구소)
안상현 선생님(수원시 권선구) · 이민지 선생님(세종 마스터 영어학원) · 민승규 선생님(민승규영어학원)

마케팅	콘텐츠 마케팅 사업본부
영업	문병구
제작	정승호
인디자인 편집	한서기획
디자인	유은아 · 윤혜영
영문교열	Stephen Daniel White

Foreword

본 교재는 〈천일문 핵심〉편에서 학습한 구문의 개념을 확실히 이해했는지를 확인하고 이를 다른 예문들에 적용시켜볼 수 있도록 하기 위한 집중 훈련 문제집입니다.

〈천일문 핵심〉편과 같은 순서로 구성되어 있으므로 병행 학습하여 복습 및 반복 학습의 효과를 최대한으로 높일 수 있습니다. 학교나 학원에서는 자습 과제로도 활용이 가능할 것입니다.

〈천일문 핵심〉편은 우리말 설명을 최소화하고 예문을 중심으로 직독직해 위주의 학습이 진행됩니다. 본 교재에서는 구문 분석 및 직독직해, 어법, 영작, 해석, 문장 전환 등의 다양한 유형으로 적용하는 능동적 과정을 제공하므로, 구문에 대한 이해가 깊어지고 학습 내용을 자기 것으로 온전히 만들 수 있게 해줍니다. 또한 내신이나 수능에 직접적으로 도움이 되는 문제들도 접할 수 있습니다.

문장을 정확하고 순발력 있게 이해하기 위해서는 양질의 다양한 예문으로 꾸준히 연습하는 활동이 반드시 필요합니다. 구문의 핵심을 꿰뚫는 유형으로 구성되도록 혼신의 힘을 다하였으므로 〈천일문 핵심〉편의 학습을 충실히 보조해주리라 믿어 의심치 않습니다.

본 교재를 통해 정확한 해석력과 적용력을 튼튼히 길러, 어떤 문장이라도 호기롭고 자신감 있게 대처할 수 있게 될 것입니다. 학생 여러분의 무한한 발전과 성공을 기원합니다.

저자

Preview

Overall Inside Preview

① 각 문항별 배점의 총합이 100점이므로 점수 관리 용이
　(정답 및 해설에 부분점수 표 수록)
② 문제 유형 및 포인트
③ 각 문항별 배점 표시
④ 고난도 문항 표시
⑤ 혼동구문 구별 착안점 또는 정리 사항
⑥ 서술형 영작을 위한 가이드
⑦ 문제 풀이에 걸림돌이 되지 않도록 보기 편한 위치에 어휘 제시
⑧ 학습 범위를 벗어나는 고난도 어휘는 별도 제시

어휘 무료 부가 서비스　어휘리스트&어휘테스트　　　　www.cedubook.com에서 다운로드 가능합니다.

More Detailed Inside Preview

❶ 구문 이해 확인에 특화된 다양한 문제

명사 형태의 부사 구별하기 | 다음 문장에서 주절의 주어에 밑줄을 그으시오. [각 5점]

10 Three times a day, I brush my teeth thoroughly to take

11 Every night last week was rainy and stormy, because
country.

동명사 vs. 분사 | 다음 문장에서 쓰인 v-ing가 동명사인지 분사인지 고르시오. [각 5점]

10 Taking a deep breath, he picked up his surfboard and

11 Staying connected with one another through technolo
to many of us.

의미상의 주어 구별하기 | 다음 밑줄 친 부분이 준동사의 의미상의 주어인 것을 모두 고르시오.

05 ⓐ It was clever of her to solve the difficult problem and expla
the solution to her friend.
ⓑ He told me that it would be acceptable for a few days to u

목적어 형태 파악 | 다음 문장에서 빈칸에 들어갈 말을 〈보기〉에서 골라 알맞은 형태로 쓰시오.

〈보기〉 bring	raise	become	apply

06 You need _____ winter clothes because it can ge
mountain at night. - 모의

07 The hospital is planning _____ its capacity a

❷ 해석(부분 해석/전체 해석)

해석 | 다음 문장에서 주어에 밑줄을 긋고, 주어를 '때, 이유, 양보, 조건, 방법' 등의 부사적 의미어구[절]로 자연스럽게 해석하

06 Three hours' drive brought the family to the new place to settle down in.
→

07 Technological advances have led to a dramatic reduction in the cost of proce
transmitting information. - 모의
→

보어 찾기 & 직독직해 | 다음 각 문장에서 보어의 범위에 밑줄을 긋고, 문장 전체를 직독직해하시오.

01 After he bumped into a passerby, he stayed sitting down on the
head.
→

02 When I heard the Korean team didn't make it to the semifi
tournament, I got disappointed.
→

❸ 어법(네모/밑줄)

어법 | 다음 문장의 네모 안에서 어법상 알맞은 것을 고르시오. [각 4점]

06 Who we are is / are usually a result of the people we

07 Why do we enjoy / we enjoy movies so much is exp
movies. - 수능응용

어법 | 다음 밑줄 친 부분이 어법상 올바르면 O, 어색하면 ✕로 표시하고 바르게 고쳐 쓰시오.

10 The current electronic voting systems failed to meet th
technical faults, so innovations in electron technology sho

11 At the court, the accused admitted to tell the customer
which was completely a lie.

❹ 영작(배열/조건)

배열 영작 | 다음 우리말과 의미가 통하도록 괄호 안에 주어진 어구를 순서대로 배열하시오.

11 긴 시간의 토론 후, 참가자들은 만족할 만한 결론을 도출했다.
(the participants / discussion / a long hour's / helped)
→ _____
to draw a satisfactory conclusion.

조건 영작 | 다음 우리말과 일치하도록 괄호 안의 어구를 활용하여 〈조건〉에 맞게 영작하시오. lid not?

〈조건〉 • 필요시 어형 변화 및 중복 사용 가능   • 콤마(,) 사용 가능

13 컴퓨터 기반의 디지털 기록 보관소는 큰 용량의 저장 공간을 가진다.
(storage spaces, digital archives, computer-based, have, w
→ _____

❺ 문장전환/문장쓰기

문장 전환 | 다음 두 문장의 의미가 일치하도록 if 가정법 구문을 활용하여 바꿔 쓰시오.

01 I think the party wouldn't be that much fun witho
positive energy.
→ I think the party wouldn't be that much fun _____
him, who always gives off positive energy.

02 We should help young people mature into ethical ad
the global community. Otherwise, many people would

Contents

P A R T

문장의 구조와 변형

CHAPTER

0 1

문장의 시작과 주어

주어 찾기 & 직독직해 다음 문장에서 수식어구를 포함한 주절의 주어에 밑줄을 긋고, 문장 전체를 직독직해하시오. [각 8점]

01 Because of the moisture inside the refrigerator, medication should not be stored in it.

→

02 Economically and in terms of social development, countries with a low level of corruption thrive in general.

→

03 A study among people with cancer found that people who laugh often experienced stress relief.

→

04 By exploring the natural environment, in a five-month outdoor expedition, the photographers captured 500 images of the rare animals.

→

05 Against unexpected setbacks, if you remind yourself of your strengths, it will help you find a better and faster solution.

→

어법 다음 문장의 네모 안에서 어법상 알맞은 것을 고르시오. [06~08번 각 5점, 09번 6점]

06 With the goal of limiting the adverse health impacts of air pollution, the recommendations by the World Health Organization (WHO) was / were designed to be clear and reasonable.

07 For higher organisms, the most significant changes in the environment is / are those produced by the contemporaneous evolutions of other organisms. – 모의

08 From the confidence that the goals can be achieved, even greater goals appears / appear to be attainable.

09 According to many studies, the difference between average and high-achieving students lies / lie not in innate intelligence, but in habits.

10 Three times a day, I brush my teeth thoroughly to take care of my dental health.

11 Every night last week was rainy and stormy, because of the typhoon that struck our country.

12 Any way possible, the protesters were determined to get involved and make a change.

혼동구문 Tip ✔ 문장 시작 부분에 '시간, 장소, 방법' 등의 의미인 명사(구)가 올 경우
· 뒤에 동사가 이어지면 주어
· 뒤에 주어−동사 구조가 이어지면 부사(구)

조건 영작 ╲ 다음 우리말과 일치하도록 괄호 안의 어구를 활용하여 〈조건〉에 맞게 영작하시오. [각 8점]

〈조건〉 · 필요시 어형 변화 및 중복 사용 가능 · 콤마(,) 사용 가능

13 컴퓨터 기반의 디지털 기록 보관소는 큰 용량의 저장 공간을 가진다.

(storage spaces, digital archives, computer-based, have, with great capacity)

→ _____ .

14 당신의 몸에 있는 물의 많은 역할에 더하여, 그것은 해독 체계가 혈액의 노폐물을 제거하게 한다.

(allow, the many roles, water, in addition to, in your body, it, of)

→ _____

the detoxication system to remove waste products from your blood.

15 건축 양식과 시각 예술에서, 로코코 양식은 화려한 프랑스 양식으로 특징지어졌다.

(a decorative French style, by, be characterized, and visual arts, in architecture, the Rococo)

→ _____

_____ .

서술형 Tip ✔ 문장은 주어인 명사(구)로 시작하는 경우가 많으니 우선 주어진 우리말에서 주어부(~은)를 찾아 영작한다. 단, 주어인 명사(구) 앞에 수식하는 형용사가 먼저 오거나 부사(구, 절)로 시작할 수도 있으니 주어진 우리말과 영문을 잘 살펴본다.

01 medication 약 **02** in terms of ~의 관점에서, ~에 관하여 corruption 부패, 타락 thrive 번영하다; 잘 자라다 **03** stress relief 스트레스 경감[완화] **04** expedition 탐사, 원정 capture 정확히 포착하다, 담아내다 **05** setback 방해, 차질 **06** adverse 부정적인, 불리한 recommendation 권고(안), 추천 reasonable 타당한, 합리적인 **07** organism 유기체 contemporaneous 동시대에 발생하는 **08** attainable 이룰 수 있는 **09** innate 타고난, 선천적인 **10** thoroughly 충분히, 철저히 **12** protester 시위자 **13** storage 저장, 보관 archive 기록 보관소 capacity 용량; 능력 **14** detoxication 해독 **15** decorative 화려한, 장식적인 architecture 건축 양식; 건축(학)

주어 찾기 & 직독직해 　 다음 문장에서 주절의 주어 범위에 밑줄을 긋고, 문장 전체를 직독직해하시오. [각 9점]

01 Believing you can do it is the most important step of reaching your dreams.

→

02 To recall your happy memories of the past boosts your mood.

→

03 Spending 15 minutes a day out in the sun can build up your levels of vitamin D.

→

04 Staying the whole day at home, listening to the songs of birds made her day more pleasant. – 모의응용

→

고난도 **05** The decision on how to spend your Sunday afternoon will be determined by the relative importance that you place on family versus health. – 모의

→

---

to부정사: 주어 vs. 부사 　 다음 문장에서 밑줄 친 to부정사가 이끄는 범위에 밑줄을 긋고, to부정사가 주어인지 부사인지 고르시오.

[각 4점]

06 <u>To go</u> cold turkey means to stop doing addictive or dangerous behavior like smoking or drinking abruptly and completely.

*go cold turkey ～을 단번에 끊다

주어 / 부사

07 <u>To enjoy</u> the richness that life has to offer, we need to take our time. – 모의

주어 / 부사

08 <u>To stay</u> focused throughout the day and remain productive, you should get enough sleep every night.

주어 / 부사

고난도 **09** <u>To be</u> yourself in a world that is constantly trying to make you something else is the greatest accomplishment. – Ralph Waldo Emerson ((美 사상가 겸 시인))

주어 / 부사

혼동구문 Tip ✔ 1. to부정사구의 범위를 파악한다.
　　　　2. 뒤에 주어 없이 동사가 이어지면 to부정사구가 주어 (to-v(S) + V ～)
　　　　　뒤에 〈콤마(,) + 〉주어 + 동사〉 구조가 이어지면 to부정사구는 부사 (to-v, S + V ～)

다음 문장에서 쓰인 v-ing가 동명사인지 분사인지 고르시오. [각 5점]

10 Taking a deep breath, he picked up his surfboard and ran into the water.

동명사 / 분사

11 Staying connected with one another through technology has brought lots of changes to many of us.

동명사 / 분사

12 In the nineteenth-century, living composers increasingly found themselves in competition with the music of the past. - 모의

동명사 / 분사

혼동구문 **Tip** ✔ 〈v-ing ~ + 동사〉 → 주어 역할의 동명사(~하는 것/~하기)
〈v-ing + v-ing의 수식을 받는 명사 + 동사〉 → 뒤의 명사 주어를 수식하는 현재분사(~하는)
〈v-ing ~ + 콤마(,) + 주어 + 동사〉 → 분사구문의 현재분사(~하면서, ~할 때, ~해서)

조건 영작 **다음 우리말과 일치하도록 괄호 안의 어구를 활용하여 〈조건〉에 맞게 영작하시오.** [각 8점]

〈조건〉 · to부정사 또는 동명사 주어를 사용할 것 · 필요시 어형 변화 및 중복 사용 가능

13 모든 일에 있어서 그의 동료의 뛰어남을 생각하는 것은 항상 그에게 동기를 부여했다.
(brilliance, think of, colleague's, his)

→ _____ in everything always kept him motivated.

14 사무실에 개를 데리고 있는 것은 전체적인 분위기에 긍정적인 영향을 미칠 수 있다.
(the office, a dog, can, have, in)

→ _____ a positive effect on the general atmosphere. - 모의응용

15 알맞은 참고 문헌을 제공하는 것은 학문적인 글쓰기에서 중요한 부분이다.
(of, a critical part, the right references, be, academic writing, supply)

→ _____ .

서술형 **Tip** ✔ 1. 우리말에서 주어에 해당하는 부분이 '~하기/~하는 것'이면, 이를 먼저 to부정사 또는 동명사 주어로 영작한다.
2. 명사구 주어는 단수 취급하므로 단수동사를 사용한다.

---

01 reach (목적 등을) 이루다; ~에 도달하다 02 recall 기억해내다 boost 북돋우다 mood 기분 06 abruptly 갑자기 08 productive 생산적인 09 be oneself (남의 영향을 받지 않고) 본래 자신의 모습 그대로이다 12 composer 작곡가 13 brilliance 뛰어남 colleague 동료 15 reference 참고 문헌 academic 학문의; 학업의

주어 찾기 & 직독직해   다음 문장에서 명사절 주어에 밑줄을 긋고, 문장 전체를 직독직해하시오. [각 9점]

01 When you learn something from new people, or from a new culture, what you should do is to accept it as a gift and preserve it.

→

02 If there is a will, whether the individual is motivated by fear or greed doesn't matter when it comes to finding a way.

→

03 What's most important when you do completely unaccustomed work is to have some peace of mind and try to focus on the task.

→

04 If people want to live the life of their dreams, they need to realize that how they start their day not only impacts that day, but every aspect of their lives. – 모의

→

고난도 **05** Thought suppression can actually increase the thoughts you wish to suppress. Whoever tries not to think about food at the beginning of losing weight thinks much more about food. – 모의응용

→

어법   다음 문장의 네모 안에서 어법상 알맞은 것을 고르시오. [각 4점]

06 Who we are is / are usually a result of the people we choose to spend our time with.

07 Why do we enjoy / we enjoy movies so much is explained by the utopian aspect of movies. – 수능응용

08 That / Whether the operating system is functioning effectively in all fields or not is what the manager should be concerned with. – 모의응용

09 Sometimes perfectionists find that they are troubled because whatever they do never seems / seem good enough. – 모의

10 <u>Whichever route he decides to take</u>, he won't be on time for the train. 명사절 주어 / 부사절

11 <u>Whoever is not hesitant to step up</u> is considered to have leadership skills.
명사절 주어 / 부사절

12 <u>Whether they realize it or not</u>, people talk about and promote brands that they like every day. 명사절 주어 / 부사절

혼동구문 Tip ✔ 1. whether 또는 whatever 등의 복합관계대명사가 등장하면 절의 범위를 먼저 파악하고, 절 뒤에 이어지는 요소를 살핀다.
2. 절 뒤에 주어 없이 동사가 이어지면 명사절 주어, 절 뒤에 〈콤마(,) + 주어 + 동사〉 구조가 이어지면 부사절

조건 영작 \ 다음 우리말과 일치하도록 괄호 안의 어구를 활용하여 〈조건〉에 맞게 영작하시오. [각 7점]

〈조건〉 • 명사절 주어를 사용할 것 • 필요시 어형 변화 가능

13 그는 이메일 계정의 새로운 비밀번호를 잊어버렸고, 그가 기억한 것은 그의 이전 비밀번호였다.
(remembered, what, be, previous, his, he, password)

→ He forgot the new password for his email account, and _____

_____.

14 그 사업가가 자신의 사업을 어떻게 성장시킬 수 있었는지는 주목할 만하다.
(be, be able to, business, how, his, grow, the entrepreneur)

→ _____

remarkable.

15 합창단원들 중 누구도 전문적인 성악 수업을 받지 않았다는 것이 내게는 놀라웠다.
(take, that, vocal, of, the choir members, none, professional, lessons)

→ _____

was surprising to me.

서술형 Tip ✔ 1. 우리말에서 주어부가 'S가 V하다'와 같은 절의 구조라면, 그 의미에 맞는 접속사를 사용하여 명사절 주어를 완성한다.
2. 명사절 주어는 단수 취급하므로 단수동사를 사용한다.

01 preserve 보존하다; 보호하다; 전유물 02 will 의지 greed 욕심, 탐욕 when it comes to ~에 관한 한 03 unaccustomed 익숙하지 않은 04 impact 영향을 미치다 05 suppression 억제; 억압 07 utopian 유토피아적인, 이상적인 08 be concerned with ~에 관심이 있다; ~와 관계가 있다 09 troubled 불안해하는, 걱정하는 11 step up 앞으로 나가다; ~을 증가시키다 14 entrepreneur 사업가, 기업가 15 choir 합창단, 성가대

주어 찾기 & 직독직해 다음 문장에서 주어의 범위에 밑줄을 긋고, 문장 전체를 직독직해하시오. [각 8점]

01 The only direct way of learning about dinosaurs is by studying fossils.

→

02 A film produced by one of the greatest filmmakers of all time gained widespread popularity. – 모의응용

→

03 Developing the interpersonal skills necessary to fuel collaboration is a hurdle for many new employees.

→

04 Whoever uses kitchen tools that come in contact with raw meat should sanitize them before using them to prepare other foods.

→

05 The ability to manage relationships with respect for each other and mutual trust is very important within any environment.

→

06 Many people struggling with difficult emotions that bother their sleep could also struggle with eating problems. – 모의응용

→

어법 다음 문장의 네모 안에서 어법상 알맞은 것을 고르시오. [각 4점]

07 Blaming children for their shortcomings or mistakes only 〔damages / damage〕 their self-esteem.

08 If people capable of voting in the national election 〔is / are〕 able to monitor the vote, it becomes a much fairer process.

09 The fact that titanium is strong, light, non-toxic and does not react with our bodies 〔makes / make〕 it a valuable medical resource.

10 The provision of timely feedback from teachers 〔is / are〕 essential because it enables students to reflect on what they have learned and what they still have to learn.

다음 문장에서 동사를 찾아 밑줄을 그으시오. [각 5점]

11 The first person credited with the creation of a formal sign language for the hearing impaired was Pedro Ponce de León, a 16th-century Spanish monk.

12 Providing students with the chance to work as part of a team and develop collaboration skills fosters personal gifts and talents in each student.

13 Those who easily feel helpless function extremely poorly when they work, sometimes showing unstable emotional states such as anxiety and depression. – 모의응용

혼동구문 Tip ✔ 1. 주어를 수식하는 p.p.와 주어의 수식어구에 포함된 v는 문장 전체의 동사로 착각하기 쉽다. 뒤에 진짜 동사가 등장하는지 확인한다.
2. 명사로 더 자주 쓰이는 단어가 동사로 쓰였을 때, 명사로 혼동하지 않도록 주의한다.

조건 영작 **다음 우리말과 일치하도록 괄호 안의 단어를 활용하여 〈조건〉에 맞게 영작하시오.** [각 7점]

〈조건〉 • 필요시 어형 변화 가능 • 콤마(,) 사용 가능

14 감정 표현에 특화된 글쓰기는 우리가 감정의 내적 세계를 탐험하게 한다.
(the expression, specialized, writing, emotions, in, of)

→ _____

makes us explore the inner world of feelings.

15 사람의 눈으로 보이지 않는 것들이 자외선 아래에서 보일 수 있다.
(under, invisible, UV light, to the human eye, things, can be seen)

→ _____.

16 노래, 춤, 그리고 악기 연주를 배우는 기회는 균형된 발달이 필요한 어린아이들에게 매우 도움이 된다.
(song, dance, to learn, the opportunity, helpful, very, and, instrument playing, be)

→ _____

to young children who need a balanced development. – 모의응용

서술형 Tip ✔ 우리말에서 수식을 받아 길어진 주어의 범위를 정확히 파악한다. 제시된 어구들 가운데 적절한 수식어(형용사구, 전명구, to부정사구, 분사구, 관계사절 등)를 주어 뒤에 쓰고, 나머지 술부를 완성한다.

---

03 interpersonal 대인 관계의 collaboration 협력 (능력) hurdle 난관, 장애 **04** sanitize 살균하다 **05** mutual 상호 간의 **07** blame A for B B에 대해 A를 비난하다 shortcoming 단점, 결점 self-esteem 자존감 **08** capable ~을 할 수 있는 monitor 감시하다; 추적 관찰하다 **10** provision 제공; 대비 timely 시기적절한 **11** credit (공로를) 돌리다 impaired 장애를 가진 **12** foster 발전시키다; 조성하다 **13** function 기능하다, 작용하다; 기능 unstable 불안정한 **15** invisible 보이지 않는

주어 찾기 & 문장 의미 파악 \ 다음 문장에서 주어에 밑줄을 긋고, 문장 의미가 통하도록 알맞은 것을 고르시오. [각 6점]

01 The actor's popularity robbed him of the capability to live a normal life.

→ Because / Though the actor was very popular, he couldn't live a normal life.

02 The development of transportation allowed modern tourism to develop on a large scale. – 모의응용

→ To / Through the development of transportation, modern tourism could develop on a large scale.

03 A close observation will let people realize the government's huge investment in energy-efficient goods.

→ If / Before people observe closely, they will realize the government's huge investment in energy-efficient goods.

04 No amount of protests can overturn the decision of the court.

→ After / Even though there are lots of protests, they cannot overturn the decision of the court.

05 Other opinions of what to do probably make you unable to do what you want — this is why sometimes you are the best travel companion for yourself.

→ Even if / When there are other opinions of what to do, you are probably unable to do what you want — this is why sometimes you are the best travel companion for yourself.

해석 \ 다음 문장에서 주어에 밑줄을 긋고, 주어를 '때, 이유, 양보, 조건, 방법' 등의 부사적 의미어구[절]로 자연스럽게 해석하시오. [각 8점]

06 Three hours' drive brought the family to the new place to settle down in.

→

07 Technological advances have led to a dramatic reduction in the cost of processing and transmitting information. – 모의

→

08 The team that wins the game might make mistakes and lag behind for part of it. – 수능응용

→

09 Your persistently selfish behavior will make everyone turn their backs on you.

→

고난도 **10** Invention of more species of artificial intelligence will force us to surrender more of what is supposedly unique about humans. – 수능응용

→

배열 영작 다음 우리말과 의미가 통하도록 괄호 안에 주어진 어구를 순서대로 배열하시오. [11~12번 각 7점, 13~14번 각 8점]

11 긴 시간의 토론 후, 참가자들은 만족할 만한 결론을 도출했다.

(the participants / discussion / a long hour's / helped)

→ _____

to draw a satisfactory conclusion.

12 새롭게 처방된 약일지라도 그 환자에게 전혀 듣지 않았다.

(medication / work / prescribed / newly / the / did not)

→ _____

for the patient at all.

13 도식화된 지식이 있으면 당신은 기억할 수 없는 일들을 재구성할 수도 있다.

(enable / you / things / schematic / may / knowledge / to reconstruct)

→ _____

you cannot remember. – 수능응용

14 인쇄기로 인해 지식이 그 어느 때보다 훨씬 더 빨리 퍼지게 되었다.

(allowed / far more quickly / the printing press / knowledge / to spread)

→ _____

than ever before. – 수능응용

서술형 Tip ✔ 우리말에서 '때, 이유, 양보, 조건, 방법'의 의미가 주어의 형태(~은, ~는)로 제시되지 않았어도 영어에서는 무생물/추상적 주어로 표현해 쓸 수 있다.

---

02 scale 규모, 범위; 등급 04 overturn 뒤집다 05 companion 동반자; 친구 07 advance 진보 transmit 전송하다 08 lag behind 뒤처지다 09 persistently 지속적으로 turn one's back on ~에게 등을 돌리다 10 artificial intelligence 인공 지능 surrender 포기하다, 넘겨주다 supposedly 추정상, 아마 12 prescribe 처방하다; 규정[지시]하다 13 schematic 도식[도표]으로 나타낸 reconstruct 재구성하다

의미상의 주어 찾기 \ 다음 문장에서 밑줄 친 준동사의 의미상의 주어에 동그라미하고, 문장 전체를 직독직해하시오. [각 11점]

01 The Halloween festival involves partygoers from the towns <u>wearing</u> unique costumes.

→

02 The lecture gives opportunities for people who want to study abroad <u>to understand</u> the culture of the country they wish to go to.

→

03 A laboratory was built for the scientists to conduct follow-up surveys and <u>assess</u> the major threats that the wild animals face.

→

고난도 **04** The photograph was one cause of the painters' moving away from direct representation and <u>focusing</u> on more abstract works. – 수능응용

→

의미상의 주어 구별하기 \ 다음 밑줄 친 부분이 준동사의 의미상의 주어인 것을 모두 고르시오. [12점]

고난도 **05**
ⓐ It was clever <u>of her</u> to solve the difficult problem and explain the process of finding the solution to her friend.
ⓑ He told me that it would be acceptable <u>for a few days</u> to use his card.
ⓒ She was really careless of the rights <u>of other people</u> to make the rude remark in public.
ⓓ The musical experiences provide opportunities <u>for participants</u> to learn useful language and become aware of other cultural nuances.
ⓔ The common idea of <u>a creative individual in isolation</u> coming up with great insights, discoveries, works, or inventions is wrong.

혼동구문 Tip ✔ 의미상의 주어와 준동사(to-v/v-ing)가 주어-술어 관계인지 확인한다.

06 아버지는 그의 열다섯 살짜리 딸이 수영 대회에서 수상하고, 새로운 기록을 세운 것을 기뻐한다.

(fifteen-year-old / a swimming competition / winning / his / daughter / a prize / at)

→ The father is pleased with _____

_____ and setting a new record.

07 다른 사람들도 읽어야 했을 때, 많은 사람 중에서도 네가 그 참고 서적을 오랫동안 읽은 것은 정말 이기적이었다.

(to read / for a long time / of all people / you / the reference book / of)

→ It was really selfish _____

when others needed to read it too.

08 나는 네가 나와의 약속에 늦고 나에게 어떠한 사과도 하지 않은 것에 실망했다.

(for my appointment / and / your / me / being late / any apology / not giving)

→ I was disappointed about _____ .

09 그는 그가 어제 본 유기견이 따뜻하게 지낼 은신처를 만들었다.

(the abandoned dog he saw yesterday / made / stay / warm / a shelter / to / he / for)

→ _____ .

서술형 Tip ✔	1. to부정사의 의미상의 주어는 to부정사 앞에 〈for[of] + 목적격〉으로, 동명사의 의미상의 주어는 동명사 앞에 소유격 또는 목적격으로 나타낸다.
	2. 준동사의 의미상의 주어가 수식을 받아 준동사와 멀어지거나, 두 개 이상 병렬된 준동사가 의미상의 주어를 공유하는 경우를 유의한다.

---

03 follow-up 후속의; 후속조치 **assess** 가늠하다, 재다; 평가하다 **04** representation 묘사, 표현 **abstract** 추상적인 **05** remark 발언; 주목; 언급하다 **nuance** 미묘한 차이, 뉘앙스 **in isolation** 혼자 있는, 고립된 **come up with** (해답 등을) 내놓다 **insight** 통찰력 **07** of all people 하고 많은 사람 중에 **08** appointment 약속; 임명, 지명 **09** abandoned dog 유기견

UNIT

0 7 ⟨it is 명사 that ~⟩의 it

it 구별하기 다음 밑줄 친 it의 역할을 ⟨보기⟩에서 고르고, 문장 전체를 직독직해하시오. [각 10점]

⟨보기⟩ ⓐ 대명사 it   ⓑ 가주어 it   ⓒ 강조구문의 it

01 <u>It</u> is an essential strategy that we consider our talents and interests when we choose our future careers.

_____ →

02 <u>It</u> was a letter of acceptance from the university that surprised her this morning.

_____ →

03 As technology and the Internet are familiar resources for young people, <u>it</u> is a natural result that they would seek assistance from this source. – 모의응용

_____ →

04 <u>It</u> is a dominant theory that Shakespeare did not always write his plays alone, and many of his plays are considered collaborative. – 모의응용

_____ →

05 Practicing and reviewing helps improve performance and <u>it</u> is a step for overcoming anxiety that hinders our capability.

_____ →

06 <u>It</u> is our inherent ambitions that motivate us, so we can fulfill our desires or pursue a new path.

_____ →

혼동구문 **Tip** ✔ it이 '그것은'으로 해석되며 ┬yes─ 대명사 it (that절은 관계대명사절)
앞의 내용을 받음 └no─ ⟨It is[was] ... that⟩을 제외한 ┬yes─ 강조구문의 it
나머지 어구만으로 문장이 성립 └no─ 가주어 it (that절은 진주어)

조건 영작 다음 우리말과 일치하도록 괄호 안의 어구를 활용하여 〈조건〉에 맞게 영작하시오. [각 8점]

〈조건〉 • 가주어-진주어 구문 〈It is[was] ~ that ...〉을 이용할 것 • 필요시 어형 변화 가능

07 회사 로고를 디자인할 때, 로고가 첫눈에 기억하기 쉬워야 한다는 것이 우선 사항이었다.

(to remember, a priority, should, the logo, be easy)

→ While designing the company logo, _____

_____ at first glance.

08 지구의 미래가 기후 변화를 멈추는 것에 달려있다는 것이 현실이다.

(climate change, the future, the Earth, a reality, depend on, stopping, of)

→ _____ .

서술형 Tip ✔ '가주어(it)-진주어(that)' 구문을 이용하라는 조건이 있거나 it, that이 주어지고 우리말 주어가 긴 절의 내용이면, 주어 자리에 가주어 it을 두고 서술부를 이어 쓴다. 그리고 맨 뒤에 that절로 진주어 내용을 영작한다.

조건 영작 다음 우리말과 일치하도록 괄호 안의 어구를 활용하여 〈조건〉에 맞게 영작하시오. [각 8점]

〈조건〉 • 강조구문 〈It is[was] ~ that ...〉을 이용할 것 • 필요시 어형 변화 가능

09 그 연례행사를 연기한 것은 바로 예상하지 못한 폭우였다.

(delayed, unexpected, the annual festival, heavy rain)

→ _____ .

10 많은 심리학자와 독자들이 기리는 것은 바로 그 저명한 학자의 지적 업적이다.

(the prominent scholar's, celebrate, achievements, and, many, intellectual, psychologists, readers)

→ _____ .

– 모의응용

고난도 11 어떤 자극이 개인 관심의 초점이 될지를 결정하는 것은 바로 개인에 의해 소유된 지식이다.

(by, which stimuli, knowledge, determine, possessed, the individual, become)

→ _____

_____ the focus of that individual's attention. – 모의응용

서술형 Tip ✔ 〈It is[was] ... that〉 강조구문을 이용하라는 단서가 있거나 우리말이 특정 내용을 강조하면(~은 바로 …이다), 강조되는 부분을 It is[was]와 that 사이에 쓰고 나머지를 that 이하에 쓴다.

---

01 strategy 전략, 계획 career 직업; 경력 **02** acceptance 합격 통지; 동의, 승인; 수락 **05** hinder 저해[방해]하다 **06** inherent 내재하는 ambition 야망, 포부 pursue 추구하다 **07** priority 우선 사항 glance 흘깃 봄; 흘깃 보다 **09** annual 연례의, 매년의 **10** prominent 저명한 celebrate 기리다, 찬양하다 **11** stimulus ((복수형 stimuli)) 자극

P A R T 1

CHAPTER

0 2

목적어와 보어: 구와 절 중심

목적어 찾기 & 직독직해 | 다음 각 문장에서 동사의 목적어 역할을 하는 to-v나 v-ing구에 밑줄을 긋고, 문장 전체를 직독직해하시오.

[각 8점]

01 We should avoid destroying natural ecosystems because they may be the source of tomorrow's drugs against cancer or obesity. – 모의응용

→

02 There are times when we agree to do something simply because a friend asks.

→

03 Toys are cultural objects that children learn to play with in particular and culturally appropriate ways. – 모의

→

04 Great scholars must be great students, and I found that my professor also never quit learning about his professional field.

→

05 We may want to become experts on everything in our lives, even though there simply isn't enough time to do so. – 수능응용

→

목적어 형태 파악 | 다음 문장에서 빈칸에 들어갈 말을 〈보기〉에서 골라 알맞은 형태로 쓰시오. (중복 사용 불가) [각 6점]

〈보기〉 bring	raise	become	apply

06 You need _____ winter clothes because it can get extremely cold up on the mountain at night. – 모의

07 The hospital is planning _____ its capacity and hopes to accept more patients in the coming year.

08 She missed a few classes because of health problems, but didn't give up _____ for scholarships.

09 He promised _____ a climate activist and detailed his plan about renewable energy.

어법 **다음 밑줄 친 부분이 어법상 옳으면 ○, 틀리면 ✕로 표시하고 바르게 고쳐 쓰시오.** [각 5점]

10 The current electronic voting systems failed <u>to meet</u> the voters' needs because of technical faults, so innovations in electronic technology should be made.

_____

11 At the court, the accused admitted <u>to tell</u> the customer the product was brand new, which was completely a lie.

_____

고난도 **12** The material publishers choose <u>publishing</u> must not only have commercial value, but be very competently written and free of editing and factual errors. – 모의응용

_____

조건 영작 **다음 우리말과 일치하도록 괄호 안의 어구를 활용하여 〈조건〉에 맞게 영작하시오.** [각 7점]

> 〈조건〉 · 필요시 어형 변화 가능 　· 필요시 단어 추가 가능

13 사람들은 일관되기를 원하고 그들이 이미 한번 '예'라고 말했다면 '예'라고 말하는 것을 계속할 것이다.
(people, be, want, consistent)

→ _____ and will continue saying yes if they have already said it once. – 모의

14 그 병원은 잘못 진단했고, 그녀에게 응급 치료를 제공하는 것을 지연했다.
(her, with emergency care, delay, provide)

→ The hospital made a wrong diagnosis and _____ .

15 그녀는 애벌레가 양배추에 해를 끼친다는 것을 알고 있었지만, 그녀는 그것들을 박멸하여 환경의 자연스러운 균형을 어지럽히고 싶지 않았다.
(the environment, she, did not, the natural balance, disturb, wish, of)

→ Although she knew caterpillars did harm to cabbages, _____
_____ by eradicating them. – 수능응용

서술형 Tip ✔ 동사의 목적어 자리에 또 다른 동작을 의미하는 내용이 올 때 to-v와 v-ing 중 어느 것을 목적어로 취하는 동사인지 파악한다.

---

01 natural ecosystem 자연 생태계 **04** professional 전문적인, 직업의 **05** expert 전문가 **07** capacity 수용력, 용량 **09** climate activist 기후 운동가　detail 구체화하다, 상세히 알리다; 세부 사항　renewable 재생 가능한 **11** accused 피고 **12** competently 능숙하게　factual 사실에 관한 **13** consistent 일관된, 변함없는 **14** make a diagnosis 진단하다 **15** disturb 어지럽히다, 방해하다　caterpillar 애벌레　eradicate 박멸[근절]하다, 뿌리 뽑다

목적어 찾기 & 직독직해 \ 다음 각 문장에서 동사의 목적어 역할을 하는 to-v나 v-ing구에 밑줄을 긋고, 문장 전체를 직독직해하시오.
[각 8점]

01 I'll never forget visiting the home of a neighbor and playing with his young three-year-old son.

→

02 I am concerned about environmental pollution and actively try to preserve and protect natural resources.

→

03 While he was diagnosed, he remembered having a conversation about the doctor's competence with other patients.

→

04 She remembered to read the medieval chapter as history homework, so she could finish up her homework on time.

→

05 I regret to complain that I had an extremely terrible network connection in my dormitory when I was surfing the Internet.

→

어법 & 문맥 파악 \ 다음 밑줄 친 부분이 어법상 옳으면 ○, 틀리면 ✕로 표시하고 바르게 고치시오. [각 5점]

06 He remembers <u>to skip</u> lunch as he was overwhelmed by the sculptures during a visit at an art museum.

_____

07 Even though you are going to become busy in the next few years, you should not forget <u>to spend</u> quality time with your family during that time.

_____

08 If you don't want to lose the chance to apply for the manager position, remember <u>checking</u> your deadlines and submit your application by the due date.

_____

09 During the Napoleonic Wars, a factory supplied British troops with boots. After the Wars ended, however, the government stopped <u>to buy</u> the boots from the factory. – 모의응용

*Napoleonic Wars 나폴레옹 전쟁 ((나폴레옹에 의해 일어난 영국·프로이센·오스트리아·러시아와의 전쟁))

_____

다음 우리말과 일치하도록 괄호 안의 어구를 활용하여 〈조건〉에 맞게 영작하시오. [각 8점]

〈조건〉 • 필요시 어형 변화 및 단어 추가 가능 • 콤마(,) 사용 가능

---

10 그는 지난달에 전기세 내는 것을 잊어버려서, 이번 달에 연체료를 내야 한다.

(last, forget, month, the electricity bill, pay)

→ He _____ ,

so he has to pay the late fee this month.

11 우리는 장거리 자동차 여행을 가기 전에 기름을 넣기 위해 멈췄고, 기름을 가득 채웠다.

(going on, gas, get, before, stop, a road trip)

→ We _____

and filled the car up.

12 그녀는 10대 때 어느 새해 전날을 홀로 보냈던 것을 기억했고, 그것이 끔찍했다고 말했다.

(in her teens, remember, she, spend, one New Year's Eve)

→ _____ alone

and said it was horrible.

13 매우 추운 날이었기 때문에 나는 장갑을 두고 집을 나선 것을 후회했다.

(it, leave, a very cold day, I, regret, home, be)

→ Since _____

without my gloves.

14 인생은 우리가 다른 사람들에게 그들의 친절한 행동에 대해 감사할 것을 기억할 때 대단히 더 쉬워진다.

(thank, when, remember, others, of kindness, for their acts, we)

→ Life becomes infinitely easier _____

_____ .

서술형 Tip ✔ 우리말에서 동사 remember, forget, regret, try, stop의 목적어가 '미래성(~할 것을 v하다)'을 의미하는지 '과거성(~한[하는] 것을 v하다)'을 의미하는지 파악한다. 미래성은 to-v, 과거성은 v-ing로 표현한다.

---

02 preserve 보존하다 natural resources 천연자원 03 diagnose 진단하다 competence 유능함, 능력 04 medieval 중세의 06 overwhelmed 압도된
sculpture 조각품 10 late fee 연체료 11 fill up ~을 가득 채우다 14 infinitely 대단히; 무한히

목적어 찾기 & 직독직해 \ 다음 각 문장에서 명사절 목적어에 <u>모두</u> 밑줄을 긋고, 문장 전체를 직독직해하시오. [각 10점]

01 Writing down what you ought to memorize can be helpful because just the act of writing things down can boost memory.

→

02 The executive tried to persuade the employees that their company would be stronger if they joined forces, shared resources, and supported one another.

→

03 We tend to assume the way to get more time is to speed up, but this can actually slow us down overall by skipping some important work. – 모의응용

→

04 Note that copyright covers the expression of an idea and not the idea itself. For example, all smartphones have similar functions but they don't violate copyright. – 수능응용

→

고난도 **05** Ever since the opinion polls revealed that most Americans are poorly informed about politics, analysts have asked whether citizens are equipped to play the role democracy assigns them. – 모의

→

어법 & 문맥 파악 \ 다음 문장의 네모 안에서 어법상 알맞은 것을 고르시오. [각 6점]

06 The mayor didn't decide whether / that he would participate in the opening ceremony or not.

07 Create an environment in which your children know that / what you are with them, rather than looking to criticize them. – 모의응용

08 I've done my best and I begin to understand that / what is meant by the "joy of the strife." Next to trying and winning, the best thing is trying and failing.

– Anne of Green Gables ((빨간 머리 앤, 소설))

다음 밑줄 친 부분이 명사절인 것을 **모두** 고르시오. [8점]

09
ⓐ You will likely get the same results if you run the same study again following the same procedures. – 수능응용
ⓑ When a restaurant server brings you a glass with a clear fluid in it, you don't have to ask if it's water. – 모의응용
ⓒ People would wonder if the new development plan would be pushed ahead.
ⓓ The terms of warranty indicate that if products have any problems, customers are entitled to receive a full refund within 2 months. – 모의응용

혼동구문 Tip ✔ 명사절은 주어, 목적어와 같은 문장의 필수 요소로 쓰이므로 명사절을 제외하면 문장의 의미가 통하지 않지만, 부사절은 문장에 반드시 필요한 요소는 아니므로 제외해도 문장의 의미가 통한다.

조건 영작 다음 우리말과 일치하도록 괄호 안의 어구를 활용하여 〈조건〉에 맞게 영작하시오. [각 8점]

〈조건〉 • 필요시 어형 변화 가능

10 제가 제출한 과제를 수정된 것으로 교체할 수 있는지 알려주세요.
(my submitted paper, I, change, if, can, to, the revised one)

→ Please let me know _____. – 수능응용

11 독서 후에, 정보를 종합하고 네가 배웠던 것을 써라. 그러면 너는 그 내용을 마음속에서 확고히 할 것이며 나중에 더 잘 기억해낼 것이다.
(you, what, learn, and, the information, synthesize, write)

→ After reading, _____,
and you'll solidify the material in your mind and have better recall later.

고난도 12 정부는 홍수 수재민들이 그들의 일상으로 돌아가기 위해 필요한 것은 무엇이든 가능한 한 빨리 제공하겠다고 발표했다.
(their normal lives, need, whatever, to go back, flood victims, to)

→ The government announced they would provide _____

_____ as soon as possible.

서술형 Tip ✔ 우리말에서 목적어 부분이 '주어 + 동사 ~'로 표현(S가 V하는 것을)될 때 명사절을 사용한다. 명사절을 이끄는 접속사 뒤에는 주어, 동사를 갖춘 완전한 절[문장]이 온다. 단, 관계사[의문사] what 뒤에는 불완전한 절[문장]이 온다.

---

02 executive 경영진 **03** assume 추정하다 **04** copyright 저작권 violate 침해하다 **07** be with A (on B) (B에 대해) A를 지지하다 **08** strife 노력, 분투; 싸움 **09** push ahead 추진하다 term 조항, 조건; 기간; 용어; 학기 warranty (제품의) 품질 보증서 entitle 자격[권리]을 주다 **10** revise 수정[변경]하다 **11** synthesize 종합하다 solidify 확고히 하다

목적어 찾기 & 직독직해 \ 다음 각 문장에서 전치사의 목적어 역할을 하는 구와 절에 <u>모두</u> 밑줄을 긋고, 문장 전체를 직독직해하시오.
[01~02번 각 9점, 03~05번 각 10점]

01 No matter where he was, he committed himself to studying. – 수능응용

→

02 Do you think we have no chance of developing alternative green technologies to slow climate change? – 수능응용

→

03 The new tunnel officially opened, and the architect, in spite of being in ill health, attended the opening ceremony. – 모의응용

→

04 By learning anger management strategies, you can develop control, choices, and flexibility in how you respond to angry feelings. – 모의응용

→

고난도 **05** Those who donate substantial amounts to one or two charities seek evidence about what the charity is doing and whether it is really having a positive impact. – 수능응용

→

어법 & 문맥 파악 \ 다음 밑줄 친 부분이 어법상 옳으면 ○, 틀리면 ×로 표시하고 바르게 고쳐 쓰시오. [각 5점]

06 Nonverbal communication plays an important role in <u>how</u> we convey meaning and information to others.   _____

07 Many residents were opposed to <u>develop</u> the area, which was adjacent to the national park, for commercial purposes.   _____

08 Elephants may greet each other simply by <u>that they reach</u> their trunks into each other's mouths. – 수능   _____

09 There are lots of amazing innovations that you don't need to use your hands to operate, but with your voice it will take some time to adjust to <u>controlling</u> things.

_____

다음 우리말과 일치하도록 괄호 안의 어구를 활용하여 〈조건〉에 맞게 영작하시오. [각 8점]

〈조건〉 • 〈보기〉에 주어진 표현을 한 번씩만 사용할 것
    • 필요시 어형 변화 가능   • 콤마(,) 사용 가능

〈보기〉 when it comes to   object to   look forward to   be used to

10 그 길은 근처 도서관으로 걸어가는 초등학생들이 자주 이용하기에, 사람들은 제한 속도를 30 km/h로 낮추는 데 반대하지 않았다.

(the speed limit, 30km/h, people, reduce, did not, to)

→ The road was frequently used by school children walking to the nearby library,

so _____ .

11 휴가철이 다가오면서, 사람들은 휴양지로 여행 가는 것을 기대한다.

(take a trip, to, people, vacation spots)

→ As the holiday season approaches, _____ .

12 많은 고객들은 블랙 프라이데이와 같은 특별한 쇼핑 행사를 위해 줄 서서 기다리는 것에 익숙하다.

(for, many customers, like, wait in line, special shopping events, Black Friday)

→ _____

_____ .

13 메달, 조각상 그리고 트로피로 업적을 보상하는 것에 관해서라면, 금은 대중적인 선택지이다.

(statues, reward, with medals, trophies, achievement, and)

→ _____

_____ ,

gold is a popular option.

서술형 **Tip** ✔ 전치사 to 뒤에 (동)명사를 쓰는 것에 유의한다. to부정사의 to와 혼동하지 않도록 한다.

---

02 alternative 대체의 **05** substantial 상당한 charity 자선 단체 **06** convey 전달하다 **07** adjacent 인접한, 가까운 commercial 상업적인, 이윤을 낳는; 상업의
08 trunk (코끼리의) 코 **09** adjust to ~에 적응하다 **10** frequently 자주, 종종 **13** reward 보상하다

보어 찾기 & 직독직해   **다음 각 문장에서 보어의 범위에 밑줄을 긋고, 문장 전체를 직독직해하시오.** [각 10점]

01 After he bumped into a passerby, he stayed sitting down on the street, and rubbed his head.

*bump into ~와 부딪히다; (우연히) ~와 마주치다

→

02 When I heard the Korean team didn't make it to the semifinals of the basketball tournament, I got disappointed.

→

03 The ultimate goal of driverless cars is that people won't need a license to operate them in the future. – 모의응용

→

보어 완성하기   **다음 문장의 빈칸에 알맞은 말을 〈보기〉에서 골라 그 기호를 쓰시오. (중복 사용 불가)** [각 5점]

〈보기〉 ⓐ to   ⓑ that   ⓒ what

04 All you have to do is _____ wash your hands the right way to get rid of germs.

05 Designing one of the tallest buildings in the world was _____ she wanted to do at a very young age.

06 The trouble with most of us is _____ we would rather be ruined by praise than saved by criticism. – Norman Vincent Peale ((美 목사))

어법 & 문맥 파악   **다음 문장의 네모 안에서 어법상 알맞은 것을 고르시오.** [각 5점]

07 Exercise regularly and write your goals down on paper, and you can stay motivating / motivated .

08 Looking out the bus window, Jonas could not keep calm. The landscape was fascinating / fascinated as the bus headed to Alsace. – 수능

09 The dogs for detecting drugs or explosives know how to discriminate one scent from another and are trained to become emotionally arousing / aroused by one smell versus another. – 모의응용

다음 밑줄 친 부분이 보어(S는 C이다) 의미인 것을 <u>모두</u> 고르시오. [8점]

10
ⓐ The troops were <u>to invade the West Coast</u> prior to the end-of-war declaration.
ⓑ She was <u>changing a tire on her car</u> on the side of the road.
ⓒ The best way to build a network of friends is <u>to start by putting time into your existing relationships.</u>
ⓓ Sometimes the best decision is just <u>giving up and moving on</u>. – 모의응용

_____

혼동구문 Tip ✔ 주어와 be동사 뒤의 to-v/v-ing의 동격 관계(S=C)가 성립하면 to-v/v-ing는 보어이다. (S는 C이다)
동격 관계가 아니면 〈be to부정사〉 구문 또는 진행형인지 확인한다.

배열 영작 | 다음 우리말과 일치하도록 괄호 안에 주어진 단어를 순서대로 배열하시오. [각 8점]

11 학생들이 모두 캠프장에 무사히 도착했다는 소식을 듣고 교장은 안도했다.
(heard / she / the principal / felt / relieved / as)

→ _____ that all of the students had arrived at the campsite safely.

12 나의 임무는 집 없는 사람들을 돕기 위해 기부를 요청하는 것이었는데, 그것은 그렇게 쉽지 않았다.
(the homeless / was / asking / for donations / to help / my duty)

→ _____, but it was not that easy.

13 논쟁이 되는 문제는 국제 사회가 합법적인 핵 활동을 금지해야 하는지이다.
(forbid / nuclear / should / the international society / legal / activities / whether)

→ The controversial issue is _____
_____.

고난도 **14** 창의적으로 되기 위해서, 당신이 해야 하는 모든 것은 평범한 것을 아이 같은 경외감으로 바라보는 것이다.
(to look at / ordinary things / have to do / what / you / childlike awe / is / with)

→ To be creative, _____.

서술형 Tip ✔ 우리말의 주어-보어 구조(S는 C이다)는 〈주어 + 동사 + 보어〉 순으로 영작한다. 보어 자리를 영작할 때는 다음의 경우를 주의한다.
• 구나 절 형태의 긴 보어(S=C)
• 주어가 '보어'의 동작을 하거나 받을 때(S는 C하다 → 보어는 v-ing 형태 / S는 C되다 → 보어는 p.p. 형태)

---

02 semifinal 준결승전 09 explosive 폭발물 discriminate 구별하다; 차별하다 arouse 자극하다 10 declaration 선언, 공표 12 donation 기부 13 forbid 금지하다 controversial 논쟁이 되는 14 awe 경외감

목적격보어 역할을 하는 준동사구

01 Providing snacks now and then can help your employees feel appreciated. – 모의응용

→

02 A way to get things done more efficiently and get better results is to do the right thing at the right time of day. – 모의

→

03 A strike is the ceasing of work by employees of an industry with the objective of forcing an employer to meet particular demands.

→

04 A man who robbed a jewelry shop didn't get too far, so police caught him running from the crime scene a few miles away.

→

고난도 **05** Watching the salmon, Marie noticed her friend fixing her eyes on the fish struggling to make it over the falls. – 수능응용

→

06 I had a minor accident on the road and got my car (repair)＿＿＿＿＿＿＿＿ through my insurance company.

07 Movies let people (escape)＿＿＿＿＿＿＿＿ the tedious everyday life for two hours and adventure into new worlds.

08 We require people (do)＿＿＿＿＿＿＿＿ repeated operations with the extreme precision and accuracy required by machines — something we are not good at. – 수능

09 When you make a person (feel)＿＿＿＿＿＿＿＿ a great sense of importance, he or she will feel on top of the world — and their level of energy will increase rapidly. – 모의응용

다음 문장이 어법상 옳으면 〇, 틀리면 ✕로 표시하고 바르게 고쳐 쓰시오. [각 5점]

10 Work with this copy and leave the original untouched so that you can go back to it if you have any problems. _____

11 Butterflies help us growing some other plants because they carry pollen from flower to flower. – 수능 _____

12 Simply knowing that they are being observed by an adult can cause children behave better. _____

조건 영작 다음 우리말과 일치하도록 괄호 안의 어구를 활용하여 〈조건〉에 맞게 영작하시오. [각 8점]

〈조건〉 • 필요시 어형 변화 가능   • 필요시 단어 추가 가능

13 디즈니랜드에서는 껌을 팔지 않는다. 월트 디즈니는 그 공원에서 구입한 껌을 밟는 것으로 인해 손님들이 성가시게 되는 것을 원하지 않았다.

(guests, want, bother, not)

→ Disneyland does not sell chewing gum. Walt Disney _____ _____ by stepping on gum purchased in the park.

14 모든 TV 시청자들은 그 두 정치인이 세금 인상의 장단점에 관해 토론하는 것을 보았다.

(the pros or cons, see, the two politicians, debate, increasing taxes, of)

→ All of the TV viewers _____.

15 그는 그 업무가 이번 달 말까지 완료되게 하고 싶어 한다.

(the work, complete, he, to have, hope)

→ _____ by the end of this month.

16 그녀는 음악을 들을 때 눈을 감은 채로 있으라고 그에게 계속 이야기했다.

(his eyes, to keep, close, him)

→ She kept telling _____ when he listened to music. – 수능응용

서술형 Tip ✔ 우리말에서 목적어(O)와 목적격보어(OC) 사이에 주술 관계(O가 OC하다)가 성립하면 목적격보어(OC) 자리에 to-v, 원형부정사, v-ing, p.p.를 취할 수 있다.
   〈O와 OC의 관계에 따른 목적격보어(OC)의 형태〉
   • O가 v하도록 '유도'하는 동사류 → to-v   • O가 v하고 있다(진행) → v-ing   • O가 v되다 → p.p.
   • O가 v하도록 '시키다[두다]'(사역)/~하는 것을 '보다, 듣다 등'(지각) → v(원형부정사)

---

01 appreciate 인정하다, 진가를 알아보다; 인식하다; 고마워하다   **03** cease 중단하다, 그만두다   **05** make it (어떤 곳에) 가다; 성공하다   **07** tedious 지루한, 싫증나는   **08** precision 정밀[정확](성) accuracy 정확성   **09** on top of the world 천하를 얻은 기분인   **11** pollen 꽃가루, 화분   **13** purchase 구입하다, 사다   **14** pros or cons 장단점, 찬반양론

P A R T   1

CHAPTER

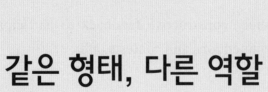

03

같은 형태, 다른 역할

문장 구조 파악하기 & 직독직해 다음 문장의 밑줄 친 부분의 문장 성분을 〈보기〉에서 고른 후, 문장 전체를 직독직해하시오. [각 10점]

〈보기〉 ⓐ 목적어   ⓑ 보어   ⓒ 부사

01 Teachers need <u>strong interpersonal skills</u> in order to work collaboratively with students and parents.

_____ →

02 In my eyes, he became <u>an expert</u> on almost everything, like speaking foreign languages perfectly or solving math problems without any difficulty.

_____ →

03 In the middle of the night, she went <u>downstairs</u> along with her family to check who was knocking on their door.

_____ →

04 Minorities that are active and organized can create <u>social conflict, doubt and uncertainty</u> among members of the majority, and this can lead to social change. – 수능응용

_____ →

고난도 **05** The provision of timely, constructive feedback to participants on performance is <u>an asset</u> that some competitions and contests offer. – 모의응용

_____ →

해석 다음 문장의 밑줄 친 부분을 해석하시오. [각 5점]

06 The roots of a tree usually <u>grow underground</u>.

→

07 She looked satisfied when she <u>grew her own vegetables</u>.

→

08 Supporting basic science <u>would greatly count some day</u>.

→

09 Many people <u>count calories</u> for weight loss, but they must be aware of having balanced nutrition.

→

다음 우리말과 일치하도록 괄호 안의 어구를 활용하여 〈조건〉에 맞게 영작하시오. [10~12번 각 7점, 13번 9점]

〈조건〉 • 필요시 어형 변화 가능

10 몇 가지 단점이 있긴 하지만, 수력 발전은 깨끗하고 재생 가능한 에너지원이다.

(and, be, renewable, a, clean, power source)

→ Although there are some disadvantages, hydroelectric power _____

_____. – 모의응용

11 야생 동물 보호 구역을 방문할 기회가 작년에 왔지만, 나는 비자 문제 때문에 갈 수 없었다.

(come last year, the wildlife sanctuary, to visit, a chance)

→ _____,

but I couldn't go because of visa problems.

12 각기 다른 지역에서 온 관광객들은 새로운 취향과 사고방식을 배울 수 있고, 이는 그들 간의 더 나은 이해로 이어질 수 있다.

(ways of thinking, can, and, tourists, learn, places, from, new tastes, different)

→ _____

_____, which may lead to a better understanding among themselves. – 모의응용

고난도 13 자신감이 있는 십 대들은 높은 자존감을 가지며, 행복한 성인이 된다.

(and, who are confident, become, high, happy adults, self-esteem, teens, have)

→ _____.

서술형 Tip ✔ 'S는 O를 V하다(SVO)' 문형 외에 다음의 의미 관계에서도 '주어 + 동사' 다음에 명사를 위치시킬 수 있다.
• S는 C이다(SVC): S=C(명사)의 관계
• S는 V하다(SV) + 명사: 명사가 때, 장소, 정도, 방법의 부사 의미

---

01 interpersonal 대인관계에 관련된 collaboratively 협력적으로 **04** minority 소수 집단 **05** provision 제공, 공급 timely 시기적절한 asset 이점; 자산 **09** nutrition 영양 **10** renewable 재생 가능한 hydroelectric power 수력 발전 (흐르는 물의 운동 에너지를 이용하여 전기를 얻는 방식) **11** sanctuary 보호 구역 **13** self-esteem 자존감, 자부심

문장 구조 파악하기 & 직독직해 다음 문장의 밑줄 친 부분의 문장 성분을 〈보기〉에서 고른 후, 문장 전체를 직독직해하시오. [각 8점]

〈보기〉 ⓐ 부사   ⓑ 보어

01 My older brother was <u>out of mind with worry</u> because of the upcoming exam.

_____ →

02 Traveling Jeju Island with my friends will forever remain <u>in my memory</u> as the best moment of my life.

_____ →

03 Entering the old and gigantic concert hall was <u>like stepping into a splendid castle</u>.

_____ →

04 A fast-moving landslide usually occurs <u>during periods of heavy rain</u>.

_____ →

고난도 **05** Alien plants compete <u>with indigenous species for space, light, nutrients and water</u>, and the introduction of them can result in the disruption of natural plant communities.

– 모의응용

_____ →

문장 구조 파악하기 다음 문장의 형식으로 알맞은 것을 〈보기〉에서 고르고, 문장 성분(S, V, C)에 각각 밑줄을 그으시오. [각 5점]

〈보기〉 ① SV(주어 + 동사)   ② SVC(주어 + 동사 + 보어)

06 The children always gathered at this time of year to assist with grandmother's corn harvest. – 모의응용   _____

07 Because of the sudden thunder and heavy rain, we quickly ran to a nearby building.

_____

08 In addition to the ongoing classes, Spanish class and a new science program for the freshmen are under consideration.   _____

고난도 **09** Reasonable problems are of the kind that can be solved in a step-by-step manner, like a crossword puzzle. – 모의응용   _____

10 크리스마스가 머지않아 있어서, 나는 내가 가지고 있던 가장 큰 양말을 걸었다.

(in / future / the / near / was)

→ Christmas _____, so I hung up the biggest stocking I had. – 모의응용

11 시위자들은 통제할 수 없는 상태로 남아 있었고, 일부는 경찰서로 연행되었다.

(the protesters / out of / control / remained)

→ _____, and some were taken to the police station.

12 그 회사는 경쟁사들보다 돋보이기 위해 그 업계의 선두에 머물러야 한다.

(its industry / stay / the company / must / the cutting edge / of / on)

→ _____ to stand out from competitors.

13 서식지 소실로 인해 지난 30년 넘게 뱀 개체 수가 40%까지 감소했다.

(40 percent / has declined / the snake / by / population)

→ _____ over the past three decades due to habitat loss.

14 글쓰기 대회 수상 상품이 봉투에서 빠져나왔는데, 그것은 놀이공원 티켓이었다.

(the essay contest / for winning / the prize / out of / slipped / the envelope)

→ _____, and it was tickets to an amusement park. – 모의응용

서술형 Tip ✔ 동사를 수식하는 '부사'와 주어를 보충 설명하는 '보어' 자리에 〈전치사＋(동)명사〉구를 사용할 수 있다.

01 out of mind 정신이 없는 03 gigantic 거대한 splendid 화려한 04 landslide 산사태 05 alien 외래[외국]의, 이질적인 indigenous (어떤 지역) 토착의[원산의] disruption 붕괴 08 ongoing 진행 중인 freshman 신입생 under consideration 고려[생각] 중인 09 reasonable 합리적인, 타당한 step-by-step 단계적인, 한 걸음 한 걸음의 11 out of control 통제 불능의 12 cutting edge 선두, 최첨단 stand out 돋보이다, 눈에 띄다 13 habitat 서식지 14 slip ~에서 미끄러지다

Chapter 03 같은 형태, 다른 역할 **43**

SVO 뒤의 '전명구'

문장 구조 파악하기 & 직독직해 \ 다음 문장에서 밑줄 친 〈전치사 + (동)명사구〉가 수식하는 동사 또는 목적어에 동그라미하고, 문장 전체를 직독직해하시오. [각 8점]

01 To wear a mask protects oneself <u>from the worsening air quality and fine dust pollution</u>.

→

02 People observe a leader's subtle expressions of emotion <u>through body language and facial expressions</u>. – 모의응용

→

03 Children learn the foundations <u>of the way the world works</u> relative to the consciousness and behaviors of their parents. – 모의응용

→

04 We can reduce the amount of new fiber that must be obtained from wood <u>by increasing paper recycling</u>. – 모의응용

→

05 In many school physical education programs, team sports dominate the curriculum <u>at the expense of various individual and dual sports</u>, like tennis, swimming, badminton, and golf. – 모의응용

→

해석 \ 다음 문장의 밑줄 친 부분을 해석하시오. [각 6점]

06 People <u>regard the Olympics as an event</u> that will lift a country to the global stage.

→

07 The salesperson asked me to check the condition of the car I'm going to buy, and I <u>found everything in good condition</u>.

→

08 My co-worker <u>looked upon my remark as a proposal</u> to start a new business together.

→

〈조건〉 • 필요시 어형 변화 가능

09 제가 가장 필요로 했을 때 도움을 주는 데 기울인 당신의 노력에 감사드립니다.

(I, in, appreciate, your effort, give me a hand)

→ _____ when I needed it the most.

10 당신의 작은 성취들을 기록하는 것은 당신이 과정을 즐기게 함으로써 당신을 변화시킬 것이다.

(by, progress, will, enjoy, make, change, you, you)

→ Keeping a record of your small achievements _____

_____.

11 젊은이들은 휴대전화를 삶에서 중요한 필수 요소로 취급한다.

(treat, of, the mobile phone, as, an essential necessity, life)

→ Young people _____

_____. – 모의응용

12 어떤 사람들은 민주주의를 그들이 얻기 위해 애써야 하는 것으로 생각했고, 그래서 그들은 모든 사람을 위한 투표권을 얻기 위해 투쟁했다.

(as, people, something, think of, some, democracy)

→ _____ that they had to try to acquire,

so they fought to get voting rights for all people.

13 당신의 뇌는 물이 73%를 차지하며, 물은 당신의 신체와 뇌를 좋은 상태로 유지하는 데 필수적이다.

(and, your body, water, brain, be vital to, in good shape, keeping)

→ Your brain is 73% water, and _____

_____.

14 나의 용돈을 올려주지 않을 것이라고 말하면서, 나의 아버지는 나를 실망감에 빠뜨렸다.

(me, my father, in, leave, disappointment)

→ _____,

as he said he wouldn't raise my allowance.

서술형 Tip ✔ 〈전치사＋(동)명사〉구는 형용사나 부사의 역할 외에도 다양한 역할을 한다. 목적어, 동사를 수식하거나, 목적어의 상태를 설명하는 목적격보어로도 전명구를 쓸 수 있다.

---

01 protect A from B A를 B로부터 보호하다 worsen 악화되다, 악화시키다 fine dust 미세 먼지 02 subtle 미묘한, 감지하기 힘든 03 foundation 기초, 토대, 기반; 재단 relative to ~에 비례하여 consciousness 인식 04 fiber 섬유 05 dominate 지배[차지]하다 at the expense of ~을 희생하여 06 regard A as B A를 B로 간주하다 08 look upon A as B A를 B로 간주하다 09 give a hand 도움을 주다 12 think of A as B A를 B로 생각하다 13 vital 필수적인

文장 구조 파악하기 & 직독직해 \ 다음 문장의 밑줄 친 부분이 (준)동사의 목적어(O)인지 목적격보어(C)인지 판별하여 각각 O, C로 표시한 후, 문장 전체를 직독직해하시오. [각 8점]

01 The scholarship foundation named him <u>the most brilliant scholar of the year</u>.

　　　　　　→

02 Our safety training offers you <u>full life-saving expertise</u> that you can then use to deliver vital support in emergencies. – 모의응용

　　　　　　→

03 The host declared the little boy who survived to the last round <u>the winner of the quiz show</u>.

　　　　　　→

고난도 **04** If you are in pursuit of someone else's standards, it may be time to define your personal expectations for yourself and make self-fulfillment <u>your goal</u>. – 모의

　　　　　　→

고난도 **05** Social relationships benefit from people giving each other <u>compliments</u> now and again because people like to be liked and like to receive compliments. – 모의

　　　　　　→

文장 구조 파악하기 \ 다음 문장의 형식으로 알맞은 것을 〈보기〉에서 고르고, 문장 성분(S, V, O, C)에 각각 밑줄을 그으시오. [각 5점]

〈보기〉 ① SVOO(주어 + 동사 + 간접목적어 + 직접목적어)   ② SVOC(주어 + 동사 + 목적어 + 목적격보어)

06 By writing on a page, we can show someone our heart. – 모의응용

　　　　　　　　　　　　　　　　　　　　　　　　　　　　　

07 At the end of the semester, the students elected the transfer student the president of student council.

　　　　　　　　　　　　　　　　　　　　　　　　　　　　　

08 I sent one of my supervisors several emails that explained the thesis topics.

　　　　　　　　　　　　　　　　　　　　　　　　　　　　　

09 People thought the man a professional musician first, because of his outstanding performance.

다음 우리말과 일치하도록 괄호 안의 어구를 활용하여 〈조건〉에 맞게 영작하시오. [각 8점]

> 〈조건〉 • 필요시 어형 변화 가능 • 콤마(,) 사용 가능

10 그 법정 안의 사람들은 그를 목격자로 생각했지만, 그는 범인으로 밝혀졌다.
(the court room, the witness, people, in, suppose, him)

→ _____, but he turned out to be the criminal.

11 새롭게 선출된 CEO는 우리에게 그의 미래를 위한 새로운 계획들을 말해주었다.
(the future, tell, for, us, his new plans)

→ The newly appointed CEO _____.

12 우리는 '엄청난'이라는 단어를 긍정적인 형용사로 자주 생각하지만, '엄청난'은 때로 부정적인 의미를 담기 위해 비꼬는 투로 쓰인다.
(positive, the word "great", adjective, often consider, we, a)

→ Although _____, "great" is sometimes used sarcastically to have a negative meaning.

13 사람들은 영어를 세계 언어라고 부르는데 그것이 세계적으로 널리 사용되기 때문이다.
(because, call, it, English, be widely used, a world language)

→ People _____ all over the world.

고난도 **14** 맞춤형 상품은 구매자들에게 색깔, 크기, 그리고 스타일의 선택지를 줌으로써 유연한 디자인을 가능하게 한다.
(sizes, and, the buyers, by, a choice of, give, colors, styles)

→ Customized products allow flexible design _____ _____.

서술형 **Tip** ✔ 'A에게 B를 (해)주다'(SVOO) ┐
'A를 B로 V하다'(SVOC) ┘ ─ 〈주어 + 동사 + A + B〉

---

01 name 지명하다; ~을 이름 짓다 brilliant 뛰어난, 우수한 02 expertise 전문 지식 in emergency 만일의 상황에 04 in pursuit of ~을 추구하여 define 정의하다 self-fulfillment 자기실현 05 compliment 칭찬 08 supervisor 지도 교수; 감독관 thesis (학위) 논문 10 witness 목격자; 목격하다 11 influence 영향; 영향력 12 sarcastically 비꼬는 투로, 풍자적으로 14 customized 맞춤형의, 개개인의 요구에 맞춘

문장 구조 파악하기 & 직독직해 ㅣ 다음 문장의 형식으로 알맞은 것을 〈보기〉에서 고르고, 문장 성분(S, V, O, C)에 각각 밑줄을 그으시오. [각 9점]

〈보기〉 ① SVO(주어 + 동사 + 목적어)   ② SVOC(주어 + 동사 + 목적어 + 목적격보어)

01   To make plans for the future, the brain must have the ability to focus on the relevant parts of prior experiences. – 모의응용

_____ →

02   The performance-based benefits compelled me to perform better at my work and contribute more to the company. – 모의응용

_____ →

03   Exercising leadership requires you to venture beyond the boundaries of your current experience and explore new territory. – 수능응용

_____ →

04   Charles Dickens used his desperate experience as a child laborer to write his novel.
– 수능응용

_____ →

05   The lack of real, direct experience in nature has caused many children to regard the natural world as a filmed place filled with endangered rainforests. – 모의응용

_____ →

어법 ㅣ 다음 각 문장에서 어법상 틀린 부분을 찾아 밑줄을 긋고 바르게 고쳐 쓰시오. (단, 틀린 부분이 없을 수 있음) [각 5점]

06   All successful athletes have the physical and mental ability do their training tirelessly.

_____

고난도 **07**   The institution that monitors American stock markets forces firms meet certain reporting requirements before their stock can be listed on exchanges. – 모의응용

_____

고난도 **08**   The late photographer Jim Marshall holds the distinction of being the first and only photographer to be presented with the Grammy Trustees Award. – 수능

_____

다음 우리말과 일치하도록 괄호 안의 어구를 활용하여 〈조건〉에 맞게 영작하시오. [각 8점]

> 〈조건〉 • 필요시 어형 변화 및 단어 추가 가능

09 의사는 나의 할아버지에게 남은 평생 동안 혈압을 조절할 것을 요청했다.

(ask, his blood pressure, my grandfather, control)

→ The doctor _____

for the rest of his life.

10 1922년, Albert C. Barnes는 미술 교육을 활성화하기 위해 재단을 설립했다.

(the education, the foundation, of, fine arts, establish, promote)

→ In 1922, Albert C. Barnes _____

_____. – 모의응용

11 무엇보다, 당신은 당신의 사업을 광고할 가장 좋은 웹사이트를 선택해야 한다.

(you, your business, should, the best website, select, advertise)

→ First of all, _____.

12 우리는 얼굴에 많은 근육이 있다. 이것들은 우리가 얼굴을 많은 다른 위치로 움직일 수 있게 한다.

(our face, move, into, positions, different, lots of, enable, us)

→ We have lots of muscles in our faces. They _____

_____. – 모의응용

13 19세기에, 기업가들은 그들의 제품을 팔고 더 저렴한 천연자원을 얻을 새로운 시장을 찾고 있었다.

(natural resources, get, cheaper, sell, seek, their goods, new markets, and)

→ In the 19th century, industrialists _____

_____.

서술형 Tip ✔ SVO 뒤에 to부정사를 이어서 쓰는 구조는 다음과 같다.
1. 'v할 O, v하는 O' (목적어(O)를 수식하는 형용사적 용법의 to-v)
2. 'v하기 위해, v하도록' (부사적 용법의 to-v)
3. 'O가 v하기를' (목적어(O)와 주술 관계를 이루는 to-v (SVOC))

---

01 relevant 관련된 prior 이전의 **02** benefit (급여 외에 받는) 수당; 혜택, 이득 compel A to-v A가 v하게 만들다 **03** venture (위험을 무릅쓰고) 나아가다 boundary 한계, 경계 territory 영역; 지역, 영토 **04** desperate 절망적인; 자포자기의 **05** endangered 멸종 위기에 처한 **06** tirelessly 지칠 줄 모르고, 끊임없이 **07** stock (한 기업의) 주식 자본; 재고품 exchange 거래소; 교환하다 **08** late 고인이 된, 이미 사망한; 늦은 distinction 명예, 영예; 구별, 차별 present 증정하다, 수여하다 **10** foundation 재단 **13** natural resource 천연자원 seek 찾다(-sought-sought) industrialist 기업가

SV 뒤의 '명사 + v-ing'

문장 구조 파악하기 다음 각 문장의 문장 성분(S, V, O, C)에 밑줄을 긋고, 문장 형식으로 알맞은 것을 〈보기〉에서 고르시오. [각 8점]

〈보기〉 ① SVO(주어 + 동사 + 목적어) ② SVOC(주어 + 동사 + 목적어 + 목적격보어)

01 During the children's concert, the teacher got the children dancing with their friends.

_____

02 Speaking before a large audience keeps the sweat starting to run down her face and neck. – 모의

_____

03 This counseling program will support people seeking treatment for video game addiction.

_____

04 Humans have abilities making them different from other animals — empathy, communication, grief, tool-making, and so on. – 모의응용

_____

05 This week's severe winter storm had most residents scrambling for the safety and warmth of their homes.

_____

해석 다음 문장의 밑줄 친 부분을 해석하시오. [각 5점]

06 One afternoon, as I wandered around the shops near my hotel, I <u>saw a poor man sitting</u> on the sidewalk outside the subway station. – 모의응용
→

07 While waiting in his car before the concert, <u>the pianist noticed his fans standing in the rain.</u>
→

08 When we <u>say or listen to words conveying negative or painful thoughts or feelings,</u> our brains immediately activate to feel that pain. – 모의
→

09 An interesting aspect of human psychology is that <u>we tend to find things more appealing</u> if everything about those things is not obvious in the beginning. – 모의응용
→

10 나는 수업 시간에 나 자신이 정신이 산만해지는 것을 알게 되었다.

(found / becoming / myself / distracted / I)

→ _____ during class.

11 그 의사는 수십 년 전에 삶과 죽음의 비밀을 담고 있는 책을 한 권 썼다.

(of / a book / life / the doctor / and / containing / death / wrote / the secret)

→ _____

several decades ago.

12 공원에서, 방문객들은 새들의 큰 무리가 강 위로 날아가는 것을 목격했다.

(the river / visitors / flying / witnessed / of birds / a large flock / over)

→ At the park, _____.

13 12세기에서 13세기에, 귀족들의 자손에게 식탁 예절을 가르치는 최초의 설명서가 나타났다.

(manners / teaching / appeared / the first manuals / table)

→ In the twelfth to thirteenth centuries, there _____

_____ to the offspring of aristocrats. – 모의

고난도 **14** 반려동물의 지속적인 애정은 고난을 견디는 사람들을 이롭게 한다고 알려져 있다.

(people / enduring / is known / a pet's / hardship / continuing / affection / to benefit)

→ _____.

– 수능응용

서술형 Tip ✔ 1. 우리말 서술부가 'v하는 O를 ~하다' → 주어 + 동사 + [목적어(O) + v-ing] (SVO)

2. 우리말 서술부가 'O가 v하는(진행) 것을 ~하다' → 주어 + 동사 + 목적어(O) + v-ing(C)

---

03 addiction 중독 04 empathy 공감, 감정 이입 05 resident 거주민 scramble for ~를 향해 재빨리 움직이다 06 wander 돌아다니다, 거닐다 08 activate 활성화시키다; 작동시키다 09 appealing 매력적인 10 distracted 산만해진 12 flock 무리, 떼 13 manual 설명서 offspring 자손 aristocrat 귀족 14 hardship 고난 affection 애정, 보살핌

PART 1

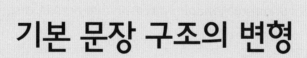

CHAPTER

04

기본 문장 구조의 변형

UNIT 20 주어의 위치 이동

도치구문 파악하기 & 직독직해 다음 문장에서 도치된 주어에 밑줄을 긋고 도치된 동사(조동사 포함)에 동그라미 한 후, 문장 전체를 직독직해하시오. [각 9점]

01 Little did I imagine that the conference held in Chicago would change my life entirely.

→

02 Right in front of his eyes were rows of delicious-looking chocolate bars. – 수능

→

03 Only when my brother is inclined to do so does he allow me to use his tablet PC.

→

04 Not until I learned about the behavior of fish did I realize many fish have a sense of taste.

→

05 The number of female athletes who joined the Winter Olympic Games steadily increased, and so did the number of male athletes. – 모의응용

→

도치구문 쓰기 다음 문장에서 밑줄 친 부분이 강조되도록 문장을 바꾸어 쓰시오. [각 7점]

06 An angry person is seldom reasonable; a reasonable person is seldom angry.

→ Seldom _____; seldom _____.

07 I never imagined that the 12-year-old boy would win the final of the quiz show.

→ _____ that the 12-year-old boy would win the final of the quiz show.

08 The congressman had scarcely shown up on the morning of July 1st, when the racial issue was raised.

→ Scarcely _____ on the morning of July 1st, when the racial issue was raised.

09 There is a large number of amateur astronomers who often share their findings and assist professionals.

_____

10 When babies can move about, their opportunities for independent exploration are multiplied, so no longer are they restricted to their immediate locale. – 모의응용

_____

배열 영작 다음 우리말과 일치하도록 괄호 안의 어구를 배열하여, 부정어구 또는 부사구로 시작하는 도치구문을 영작하시오. [각 8점]

11 지구상에서 가장 멸종 위기에 직면한 해양 생명체 중에는 산호초가 있다.

(the most threatened / among / on Earth / are / marine life)

→ _____ coral reefs. – 모의응용

*coral reef 산호초

12 그 CEO는 부유한 집안 출신이 아니다. 그녀는 명문 대학을 졸업하지도 않았다.

(from / graduated / she / nor / has / a prestigious university)

→ The CEO is not from a wealthy family. _____

_____.

13 인간의 역사의 어느 지점에서도, 공기 중의 이산화탄소의 양이 이렇게 높은 적이 없었다.

(this high / at no point in human history / have / levels / carbon dioxide / been)

→ _____

in the atmosphere.

서술형 Tip ✔ 1. 부정어구를 문장 맨 앞에 쓰는 조건의 영작 문제는 〈부정어 + (조)동사 + 주어〉로 도치한다.
일반동사의 경우 주어와 시제에 따라 〈부정어 + do/does/did + 주어 + 동사〉 형태로 쓰고, 조동사/be동사가 있는 경우에는
조동사와 주어의 위치를 바꾼다.
2. 부사구가 문장 맨 앞에 와도 도치하는 경우가 많다.
3. 우리말로 'S도 역시 그렇다'라는 의미는 So, '그렇지 않다'는 Neither[Nor]로 나타낸다. 이때, 〈So[Neither, Nor] + V + S〉 어순
으로 도치하여 영작한다.

01 conference 학회, 회의 03 be inclined to-v v할 의향이 있다 05 athlete 운동선수 steadily 꾸준하게 06 reasonable 이성적인, 합리적인 08 congressman
국회의원 racial 인종의 09 astronomer 천문학자 10 move about 돌아다니다 exploration 탐색, 탐험 multiply 크게 증가하다 locale 장소, 현장 11 threatened
멸종 위기에 직면한 12 prestigious 명망 있는, 일류의

도치구문 파악하기 & 직독직해 다음 문장에서 보어의 범위에 밑줄을 긋고, 문장 전체를 직독직해하시오. [각 8점]

01 Surprising is that the appearance of food can override taste and smell. – 모의응용

*override ~보다 우선하다

→

02 This scholarship is to me more helpful than words can express.

→

03 So disappointing was the match that many spectators decided they'd better leave earlier.

→

04 As the book is getting a lot of positive reviews on the Internet, it has become, almost overnight, a huge success.

→

05 Smiling makes you, especially when meeting new people, comfortable with others.

→

도치구문 쓰기 다음 문장을 보어가 강조되도록 문장 앞에 두고 바꾸어 쓰시오. [각 6점]

06 His ideological and political views were much less clear.

→ _____.

07 A hug from her mother after a long trip was warm and inviting.

→ _____.

08 The chances of true self-awareness are much rarer than we think.

→ _____.

어법 다음 문장의 네모 안에서 어법상 알맞은 것을 고르시오. [각 4점]

09 Important for immune systems is / are eating a diet rich in probiotics that keep the digestive system healthy.

10 So complex is / are human reactions that even scientists have difficulty interpreting them objectively. – 모의응용

11 When faced with a challenge, less flexible [was / were] people whose life seemed to just go wrong for them. – 모의응용

12 The Neanderthals would have faced a problem when it was daylight; much poorer at high altitudes [is / are] the light quality. – 모의응용

조건 영작   다음 우리말과 일치하도록 괄호 안의 어구를 활용하여 〈조건〉에 맞게 영작하시오. [13~14번 각 7점, 15번 8점]

〈조건〉 • 필요시 어형 변화 가능

13 누구나 경험으로부터 직접 배울 수 있지만, 다른 사람들의 경험으로부터 배우는 사람들은 드물고 지혜롭다.

(the experience, those, be, learn, of others, who, from)

→ Anyone can learn directly from experience, but rare and wise _____

_____ .

14 면역 체계는 너무 복잡해서 그것을 설명하려면 책 한 권이 있어야 할 것이다.

(that, complicated, be, the immune system)

→ So _____ it would take

a whole book to explain it. – 모의응용

고난도 15 '나는 훌륭해' 혹은 '나는 강해'와 같은 긍정적인 자기 대화에 관한 많은 것들이 쓰였지만, 이런 종류의 말들이 사실상 효과가 있다는 증거는 빈약하다.

(that, actually work, this sort of, be, talk, the evidence)

→ Much has been written about positive self-talk like "I am wonderful" or "I'm

strong"; however, weak _____

_____ . – 모의응용

서술형 Tip ✔ 우리말 'S는 C이다'에 해당하는 보어(C)가 문장 맨 앞에 주어진 경우, 주어(S)가 대명사가 아니면 〈C + V + S〉 순으로 도치하여 영작한다. 특히 다음 경우에 유의한다.
• '아주 ~해서 …하다; …할 정도로 ~하다' → 〈so + 형용사/부사 + V + S + that …〉
(〈S + V + so + 형용사/부사 + that …〉 구문의 보어 도치)

---

01 appearance 겉모습, 외관; 출현 04 overnight 하룻밤 사이에 06 ideological 이념적인 07 inviting (느낌이) 좋은 08 self-awareness 자기 인식 rare 드문, 보기 힘든 09 immune 면역의 11 flexible 융통성 있는 go wrong 잘못되다 12 altitude 고도 14 complicated 복잡한

도치구문 파악하기 다음 문장에서 위치가 이동된 (준)동사 또는 전치사의 목적어에 밑줄을 긋고 원래 위치해야 하는 곳에 ● 표시 하시오. [각 7점]

01 What is hateful to you do not do to another.

02 That room we didn't make use of, so we've made it into a home office.

03 Drones can collect in meteorology much data on humidity, pressure, temperature, wind force, radiation, etc. – 모의응용

04 His essay published recently makes possible grasp of his habits and all the little peculiarities.

05 What we call green vegetables packed with vital nutrients, native people in Central America do not have a tradition of growing. – 모의응용

어법 다음 문장의 네모 안에서 어법상 알맞은 것을 고르시오. [각 5점]

06 Guiding children's media experiences makes it / that possible for them to build important 21st century skills, such as critical thinking and media literacy. – 모의응용

07 Make it a rule of life never regret / to regret and never to look back. Regret is an appalling waste of energy; you can't build on it. – Katherine Mansfield ((영국 소설가))

08 I'm ready for the challenge to make possible / possibly what I thought impossible.

고난도 09 How many manuscripts were written in the past ten years nobody in the publishing related fields is / are able to tell.

10 The number of books on classical literature the professor owned is simply unknown to the public. – 모의응용

11 Taking one full day off every week, manual laborers find more productive.

12 One of the reasons world-class golfers are head and shoulders above the other golfers of their era is that they are in so much better shape than the others are. – 모의응용

혼동구문 Tip ✔ 명사 뒤에 바로 〈주어 + 동사〉가 이어지면 다음의 두 가지 문장 구조가 가능하다.
1. 수식 관계 → S + 관계사가 생략된 관계사절(S´ + V´) + V　　2. 목적어가 주어 앞으로 이동 → O + S + V

조건 영작 ▶ 다음 우리말과 일치하도록 괄호 안의 어구를 활용하여 〈조건〉에 맞게 영작하시오. [각 9점]

〈조건〉 • 가목적어 it을 추가할 것　　• 필요시 어형 변화 및 단어 추가 가능

13 당신은 친구를 속속들이 알고 있다고 느끼더라도, 당신 친구의 속마음을 묘사하는 것은 어렵다는 것을 알게 될 것이다.
(of your friend, you, hard, will, describe, find, the inner thoughts)

→ _____

even though you feel you know your friend through and through. – 모의응용

14 초기 로마제국에서, 부자들은 자신들의 재산 일부를 사회에 기부하고 혜택을 받지 못하는 사람들을 돌보는 것이 당연하다고 믿었다.
(believe, natural, some of their fortunes, the rich, donate, to society)

→ In the early Roman Empire, _____

_____ and look after the less privileged.

15 영양학자들은 아이들이 영양에 대해 교육을 받아야 하는 것이 필요하다고 생각한다.
(kids, nutritionists, about, necessary, that, think, be educated, nutrition, should)

→ _____. – 모의응용

서술형 Tip ✔ 우리말 '~을 생각하다[알게 되다, 여기다, 만들다 등]'에서 '~을'에 해당하는 목적어 부분이 길면, 목적어 자리에 가목적어 it을 쓰고 진목적어를 뒤로 보내 영작한다. 진목적어는 to-v로 쓰거나, '~가 …하는 것을'과 같이 주술 관계이면 that절로 쓴다.

---

03 meteorology 기상학 humidity 습도 radiation 복사(열) **04** grasp 이해, 파악 peculiarity 특이점 **05** packed with ~으로 가득 찬 vital 생명 유지에 필수적인 **06** literacy 읽고 쓰는 능력 **08** appalling 쓸데없는, 형편없는 **09** manuscript 원고 **11** manual 육체의 **12** be head and shoulders 월등히 낫다 **13** through and through 속속들이, 하나부터 열까지 **14** privileged 특권을 가진

생략어구 찾기 & 직독직해   다음 문장에서 생략이 가능한 어구를 찾아 ( )로 묶고, 문장 전체를 직독직해하시오. [각 10점]

01 An aurora is a natural light displayed in the sky, usually a natural light of greenish color but sometimes red or blue.

→

02 Why do we often feel that others are paying more attention to us than they really are paying attention to us? - 모의

→

03 The lawyer and the accused tried to talk before the trial, but they were not allowed to talk.

→

04 Designers draw on their experience of design when they are approaching a new project. - 수능

→

고난도 **05** Dependence on automobile travel contributes to insufficient physical activity; traffic congestion, contributes to transport-related carbon dioxide emissions. - 모의응용

→

생략구문 파악   다음 문장에서 어구가 생략된 부분을 찾아 V 표시하고 생략된 어구를 쓰시오. [06~07번 각 4점, 08~09번 각 5점]

06 He read the letter thoroughly while sitting on the stairs in front of his house. - 모의

_____

07 Identical twins almost always have the same eye color, but fraternal twins often do not. - 모의

*fraternal ((생물)) ((쌍둥이가)) 이란성의

_____

08 Elephant Butte Reservoir is the 84th largest man-made lake in the United States and the largest in New Mexico by total surface area. - 모의

_____

09 You may think that people would like to discuss political issues over dinner, but the fact is some of us simply do not want to.

_____

10 집에 오는 길에 도서관에 들를 예정이니? 그럴 계획이면, 나에게 알려줘.

(to / me / if / know / you / let / plan / 콤마(,))

→ Will you drop by the library on the way home? _____

_____ please.

11 모든 거짓말은 예상되듯이 간접적인 해로운 영향을 끼칠 수 있다.

(expected / as / indirect / effects / harmful)

→ All lying might have _____. − 모의응용

12 인터넷은 요즘에는 진정 세계적인 것으로 여겨지지만, 전 세계 인구의 절반도 안 되는 사람들만 이용 가능하다.

(though / considered / truly global / to be)

→ The Internet is accessible to less than half of the world's population, _____

_____ these days. − 모의응용

13 그들의 어머니의 말씀에 따르면, 그들이 과자를 즉시 먹는 것을 선택했으면 하나를 먹을 수 있었지만, 기다리면 그들은 두 개를 먹을 수 있었다.

(but / if / two cookies / they / chose / to eat immediately)

→ According to their mother, they could have one cookie _____

_____ if they waited. − 모의

서술형 Tip ✔   1. 우리말의 의미상 반복되는 부분이 있으면, 이를 생략해서 쓸 수 있다. 생략이 자주 일어나는 구조(등위접속사 뒤, be동사[조동사] 뒤, to-v의 to 뒤)를 알아두자.

         2. 우리말에서 주절의 주어와 부사절의 주어가 같으면, 부사절에서 〈주어 + be동사〉를 생략하고 쓸 수 있다.

---

01 natural light 자연광   greenish 녹색을 띤   03 the accused 피고   04 draw on ~에 의지하다   05 contribute ~의 한 원인이 되다   insufficient 부족한, 불충분한   congestion 혼잡, 정체   emission 배출   06 thoroughly 철저히, 완전히   07 identical twin 일란성 쌍둥이   11 indirect 간접적인   12 accessible 이용 가능한

삽입어구 찾기 & 직독직해 다음 문장에서 문장 중간에 삽입된 어구를 모두 찾아 ( )로 묶고, 문장 전체를 직독직해하시오. [각 10점]

01 The two politicians seldom if ever are in any discussion of the tax cut issue during the forum.

→

02 Lying could be morally right, if not advantageous, in a particular case.

→

03 A modifier is a word or phrase, especially an adjective or adverb, that modifies the meaning of another word or phrase.   *modifier 수식어 **modify 수식하다; 수정하다

→

04 Instead of music reviews guiding popular opinion toward art in pre-Internet times, music reviews began to reflect — consciously or subconsciously — public opinion.

– 수능응용 *pre-Internet times 인터넷 이전 시대

→

고난도 **05** Unfortunately few, if any, scientists are truly objective as they have often decided, long before the experiment has begun, what they would like the result to be. – 모의

→

어법 다음 문장의 네모 안에서 어법상 알맞은 것을 고르시오. [06~07번 각 3점, 08번 4점]

06 An Egyptian CEO, after entertaining his Canadian guests, was / were supposed to offer them joint partnership in a new business venture. – 모의응용

07 Andrew and Jake, whom nobody had noticed before the tournament this year, seems / seem likely to progress to the final match. – 모의응용

08 Information overload where a leader is overrun with inputs — via e-mails, meetings, and phone calls — distract / distracts his or her thinking. – 모의응용

09 아기 같은 외모를 지녔던 테디 베어는, 초반에는 그것들의 인기가 적었을지라도, 고객들에게 인기를 얻었다.

(their popularity / have been / may / however slight / initially)

→ Teddy bears that had a baby-like appearance, _____

_____, were popular with customers.

10 문화적 산물은, 그것들이 그림이든 조각품이든 무엇이든지 간에, 존중되어야 한다.

(they / are / whatever / or / paintings, / whether / sculptures, / —(대시) / —(대시))

→ Cultural products _____

should be treated with respect.

11 만약 당신이 우리 프로젝트 그룹에 없다면, 의미 있는 성과를 낼 기회가 있더라도 거의 없을 것이다.

(there / any / chance / is / for / little / meaningful / if / achievement)

→ If you are not in our project group, (   ) (   ) (   ), (   ) (   ), (   ) (   ) (   ) (   ).

12 전 세계적인 유행병은 모든 축제와 대부분의, 모두는 아니더라도, 가족들 간의 다른 작은 모임들의 취소로 이어졌다.

(small / gatherings / if / among / families / not / all / most / other)

→ The pandemic has led to the cancellation of all the festivals and (   ), (   ) (   ) (   ), (   ) (   ) (   ) (   ) (   ).

서술형 Tip ✔ 우리말 중간에 쉼표로 묶인 어구나 의미가 삽입된 어구가 있는 경우, 어구 앞뒤에 콤마(,) 또는 대시(—)를 사용하여 영작한다.
if any(만약 있다고 해도), if not(~까지는 아니더라도) 등이 이와 같은 삽입구문에서 관용적으로 쓰인다.

---

01 tax cut 세금 감면 **02** advantageous 이로운, 유익한 **03** adjective 형용사   adverb 부사   phrase 구(句); 구절 **04** popular opinion 여론   consciously 의식적으로   subconsciously 잠재의식적으로 **06** CEO 최고 경영자(= chief executive officer)   entertain 접대하다   venture 벤처 (사업), (사업상의) 모험 **08** overload 지나치게 많음   overrun ~을 압도하다; 초과하다   distract 혼란시키다 **09** initially 초반에, 처음에 **10** sculpture 조각품 **12** gathering 모임 pandemic 전 세계[전국]적인 유행병   cancellation 취소

UNIT 25 동격구문

정답 및 해설 p.39

동격어구 찾기 \ 다음 문장에서 서로 동격 관계인 어구를 찾아 각각 밑줄을 긋고, 문장 전체를 직독직해하시오. [각 10점]

01 Aesthetics, the science of beauty, has gained immense popularity over recent years.

*aesthetics 미학

→

02 Our request to build a dam to prevent floods takes precedence over bringing in new business in our city.

→

03 It would not be helpful for you to employ the common practice of pretending to know more than you do. – 모의응용

→

04 One of the most popular subjects at our university is astronomy, or the scientific study of objects in the universe.

→

05 Exposure to other people's smoke increases the chance that nonsmokers have heart disease.

→

어법 \ 다음 문장이 올바르면 ○, 어색하면 ✕로 표시하고 바르게 고쳐 쓰시오. [각 6점]

06 The UK's newspaper *The Sunday Times* have published its online edition since 1994.

– 모의응용

_____

07 The decision not to take in more immigrants make the politician very agitated.

_____

고난도 **08** The idea that meeting regularly to compare notes, plan common assessments, and share what we did well occurred to teachers. – 수능응용

_____

다음 우리말과 일치하도록 괄호 안의 어구를 활용하여 〈조건〉에 맞게 영작하시오. [각 8점]

〈조건〉 • 필요시 어형 변화 가능 • 콤마(,) 사용 가능

09 용기는 두려움의 결여라기보다는, 무언가가 두려움보다 더 중요하다는 판단이다.

(that, more important, something, the judgment, fear, be, than)

→ Courage is not the absence of fear, but rather _____

_____ .

10 그 어린이 재단은 어린이들에게 다양한 미래 직업을 경험할 기회를 제공할 것이다.

(jobs, to experience, opportunities, various, future)

→ The Children's Foundation will provide children with _____

_____ .

11 물, 즉 우리의 가장 소중한 천연자원은 우리 미래 세대를 위해 보존되어야 한다.

(most, be, valuable, natural, conserved, our, resource, should)

→ Water, _____

for our future generations.

12 현존하는 증거는 용의자가 범죄 현장에 있었는지 아닌지에 대한 의문을 불러일으켰다.

(the suspect, at the crime scene, existing evidence, or not, doubt, was, raised, whether)

→ _____ .

서술형 Tip ✔ 우리말에 명사와 이를 설명하는 어구가 동일한 관계(명사=보충 설명 어구)이면, 명사 뒤에 동격어구[절]를 쓴다.
1. 동격구문을 나타내는 콤마(,), to부정사, of, or 중 괄호 안에 주어진 것을 사용한다.
2. 동격어구가 절일 경우 접속사 that이나 whether로 연결한다.

---

01 immense 엄청난 **02** take precedence over ~보다 우선하다, ~의 우위에 서다 bring in ~을 유치하다 **03** employ (기술·방법 등을) 이용하다 **04** astronomy 천문학 route 길, 경로 **07** take in 받아들이다 agitated 흥분한, 불안하게 하는 **08** assessment 평가 **11** conserve 보존하다 **12** suspect 용의자; 의심하다

PART

2

동사의 이해

CHAPTER

0 5

시제와 시간

현재(진행)시제와 시간

현재(진행)시제 의미 파악 & 직독직해 │ 다음 밑줄 친 동사의 의미를 〈보기〉에서 고른 후, 문장 전체를 직독직해하시오. [각 8점]

〈보기〉 ⓐ 현재 상태   ⓑ 습관, 반복적 행동   ⓒ 진리, 일반적 사실   ⓓ 현재 진행 중인 동작   ⓔ 미래

01 Please excuse me for a moment. My phone is ringing now and it must be an important call.

_____ →

02 Rather than moving in a perfect circle, the Earth moves around the Sun in an oval pattern.

_____ →

03 Getting up early, my mother meditates and writes her affirmations in her journal every morning.

_____ →

04 Steve is running for student president next semester, and he thinks it will be a great experience for him.

_____ →

05 While there has been progress against indoor air pollution, high levels of outdoor air pollution remain a problem across many countries.

_____ →

어법 │ 다음 문장이 어법상 옳으면 ○, 틀리면 ✕로 표시하고 바르게 고쳐 쓰시오. [06~07번 각 5점, 08~09번 각 6점]

06 As soon as you stop an extreme diet, the weight will return shortly. This is the so-called yo-yo effect.   _____

07 Unless we will identify the context of a situation, we are going to judge and react too quickly. – 모의응용   _____

08 Once people are overwhelmed with the volume of information confronting them, they will have difficulty knowing what to focus on. – 모의응용   _____

09 The theater increased the space between our seats significantly. You will experience it when you will visit next time.   _____

다음 우리말과 일치하도록 괄호 안의 어구를 활용하여 〈조건〉에 맞게 영작하시오. [10~11번 각 7점, 12~14번 각 8점]

〈조건〉 • 시제에 맞게 동사를 변형할 것 • 필요시 단어 추가 및 중복 사용 가능

10 시간은 많다. 행동을 취할 때가 되면, 내가 그 문제를 해결하겠다.

(when, action, the time, for, come)

→ There is plenty of time. I'll manage the problem _____

_____. – 모의응용

11 비행기 일정 때문에, 우리는 회의 날짜를 일주일 앞당길 예정입니다.

(be, the conference, we, the date, move, for)

→ Because of the flight schedule, _____

_____ forward one week. – 모의응용

12 그 업체는 이번 주 금요일에 지역 고등학생들을 위한 사진 경연 대회를 개최할 예정입니다.

(a photo contest, the agency, for, be, local high school students, host)

→ _____ this Friday.

13 기온이 더 올라감에 따라, 아프리카와 같은 지역들은 작물 수확량의 감소를 맞닥뜨리게 될 것이다.

(regions, declining crop yields, such as, temperatures, rise further, face, Africa, will)

→ As _____,

_____. – 모의응용

14 당신이 저희 프로그램에 등록할 때, 저희가 당신을 완벽한 개인 교사와 연결해 드릴 것입니다.

(the perfect tutor, with, we, register for, match, you, our program, will)

→ By the time _____,

_____. – 수능응용

서술형 Tip ✔ 1. 가까운 미래는 현재진행시제(be v-ing)로 표현할 수 있다.
2. 시간·조건의 부사절에서 미래 의미는 현재시제로 표현한다.

---

02 oval 타원형의 **03** meditate 명상하다 affirmation 긍정; 확언 **04** run for ~에 입후보하다 **06** shortly 바로, 곧 **07** context 맥락, 전후 사정 **08** overwhelm (격한 감정이) 압도하다 confront 직면하다 **09** significantly 상당히 **10** somehow or other 어떻게 해서든 **11** conference 회의 **12** agency 업체; 대리, 대행 **13** yield 수확량 temperature 기온 further 더, 더욱이; 더 멀리 **14** register 등록하다 match 연결시키다; 어울리다

현재완료시제 의미 파악 & 직독직해 \ 다음 밑줄 친 동사의 의미를 〈보기〉에서 고른 후, 이에 유의하여 직독직해하시오. [각 8점]

〈보기〉 ⓐ 완료 ((지금 막) ~했다)   ⓑ 경험 ((지금까지) ~해 본 적이 있다)
ⓒ 계속 ((지금까지 죽) ~해왔다)   ⓓ 결과 (~했다 (그 결과 지금 …인 상태이다))

01 The global annual death rate from weather-related natural disasters <u>has declined</u> remarkably since the 1920s.

_____ →

02 My brother <u>has appeared</u> on TV before, but it was only for a few seconds.

_____ →

03 Driven by large human population, the Asian elephant, an endangered animal, <u>has lost</u> its habitat.

_____ →

04 People who <u>have done</u> you a kindness once will be more ready to do you another.

– 모의응용

_____ →

05 Scientists recently <u>have identified</u> a specific region of the brain that is responsible for immediate reactions including fear and aggressive behavior. – 모의응용

_____ →

어법 \ 다음 문장이 어법상 옳으면 ◯, 틀리면 ✕로 표시하고 바르게 고쳐 쓰시오. [06번 4점, 07~09번 5점]

06 In business and trade, markets have become ever more inclined toward "winner takes all" so far. – 모의응용   _____

07 When I was in middle school, we have studied longitude and latitude in geography class. – 모의응용   _____

08 Katie and Jeff have been working on an important presentation for science class for more than 10 days. – 모의응용   _____

고난도 **09** His benevolent endeavors have provided healthcare and disaster relief, and he has presented with one of UNESCO's awards in 2011 for his support of children's education. – 모의응용   _____

다음 문장에서 밑줄 친 부분에 들어갈 단어를 괄호 안의 동사를 활용하여 알맞은 형태로 쓰시오. [각 5점]

10 Parents (express)＿＿＿＿＿＿＿＿ more concern for the safety of their children to this day.

11 Lots of students have learned that Jupiter (be)＿＿＿＿＿＿＿＿ the largest planet in the solar system.

12 A severe mercury poisoning incident in Japan (alert)＿＿＿＿＿＿＿＿ the world to the potential problems of mercury in fish in the 1950s. – 수능응용

13 The huge recent federal deficits (push)＿＿＿＿＿＿＿＿ the federal debt to the highest level since the years immediately following World War Ⅱ. – 모의응용

배열 영작 다음 우리말과 일치하도록 괄호 안에 주어진 단어를 순서대로 배열하시오. [각 7점]

14 1996년에 나는 플로리다주의 선거 캠페인에서 운영의 책임을 맡고 있었다.

(was / the election campaign / of / the operations / I / in charge of)

→ In 1996, ＿＿＿＿＿＿＿＿＿＿＿＿＿＿＿＿＿＿＿＿＿＿＿ in Florida.

15 야구 경기장에서, 그는 홈런 볼이 그에게 다가오는 것을 경험한 일이 있다.

(has / him / coming toward / the home run ball / he / experienced)

→ At the baseball stadium, ＿＿＿＿＿＿＿＿＿＿＿＿＿＿＿＿＿＿＿.

16 저는 미술관의 웹 사이트에서 미술관이 재개장했다는 것을 막 읽었습니다.

(on / the art museum / have just read / of / the website)

→ I ＿＿＿＿＿＿＿＿＿＿＿＿＿＿＿＿＿＿＿＿＿＿＿

that it has reopened. – 수능응용

서술형 Tip ✔ 1. 과거에 일어난 일이 현재와 연관되는 경우에 현재완료시제(have p.p.)로 표현한다. 같이 쓰인 부사구[절](since, just, never 등)가 단서가 되기도 한다.

2. 현재와 연관되지 않고 과거에 이미 끝난 동작은 과거시제로 쓴다. 과거를 나타내는 부사구 yesterday, 〈in + 특정 연도〉 등이 같이 쓰인다.

---

01 remarkably 현저하게, 매우 **03** endangered 멸종 위기에 처한 habitat 서식지 **04** do A a kindness A에게 친절을 베풀다 **06** inclined ∼하는 경향이 있는 winner takes all 승자독식 **07** longitude 경도((지구의 세로 좌표축)) latitude 위도((지구의 가로 좌표축)) **09** benevolent 자애로운 endeavor 노력 relief 구호물자 **12** mercury 수은 (실온에서 유일하게 액체 상태인 금속의 한 종류) alert 의식하게 하다; 경고하다 potential 잠재적인; 잠재력 **13** federal 연방 정부의 deficit 적자 debt 채무 **14** in charge of ∼을 맡은, 담당인

과거[미래]완료시제와 시간

과거완료시제 의미 파악 & 직독직해 \ 다음 밑줄 친 동사의 의미를 〈보기〉에서 고른 후, 이에 유의하여 직독직해하시오. [각 10점]

> 〈보기〉 ⓐ 완료 ((그때 막) ~했다)
> ⓑ 경험 ((그때까지) ~해 본 적이 있었다)
> ⓒ 계속 ((그때까지 죽) ~하고 있었다)
> ⓓ 결과 (~했다 (그 결과 그때 …인 상태였다))

01 Jake <u>had</u> recently <u>attended</u> the automobile show when I asked him to go there together. – 모의응용

_____ →

02 Many years <u>had gone by</u> since the accident happened, and I could not remember it.

_____ →

03 Experts point out that persons caught driving drunk for the first time <u>had</u> probably <u>done</u> so dozens of times before without incident. – 모의

_____ →

고난도 **04** Women were excluded from voting in ancient Greece and ancient Rome, as well as in the few democracies that <u>had emerged</u> in Europe by the end of the 18th century.

_____ →

어법 \ 다음 문장에서 밑줄 친 부분에 들어갈 단어를 괄호 안의 동사를 활용하여 완료시제로 쓰시오. [각 5점]

05 The patient (make)_____ himself believe that he was going to get well, and this was really more than half the battle.

06 By midday tomorrow, all the wet surfaces (freeze)_____ because of the extremely cold temperature.

07 It (rain)_____ earlier that week. Because of that, the river was still brown and flooded a few days later. – 모의응용

다음 문장의 네모 안에서 어법상 알맞은 것을 고르시오. [각 5점]

08 As soon as I arrived at the airport, I realized that I have left / had left my passport in my room.

09 By the time his brother comes back for dinner, he will have been struggling / had been struggling with his writing homework for eight hours.

10 Joe and his father returned home, humming the melody that their band will have practiced / had been practicing . – 모의응용

배열 영작 다음 우리말과 일치하도록 괄호 안에 주어진 단어를 순서대로 배열하시오. [각 10점]

11 내가 그를 방문했을 때 그는 자신의 책을 쓰는 중이었다.

(visited / book / his / I / him / writing / when / had / been)

→ He _____ .

12 내년 말쯤이면, 버스 이용을 장려하는 그 도시의 정책 때문에, 대중교통에 의한 이동량은 두 배가 되어 있을 것이다.

(by / have / public transport / the amount of travel / will / doubled)

→ By the end of next year, _____
because of the city's policy encouraging use of buses. – 모의응용

13 Linda가 나를 상대로 피아노 경연 대회에서 우승했다는 것을 알게 되었을 때, 나는 기분이 안 좋았다.

(had / when / won / that / I / the piano contest / learned / Linda)

→ _____ against me,
I was unhappy. – 수능응용

서술형 Tip ✔ 1. 우리말이 과거에 일어난 두 동작을 서술할 때, 시간상 더 앞서거나 앞서서 진행 중인 동작에 과거완료시제(had p.p.)를 쓸 수 있다.
진행 중임을 강조하고 있으면 과거완료진행시제(had been v-ing)를 사용한다.
2. 과거 및 현재에서 미래까지 이어진 동작, 상태는 미래완료시제(will have p.p.)를 쓴다.

---

02 go by 지나가다, 흐르다 04 exclude 제외하다 democracy 민주주의 국가; 민주주의 emerge 출현하다 05 half the battle (일의 가장 중요하거나 힘든 단계인) 고비 06 midday 정오, 한낮 freeze 얼다 07 flood (물이) 범람하다 10 hum (노래를) 흥얼거리다 12 travel 이동, 여행; 여행하다

가정법 과거 어법 판단 & 직독직해 \ 다음 문장의 네모 안에서 어법과 문맥에 알맞은 것을 고르고, 문장 전체를 직독직해하시오.

[각 8점]

01 If you were the president, will / would you be more focused on economic issues or climate change?

→

02 I wish you are / were willing to give a special lecture to my students and share stories about your travels. – 모의응용

→

03 If you should / shouldn't lose your identification card, a new ID card would be issued.

→

04 Talk to yourself positively and act as though you weren't / were the person that you wanted to be. – 모의응용

→

05 The brain is a slow-changing machine; if your brain were to change / changes completely overnight, you would be unstable. – 모의응용

→

어법 \ 다음 밑줄 친 부분이 어법상 옳으면 ◯, 틀리면 ✕로 표시하고 바르게 고쳐 쓰시오. [각 4점]

06 If you <u>were</u> a better leader, you would try to explore new territory to improve and innovate. – 수능응용

_____

07 She wished driving faster <u>got</u> her to her destination sooner, but it was impossible.

– 수능응용

_____

08 It is high time that we <u>recruited</u> some new employees for our software department.

_____

고난도 **09** Should <u>happen another world war</u>, the entirety of mankind would be in jeopardy.

_____

고난도 **10** We adjust what we eat all the time. <u>It were not the case</u>, the food companies that launch new products each year would be wasting their money. – 모의응용

_____

11 If I <u>had</u> free time during my youth, I would usually spend it exploring the forest or swimming in the river.   과거 / 현재

12 If my friend <u>lived</u> nearby, I might spend Christmas with her. I'm sorry that she lives abroad now to study.   과거 / 현재

혼동구문 Tip ✔ If절에 동사의 과거형이 쓰임 ┌ 있을 법하지 않은 '현재' 사실의 반대를 가정: ~하면 …할 것이다
└ 있을 법한 '과거'의 조건: ~했다면 …했다

조건 영작 \ 다음 우리말과 일치하도록 괄호 안의 어구를 활용하여 〈조건〉에 맞게 영작하시오. [각 8점]

〈조건〉 • if 가정법 또는 S + wish나 as if가 이끄는 가정법 사용   • 필요시 어형 변화 및 중복 사용 가능

13 그는 그의 모든 돈을 자선 단체에 보내는 것처럼 보인다.

(he, all, send, his money)

→ It seems _____ to charities. – 수능응용

14 만약 네게 무한한 시간이 있다면, 너는 하루에 한 페이지를 읽을 수 있고 결국 세상의 모든 책을 읽을 수 있게 된다.

(have, read, can, you, time, infinite, a page a day)

→ _____, _____

and eventually come to read all the books in the world.

15 그녀는 유럽으로 가족들과 함께 여행갈 수 있기를 바라지만, 그녀는 회사 일로 매우 바쁘다.

(she, to Europe, with, can, travel, her family)

→ _____, but she is too busy with her company.

16 만약 인간이 화성에서 살게 된다면, 우리는 추위와 붉은 모래로부터 우리를 보호할 집이 필요할 것이다.

(houses, on Mars, humans, we, would, were to live, need)

→ _____, _____

that protect us from the cold and the red dust.

서술형 Tip ✔ 1. '현재' 사실을 반대로 가정하면(만약 ~라면, …할 텐데) if 가정법 과거시제로 표현한다.
   If절은 동사의 과거형[were to-v], 주절은 〈조동사의 과거형 + 동사원형〉을 쓴다.
2. (지금 또는 그때) '~이기를 바란다[바랐다]' (소망하는 때와 소망 내용의 때 일치) → S + wish(ed) + 가정법 과거
3. (지금 또는 그때) '마치 ~인 것처럼 …한다[했다]' (가정하는 때와 가정하는 내용의 때 일치) → as if[though] + 가정법 과거

---

03 identification card 신분증 issue 발부하다; 발표하다 **05** unstable 불안정한 **06** territory 영역 **08** recruit 모집하다 **09** entirety 전체, 전부 mankind 인류
in jeopardy 위기에 처한 **10** adjust 조정[조절]하다; 적응하다 launch 출시하다 **13** substantial 상당한 **14** infinite 무한한

가정법 과거완료 어법 판단 & 직독직해 다음 문장의 네모 안에서 어법과 문맥에 알맞은 것을 고르고, 문장 전체를 직독직해하시오. [각 8점]

01 If I had been more intelligent and had made more effort, I wouldn't make / have made such a mess of my exams.

→

02 Their argument probably would have become more violent if there have / had not been any intervention.

→

03 He had / Had he worked more on sophisticated theories of language and communication, he would have had great effects on the world.

→

04 I wish in my youth I received / had received wise advice from those with more life experience than I had. – 모의응용

→

05 The house looked as if no one visited / had visited it for years, because all the furniture was covered with dust.

→

가정법이 나타내는 때 파악 다음 가정법 문장에서 밑줄 친 부분이 실제로 가리키는 때를 고르시오. [각 6점]

06 If you <u>knew</u> your future, it would take away all the surprises, wonder, or suspense you get from living.

과거 / 현재

07 The reporter said that if there <u>had been</u> no warning sign, the damage from the accident would have been much greater.

과거 / 현재

08 If she found out about the defeat of her favorite hockey team, she <u>would be</u> terribly disappointed. – 모의응용

과거 / 현재

09 Astronomers' discoveries <u>could not have happened</u> if the technological development of the telescope hadn't come before them. – 모의응용

과거 / 현재

혼동구문 Tip ✔ '현재' 시점을 가정하면 가정법 if절에서 '과거' 시제를 사용하고, '과거' 시점을 가정하면 '과거완료' 시제를 쓴다.

10 If she (distrust) _____ herself, she would have never set any records.

11 If lying were no longer possible, honesty would (be) _____ not only the best but the only policy.

12 In my own travels, had I taken package tours I never would (have) _____ the eye-opening experiences that have enriched my life. – 모의응용

조건 영작　다음 우리말과 일치하도록 괄호 안의 어구를 활용하여 〈조건〉에 맞게 영작하시오. [각 7점]

> 〈조건〉 • if 가정법 또는 S + wish나 as if가 이끄는 가정법 사용
> • 필요시 어형 변화 및 중복 사용 가능

13 그는 마치 거절의 편지를 받았던 것처럼 낙담해 있었다.

(have receive, be, a letter, discouraged, of, rejection, he)

→ He _____ .

14 의료진이 훌륭한 노력을 하지 않았더라면, 그는 회복할 수 없었을 것이다.

(have, he, a huge effort, can, not, make, the medical team, recover)

→ _____ ,

_____ .

15 그녀의 부모는 그녀가 대학에서 서로 다른 생각들에 대한 폭넓은 노출을 제공받았었기를 바랐다.

(been offered, to, her parents, she, wide exposure, different ideas, have)

→ _____

_____ in college.

서술형 Tip ✔ 1. 우리말이 '과거' 사실을 반대로 가정하면(만약 ~했더라면, …했을 텐데) if 가정법 과거완료시제로 표현한다.
　　if절은 동사의 과거완료형, 주절은 〈조동사의 과거형 + have p.p.〉를 쓴다.
2. '(그때) ~였다면 (지금) 좋을 텐데', '(그전에) ~였었다면 (그때) 좋을 텐데'
　　(소망하는 때보다 소망하는 내용의 때가 앞섬) → S + wish(ed) + 가정법 과거완료
3. '(그때) 마치 ~였던 것처럼 (지금) …한다', '(그전에) 마치 ~였었던 것처럼 (그때) …했다'
　　(가정하는 때보다 가정하는 내용의 때가 앞섬) → as if[though] + 가정법 과거완료

---

02 argument 논쟁 intervention 중재, 개입 03 sophisticated 복잡한, 정교한 06 suspense 긴장감 08 defeat 패배 10 distrust 불신하다 12 eye-opening 놀라운, 눈이 휘둥그레질만한 enrich 풍요롭게 하다 13 rejection 거절

if절을 대신하는 여러 구문

문장 전환 \ 다음 두 문장의 의미가 일치하도록 if 가정법 구문을 활용하여 바꿔 쓰시오. [01~02번 각 10점, 03번 12점]

01 I think the party wouldn't be that much fun without him, who always gives off positive energy.

→ I think the party wouldn't be that much fun _____ him, who always gives off positive energy.

02 We should help young people mature into ethical adults who feel a responsibility to the global community. Otherwise, many people would give in to their greed. – 모의응용

→ _____ young people mature into ethical adults who feel a responsibility to the global community, many people would give in to their greed.

고난도 **03** But for the ancient languages expert, the archaeologists would never have fully understood all the finds from an eleventh-century AD wreck they discovered.

→ _____ the ancient languages expert, the archaeologists would never have fully understood all the finds from an eleventh-century AD wreck they discovered.

*archaeologist 고고학자 **wreck 난파선

가정의 의미 파악 \ 가정의 의미를 갖는 밑줄 친 부분에 유의하여 문장 전체를 해석하시오. [각 8점]

04 There's no need to thank me. <u>Anyone</u> would have done the same.

→

05 <u>To catch the train leaving at noon</u>, I would have to leave work early and run to the station.

→

06 <u>Exploited properly</u>, the data on consumers would have provided the capabilities to predict customers' behavior and business trends. – 모의응용

→

07 <u>Suppose you threw many darts at random on a map</u>. You'd find the holes evenly distributed across the map. – 모의응용

→

다음 우리말과 일치하도록 괄호 안의 어구를 활용하여 〈조건〉에 맞게 영작하시오. [각 9점]

> 〈조건〉 • 〈보기〉에 주어진 표현을 한 번씩만 사용할 것
> • 필요시 어형 변화 및 단어 추가 가능

> 〈보기〉 without   but for   otherwise   providing that

08 날씨가 좋으면, 우리는 이번 주말에 캠핑하러 갈 것이다.

(fine, the weather, is)

→ _____ , we will go camping
this weekend.

09 적당한 자기 노출이 없었다면, 우리는 다른 사람들이 우리에 대해 알게 될 기회를 가질 수 없었을 것이다.

(could, not, a proper self-disclosure, have, we, an opportunity)

→ _____ , _____
for others to know us. – 모의응용

10 나의 부모님의 지원이 없었다면, 오늘날 나는 의미 있는 경력을 가지지 못했을 것이다.

(my parents, I, would, the support, of, have, not)

→ _____ , _____
a meaningful career today. – 모의응용

11 그녀의 작품이 한 전시회에서 눈에 띄었기 때문에, 그녀는 유명해졌다. 그렇지 않았다면, 그녀는 자신의 남은 인생을
무명의 화가로 살았을 것이다.

(she, the rest of her life, would, live, an unknown painter, as)

→ Because her work stood out at an exhibition, she became well-known. _____ ,

_____ . – 모의응용

서술형 Tip ✔ 1. 가정법은 반드시 if절을 사용해야 하는 것은 아니다. 우리말에 무엇을 가정하는 의미가 있는 경우, 다음과 같은 표현을 사용할 수 있다.
• without, but for: ~이 없다면[없었다면]
• otherwise: 그렇지 않다면[않았다면]
• suppose, supposing, provided, providing (that): if(~라면) 대용어
2. 문맥을 통해 현재의 가정인지, 과거의 가정인지 파악하고 주절의 시제를 알맞게 써야 한다.

---

01 give off (냄새·열·빛 등을) 발산하다, 내다 **02** mature 성숙하다 ethical 도덕적인, 윤리적인 give in 굴복하다 greed 탐욕 **06** exploit (최대한 잘) 활용하다; (부당하게) 이용하다; 착취하다 **07** evenly 고르게, 균등하게 **09** proper 적당한, 적절한 self-disclosure 자기 노출 **11** stand out 눈에 띄다, 두각을 나타내다

준동사 시제 파악하기 \ 다음 문장에서 밑줄 친 준동사가 문장의 동사보다 앞선 때를 나타내는 것을 <u>모두</u> 고르시오. [10점]

01
ⓐ In the middle of the night, Jake finally remembered <u>having left</u> his phone at the library.
ⓑ The teacher likes <u>preparing</u> surprises for her students at the end of the semester.
ⓒ Ancient Greece is said <u>to have laid</u> the foundation for Western civilization.
ⓓ I think you should be ashamed of <u>having hurt</u> other people's feelings with your remarks.

_____

문장 전환 \ 다음 두 문장의 의미가 일치하도록 빈칸을 완성하시오. [02번 4점, 03~04번 5점]

02　It is likely that developing countries experience more negative effects of global warming.
→ Developing countries are likely to _____ more negative effects of global warming. – 모의응용

03　It seems that the suspect reconstructed his argument in a way that denied his wrongdoing.
→ The suspect seems to _____ his argument in a way that denied his wrongdoing.

04　People believe that the famous composer composed more than 70 works, but only about 10 remain today.
→ People believe the famous composer to _____ more than 70 works, but only about 10 remain today. – 모의응용

어법 \ 다음 밑줄 친 부분이 어법상 옳으면 ○, 틀리면 ✕로 표시하고 바르게 고쳐 쓰시오. [각 7점]

05　He is proud of <u>winning</u> the marathon when he was young. _____

06　The noise from the cars is deafening. Since I normally live in the country, traffic here seems <u>to have been</u> louder. _____

07 Many people expect him <u>to have gotten</u> over the incident last year, but he is still suffering from it. _____

08 Everywhere around us we see the temptation to improve the quality of our lives by <u>having bought</u> a larger house and a second car. – 모의응용 _____

다음 우리말과 일치하도록 괄호 안의 어구를 활용하여 〈조건〉에 맞게 영작하시오. [각 12점]

〈조건〉 • 필요시 어형 변화 및 단어 추가 가능 • 중복 사용 가능

09 나는 깊이 생각하지 않고 그의 제안에 승낙했음에도 불구하고, 그와 일하는 것을 후회하지 않는다.

(have, despite, his offer, say yes, to)

→ _____ without thinking deeply, I don't regret working with him.

10 그 우승자는 부당하게 상금을 탔던 것으로 밝혀져서, 그 돈은 회수될 것이다.

(unfairly, to get, the winnings)

→ The winner turns out _____, so the money will be retrieved.

11 그는 비영리 기관의 구성원으로서 자선 단체들을 위한 기금을 마련했던 것을 기뻐한다.

(he, be, to raise, funds, delighted, for charities)

→ _____
as a member of nonprofit organization.

12 우리 동아리의 구성원 일부는 한 번만 입을 유니폼 비용을 낸 것에 대해 불평한다.

(about, some members, pay, in our club, for uniforms, complain, have)

→ _____
that would be worn only one time.

서술형 Tip ✔ 문장의 동사보다 앞선 시점을 나타내는 준동사의 형태는 to have p.p./having p.p.로 사용한다.

01 foundation 토대, 기초 civilization 문명 remark 말, 발언 03 reconstruct 재구성하다 wrongdoing 범죄, 범법 행위 04 compose 작곡하다; 구성하다 06 deafen 귀를 먹먹하게 만들다 07 suffer from ~로 고통받다 08 temptation 유혹 09 offer 제안; 제안하다 10 winning 상금; 승리, 성공 turn out ~인 것으로 밝혀지다 retrieve 회수하다, 되찾다 11 nonprofit 비영리의

PART 2

CHAPTER

06

동사에 담긴 의미 정보

주어가 동작을 하는가, 받는가

능동 vs. 수동 & 직독직해 | 다음 문장의 네모 안에서 어법과 문맥에 알맞은 것을 고르고, 문장 전체를 직독직해하시오. [각 8점]

01 Desertification occurs / is occurred because warmer temperature draws moisture out of the soil. – 모의응용

→

02 Turn on the air conditioner, and about 30 minutes later see if the temperature has gone / has been gone up.

→

03 Magma is the hot liquid rock under the surface of the Earth and it knows / is known as lava after it comes out of a volcano.

→

04 Rocks have used / have been used by humans for millions of years, from early tools and weapons to various construction materials.

→

05 The father was contributing / was being contributed to his son's attitude of hating to lose at games by always letting him win intentionally when they played games together. – 모의응용

→

문장 전환 | 다음 문장을 수동태 문장으로 바꿔 쓰시오. [각 7점]

06 People often think of health as an individual characteristic that begins with inherited conditions.

→ Health _____

that begins with inherited conditions.

07 People know that accepting change is better than trying to avoid it.

→ It _____ accepting change is better than trying to avoid it.

→ Accepting change _____ better than trying to avoid it.

08 A liberal arts education gives you perspective, problem-solving skills, and creative strengths.

→ You _____

by a liberal arts education. – 모의응용

*liberal arts (철학, 음악 등의) 교양 과목

다음 문장이 어법상 옳으면 ○, 틀리면 ×로 표시하고 바르게 고쳐 쓰시오. [각 6점]

09 In the 1990s, the task of creating online content made quicker and cheaper by software development. – 모의응용 _____

10 The younger students were seen to have a very positive attitude towards learning but lacked interpersonal skills. _____

11 Since as early as 1948, animals were used by the US space program for testing aspects of space travel such as the effects of prolonged weightlessness.

_____

다음 우리말과 일치하도록 괄호 안의 어구를 활용하여 〈조건〉에 맞게 영작하시오. [각 7점]

〈조건〉 • 필요시 어형 변화 및 단어 추가 가능

12 몇몇 기업은 그들의 평판을 보호하기 위해 소비자의 불만에 재빨리 반응하도록 강요받아 왔다.
(to respond, companies, force, some, be)

→ _____ quickly to customers' complaints to protect their reputations. – 모의응용

13 제품이나 서비스는 줄곧 변하는 소비자들의 욕구를 충족시키기 위해 만들어지는 중이다.
(produce, the product, or, service, be)

→ _____ to satisfy the needs of customers, which change all the time.

14 우리의 참여도를 높이기 위해, 우리에게는 수업 시간에 적어도 하나의 질문을 해야 하는 규칙이 부여되었다.
(at least one question, to ask, give, the rule, be)

→ To improve our participation, we _____ during the class. – 모의응용

서술형 Tip ✔ 1. 우리말 술부가 '~받다, ~되다'로 표현되거나 주어가 어떤 행동을 당하는 문맥이면 수동태 be p.p. 형태로 써야 하는지 파악한다.
주의해야 할 시제 형태는 다음과 같다.
  • '~되어 왔다' → have been p.p. (현재완료 수동형)
  • '~되고 있다' → be being p.p. (진행 수동형)
2. 주어, 서술어 부분을 완성하고 남은 부분은 수동태 뒤에 그대로 쓴다. SVOO 문형은 목적어, SVOC 문형은 목적격보어가 남아 있을 수 있다. 단, 목적격보어가 원형부정사일 때, 수동태에서는 to 부정사로 표현한다.

01 desertification 사막화 **03** lava 용암 **05** intentionally 의도적으로, 고의로 **06** inherit 물려받다 **08** perspective (균형 잡힌) 관점; 원근법에 의한 **11** prolonged 장기적인, 오랫동안 계속되는 weightlessness 무중력 상태 **12** reputation 평판 **13** satisfy 충족시키다 all the time 줄곧, 내내 **14** participation 참여

의미상의 주어 찾기 & 직독직해 다음 밑줄 친 부분의 의미상의 주어에 동그라미 표시하고, 문장 전체를 직독직해하시오. [각 8점]

01 In front of his peers, he was ashamed of <u>having been caught</u> copying the answers of his classmate in the math exam.

→

02 For animals, quick movements and loud noises are particularly stressful. They tend <u>to be disturbed</u> by unexpected and unpredictable events. – 모의응용

→

03 Among the lab researchers, the importance of protective wear is thought <u>to have been emphasized</u> before the accident.

→

04 Jane Austen didn't use her real name from the beginning. Instead, *Sense and Sensibility* was described as <u>being written</u> "By a Lady."

→

고난도 **05** There's a time lag between the reflection of light and its reaching our eyes; every sensation our body feels has to wait for the information <u>to be carried</u> to the brain. – 모의응용

→

어법 다음 문장의 네모 안에서 어법과 문맥에 알맞은 것을 고르시오. [각 4점]

06 Honeybees play a crucial role in the reproductive process of plants by ⌐helping / being helped⌐ to produce seeds. – 모의응용

07 The suspect denied ⌐having broken / having been broken⌐ into a neighbor's house during the holiday season.

08 Because of Artificial Intelligence, more than one in four jobs are estimated ⌐to have displaced / to have been displaced⌐ in the wholesale & retail trade sector. – 모의응용

09 A primary school teacher is helping students ⌐to understand / to be understood⌐ difficult concepts by using a dictionary. – 모의응용

10 The study defines "social media overload" as the feeling of ⌐overwhelming / being overwhelmed⌐ by the large amount of communication and information available through social media channels.

〈조건〉 • 필요시 어형 변화 및 단어 추가 가능

11 젊은 사람들은 어떤 영화를 볼지, 혹은 어떤 앨범을 살 것인지를 결정할 때 인터넷에 의해 영향받을 가능성이 크다.
(by, be likely to, young, influence, people, the Internet, be)

→ _____

when deciding what movie to see or what album to purchase. – 모의응용

12 태풍에 대한 정부의 빠른 대처 덕분에, 그 지역에서 끔찍한 재난이 방지되었던 것처럼 보인다.
(horrible disasters, avoid, appear to, have, be)

→ Thanks to the government's fast reactions to the typhoon, _____

_____ in the district.

13 그 학생은 자신의 성적이 이전보다 높다는 것을 들었던 것에 기뻐한다.
(happy, be, have, at, the student, tell, be)

→ _____ that her grades are higher than before.

– 모의응용

14 장애가 있는 몇몇 사람들이 공공시설로의 접근을 거부당했던 것에 대해 항의한다.
(access, to, denied, public facilities, have, be)

→ Several people with disabilities complain of _____

_____ .

서술형 Tip ✔ 1. to부정사나 동명사로 영작해야 하는 부분과 의미상의 주어가 수동 관계(v당하다, v되다)이면 to be p.p./being p.p.의 형태로 쓴다.
2. to부정사나 동명사가 수동형이면서, 나타내는 시점이 문장의 동사보다 앞선 때이면 완료형 to have been p.p./having been p.p.의 형태로 쓴다.

---

02 disturb 불안하게 만들다; 방해하다 unpredictable 예측할 수 없는 **03** emphasize 강조하다 **05** time lag 시간상의 차이, 시간 지연 **06** reproductive 번식의, 생식의 **07** suspect 용의자; 의심하다 **08** estimate 추정하다 displace 대체하다, 대신하다 **10** overload 과부하, 지나치게 많음 **12** disaster 재난 avoid 방지하다, 막다; (회)피하다 reaction 대처 district 지역 **14** disability (신체, 정신적) 장애

조동사 의미 파악 & 직독직해 \ 다음 문장의 밑줄 친 조동사의 의미에 유의하여 문장 전체를 직독직해하시오. [각 10점]

01 Whether you are neat or messy, your workspace <u>might</u> reveal a lot about your personality. – 모의응용

→

02 Leaving little time for ourselves <u>would</u> lead to unmanaged stress, frustration, fatigue or health issues. – 모의응용

→

03 I saw an "Under Construction" sign on the road this morning, so the news that the road construction is completed <u>can't</u> be true.

→

04 The educational program <u>will</u> provide opportunities for students to take on challenges in diverse areas such as academics, sports, arts, and computers. – 모의응용

→

05 He just finished his second half marathon, and made a better personal record than before. He <u>must</u> be proud of himself.

→

조동사 의미 구별 \ 다음 밑줄 친 부분이 나타내는 의미로 가장 적절한 것을 고르시오. [각 6점]

06 I <u>could</u> run 100 meters within 15 seconds, but now the record is significantly lower.

추측 / 가능

07 Physicians <u>should</u> pay as much attention to the comfort and welfare of the patient as they do to the disease itself. – 모의응용

추측 / 의무

08 She <u>must</u> have seafood allergies as she broke out in a rash after eating crabs.

추측 / 의무

09 If you don't take action for reconciliation when you first get into a fight with your friend, you <u>could</u> damage the relationship.

추측 / 가능

혼동구문 Tip ✔ 조동사는 다양한 의미로 해석될 수 있으므로 문맥을 통해 의미를 정확히 구분한다.		
could	1. (추측) ~일 수도 있(었)다	2. (가능) ~할 수 있었다
can	1. (추측) ~일 수도 있다	2. (가능) ~할 수 있다
should/ought to	1. (추측) ~일 것이다	2. (의무) ~해야 한다
must	1. (강한 추측) ~임이 틀림없다	2. (의무) ~해야 한다

조건 영작 다음 우리말과 일치하도록 괄호 안의 어구를 활용하여 〈조건〉에 맞게 영작하시오. [10번 8점, 11~12번 각 9점]

〈조건〉 • 〈보기〉의 조동사를 한 번씩만 사용할 것

〈보기〉 might   must   can't

10 그는 최선을 다했기 때문에 상대 팀에 패배한 것에 실망할 리는 없다.
(he, at, be, being, disappointed, defeated)

→ _____ by the opponent team because he did his best.

11 당신이 항상 같은 길로 걷는다면, 세상의 아름다움을 놓칠지도 모른다. 과감해져라, 그리고 새로운 길에 도전하라.
(on, if, a world of beauty, the same trail, miss, you, always walk)

→ _____, you _____
_____. Be bold and dare to try new paths.

12 휴대용 기술과 개인 클라우드 서비스의 사용은 여러 장소에서 원격 근무를 가능하게 하는 것이 틀림없다.
(different, facilitate, places, remote work, in)
→ The use of portable technologies and personal cloud services _____
_____. – 모의응용

서술형 Tip ✔ 우리말에서 서술어의 '가능성, 추측' 정도에 따라 적절한 조동사를 사용하여 영작한다. 확신의 정도가 높을 때는 must(긍정)나 can't(부정)를 사용할 수 있다.

---

01 messy 지저분한 02 frustration 불만, 좌절감 fatigue 피로 03 under construction 공사 중인 04 take on 떠맡다; 고용하다; (성질을) 띠다 diverse 다양한 06 within 이내에, 안에 07 welfare 행복; 복지 08 break out in a rash 두드러기가 나다 09 reconciliation 화해 10 defeat 패배시키다, 이기다 11 trail 길; 자국, 흔적 12 facilitate 가능하게 하다 remote 원격의; 먼 portable 휴대용의, 휴대가 쉬운

조동사 + have p.p. 의미 파악 & 직독직해 ⟩ 다음 밑줄 친 부분의 해석을 〈보기〉에서 고른 후, 문장 전체를 직독직해하시오. [각 8점]

〈보기〉 ⓐ (과거에) ~했음이 틀림없다   ⓑ (과거에) ~했을 리가 없다
        ⓒ (과거에) ~했을지도 모른다   ⓓ (과거에) ~하지 않았어야 하는데 (했다)

01 My brother moved abroad last year, so you <u>can't have seen</u> him in town.

_____ →

02 Dropping a bottle containing chemicals <u>might have led</u> to a serious accident, but fortunately nobody was hurt. – 모의응용

_____ →

03 A 100 years ago, the ecological effects of the reduction in elephant population caused by excessive hunting <u>must have been</u> substantial, but are little known.

_____ →

04 Our past ancestors <u>may</u> always <u>have carried</u> water in some manner by using folded leaves. – 모의응용

_____ →

고난도 **05** The current issue of bribery and corruption involving the National Assembly <u>should not have happened</u> as they are supposed to be working for the people.

*the National Assembly 국회

_____ →

어법 & 문맥 파악 ⟩ 다음 문장의 네모 안에서 어법상 알맞은 것을 고르시오. [각 5점]

06 The forecast says there will be snowstorms next week, but we do not have any snow tires. We must / should have bought some last year. – 모의응용

07 There was a rumor that the company was on the verge of bankruptcy. Profits were higher than expected in that quarter, so the rumor may / cannot have been true.

08 The fatty foods that you had for dinner cannot / may have harmed the quality of your sleep because they take long to digest. – 모의응용

09 The student spent the entire day worrying about the exam when she should have been / shouldn't have been spending time preparing for it.

> 〈조건〉 •〈조동사＋have p.p.〉를 사용할 것   • 필요시 어형 변화 가능

10 나는 어제 그렇게 많이 먹지 않았어야 했다. 지금 배탈이 났다.

(so, I, much, eat, should, not)

→ _____ yesterday. I have an upset stomach now.

11 우승하기 위해서 그 팀은 팀워크를 쌓는 데 더 큰 노력을 기울였어야 했다.

(team work, should, the team, in, spend, build, more effort)

→ _____

to win the championship.

12 그의 과중한 업무량과 빠듯한 마감일 때문에 그는 휴가를 내거나 자신을 돌봤을 리가 없다.

(or, he, look after, can't, take leave, himself)

→ _____

with his heavy workload and tight deadlines.

13 새로운 바이러스에 대한 정보를 모으는 것은 오랜 시간이 걸렸음이 틀림없다.

(the new virus, must, collecting, take, a long time, the information, about)

→ _____

_____. – 모의응용

14 학생들의 성적을 끌어올리는 데 있어서 성적을 매기는 것보다 학생들의 수행에 대한 상세한 피드백이 더 나았을지도 모른다.

(detailed feedback, might, on, be, students' performance, better)

→ _____

than grading at boosting their achievement. – 모의응용

서술형 Tip ✔ 1. 추측의 시점이 '과거'이면 〈조동사＋have p.p.〉로 영작한다.
2. 과거의 후회·유감 표현은 '실제로 행동을 했는지/안 했는지'를 판단해 알맞은 표현을 사용한다.
   •'~했어야 하는데 (하지 않았다)' → should have p.p.
   •'~하지 않았어야 하는데 (했다)' → should not have p.p.

---

02 fortunately 다행스럽게도 **03** ecological 생태학의, 생태계의 substantial 상당한; 실질적인 **05** bribery 뇌물 수수 corruption 부정부패, 타락 be supposed to-v v할 의무가 있다; 하기로 되어 있다 **07** on the verge of ~의 직전에 bankruptcy 파산 **08** fatty 기름진, 지방이 많은 digest 소화하다 **12** take leave 휴가를 내다 workload 업무량, 작업량 deadline 마감 일자 **14** detailed 상세한 boost 끌어올리다, 신장시키다 achievement (학업) 성적; 성취

[요구·필요·감정 등의 표현 이해 & 직독직해] **다음 문장의 굵게 표시한 부분에 유의하여, 문장 전체를 직독직해하시오.** [각 10점]

01 My **suggestion** is that we **should have** regular meetings on a monthly basis to discuss the new product.

→

02 It is **strange** that all telephone and Internet services **should be** down because of the slight rainfall last night.

→

03 The school **recommends** that the teachers **should give** their students clues rather than providing them with the solutions to problems.

→

04 It is my **wish** that all the donations we've collected **should be** spent to help the poor artists around the world.

→

05 It is **important** that we **should include** multicultural materials in the classroom to ensure that all children are exposed to the heritage of other cultures.

→

[that절의 의미 파악] **어법상 틀린 문장을 모두 고르고 바르게 고치시오.** [10점]

고난도 **06**

ⓐ Lots of scholars require that research on identity formation should be done on the developmental stages of childhood. – 모의응용
ⓑ Many witnesses insisted that the traffic accident take place around 1 p.m.
ⓒ It is desirable that you consult a personal trainer before starting any workout or strength training program.
ⓓ It is absolutely essential that you meet the project deadline.
ⓔ Recent studies suggest that poor water quality be a huge problem in the future.
ⓕ People argued that smallpox and polio were eliminated from the Western Hemisphere. – 모의

*smallpox 천연두 **polio 소아마비

혼동구문 **Tip** ✔ that절의 내용이 '당위성'을 내포하는 경우 that절의 동사로 ⟨should +⟩동사원형⟩을 쓰고, '사실'에 대한 내용이면 that절의 동사를 인칭, 수, 시제에 일치시킨다.

다음 우리말과 일치하도록 괄호 안에 주어진 단어를 순서대로 배열하시오. [각 10점]

07 의사는 간호사들이 환자들의 혈압을 측정하고 기록해야 한다고 지시했다.

(the doctor / measure / nurses / and / ordered / record / should / that)

→ _____

the blood pressure of the patients. – 모의응용

08 교사들은 아이들이 수업에 참여하도록 도울 흥미로운 활동들을 포함해야 하는 것이 필수적이다.

(interesting / it / teachers / is / should / activities / essential / include / that)

→ _____

that would help children take part in their lessons. – 모의응용

다음 우리말과 일치하도록 괄호 안의 어구를 활용하여 〈조건〉에 맞게 영작하시오. [각 10점]

> 〈조건〉 • 필요시 어형 변화 가능

09 한 인권 단체는 더 많은 사람들이 정부로부터 재정적인 도움을 받아야 한다고 요청했다.

(more people, request, be given, that, a human rights group)

→ _____

financial support from the government.

10 새로운 보고서는 화재가 어디에서 일어났든지 간에 어떤 화재에도 대응 시간은 7분이 되어야 한다고 제안한다.

(be, seven minutes, to any fires, the response time, the new report, propose, that)

→ _____

wherever it happens.

> **서술형 Tip** ✔ '요구·주장·제안·필요·명령'을 나타내는 동사, 형용사, 명사 뒤의 that절의 내용이 '마땅히 그래야 한다'라는 당위성을 의미한다면, that절의 동사로 〈(should +)동사원형〉을 쓴다.

---

03 clue 단서, 실마리 **05** multicultural 다문화의 heritage (국가, 사회의) 유산 **06** witness 목격자; 증인 take place 발생하다 desirable 바람직한, 호감 가는 meet (기한 등을) 지키다, 충족시키다 eliminate 근절하다, 제거하다 **07** measure 측정하다 **09** financial 재정적인; 금융상의 **10** response 대응, 반응; 대답(하다) propose 제안하다

조동사의 의미 파악 & 직독직해 ╲ 다음 문장의 굵게 표시한 부분에 유의하여, 문장 전체를 직독직해하시오. [각 8점]

01 You **may as well** buy a new drying machine **as** hang the laundry out to dry every day.

→

02 I **would rather** learn by experience **than** by reading or hearing about a subject.

→

03 At the buffet, she **couldn't but spend** lots of time tasting everything because there were so many delicious foods. – 모의응용

→

04 Even though scientists are still unsure what specific dangers microplastics may pose to our health, we **cannot** be **too** careful about our health. – 모의응용

*microplastic 미세 플라스틱 조각 ((환경을 오염시키는 작은 플라스틱 조각))

→

고난도 **05** According to the research, those with the highest levels of education **may well** have the lowest exposure to people with conflicting points of view; they talk to people they already agree with. – 모의응용

→

혼동 표현 구분 ╲ 다음 문장의 밑줄 친 부분이 문맥상 올바르면 ○, 어색하면 ✕로 표시하고 바르게 고쳐 쓰시오. [06번 6점, 07~08번 7점]

06 I am used to enjoy a meat diet but now I'm on a vegetarian diet to lose weight.

_____

07 All the funds raised from the event will be used to supporting after-school education programs for the youth in our community. – 모의응용

_____

08 The chef and his staff are used to prepare food for parties ranging from 50 to 100 people because they have been working together in a restaurant for 10 years.

_____

혼동구문 Tip ✔	• used to	~하곤 했다 ((과거의 습관, 상태))
		→ 조동사 표현 used to + 동사원형
	• be used to-v	v하는 데 사용되다
		→ use의 수동태 be used + 부사적 to-v
	• be used to v-ing	v하는 데 익숙하다 ((주어와 v가 능동 관계))
		→ 전치사 to + 동명사(v-ing)

다음 우리말과 일치하도록 괄호 안의 어구를 활용하여 〈조건〉에 맞게 영작하시오. [각 8점]

〈조건〉 · 〈보기〉의 조동사 표현을 한 번씩만 사용할 것

〈보기〉 cannot help   cannot ~ too ...   may well
       may as well ~ as ...   would rather ~ than ...

---

09 나는 참석자들에게 나눠주기 전에 마지막으로 인쇄본들을 확인하지 않을 수 없다.

(the copies, I, examining)

→ _____ for the last time

before distributing them to the participants. – 모의응용

10 네가 어떤 일을 어차피 해야 한다면, 나중에 하는 것보다 지금 시작하는 게 낫다.

(now, you, later, begin)

→ If you have to do something anyway, _____.

11 카메라 셔터를 누를 타이밍을 잘못 잡으면, 사진이 활기의 일부를 잃어버리는 것도 당연하다.

(lose, of, the picture, some, its energy)

→ If you get the timing of pressing the shutter button wrong, _____

_____. – 모의응용

12 공항에 가는 길에 나를 태워주다니 나는 그에게 아무리 고마워해도 지나치지 않다.

(him, I, much, thank)

→ _____ for picking me up on the way to the airport.

13 양이 많을 때, 나는 숫자를 정확한 방식으로 사용하느니 차라리 대략적인 수치를 사용하고 싶다.

(I, use, numbers in a precise way, a rough figure, use)

→ When quantities are large, _____

_____. – 모의응용

서술형 Tip ✔ 1. 구를 이루는 조동사를 이용하여 영작할 때는 의미에 맞는 표현을 알맞은 형태로 사용해야 한다.
            2. 구를 이루는 조동사 표현은 대부분 동사원형과 함께 쓰지만, cannot help v-ing는 v-ing 형태를 쓴다.

---

04 pose (문제를) 일으키다, 제기하다 **05** exposure 노출 conflicting 모순되는; 서로 다투는 **06** vegetarian 채식주의의 **09** distribute 나누다, 분배하다 **13** rough 대략의, 대강의 figure 수치; 숫자 quantity 양

P A R T

수식어의 이해

CHAPTER

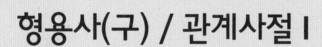

0 7

형용사(구) / 관계사절 I

명사를 뒤에서 수식하는 형용사(구)

형용사구 찾기 & 직독직해 다음 문장에서 밑줄 친 명사(구)를 수식하는 형용사구의 범위를 ( )로 묶고, 문장 전체를 직독직해하시오.

[각 8점]

01 The productivity gains through working harder and longer have a limit and a human toll. – 모의응용

→

02 A requirement for the nurturing of science is a large competitive community to support original thought and create strong incentive. – 수능응용

→

03 The different types of rock visible in the Grand Canyon make it an important site for geological research.

→

04 I suggest everyone present should write their name on each copy of the handout to ensure they don't lose it.

→

05 When bubble gum was first invented, it was pink because that was the only food dye available in the factory where it was made.

→

어법 다음 문장이 어법상 옳으면 ○, 틀리면 ✕로 표시하고 바르게 고쳐 쓰시오. [각 6점]

06 I'm going to invite friends to my house this weekend, so I need a large table to eat at with several people.   _____

07 We are looking for reliable and trustworthy somebody to take care of our little son while we are not at home.   _____

08 Economic and social development is about figuring out how to use all the technology and capital possible. – 모의응용   _____

고난도 09 When consumers lack adequate information makes informed purchases, governments frequently step in to require that firms provide more details about products. – 모의

_____

〈보기〉 ⓐ 명사 수식 　　ⓑ 부사

10 No matter how unpopular or controversial our views may be, we have the right <u>to express them</u>. _____

11 Replace 'listen and repeat' with 'listen and answer.' Instead of mindlessly parroting the words or phrases spoken by the speaker, you should answer questions <u>to improve your English</u>. _____

고난도 **12** The Internet has made so much free information available on any issue that we think we have to consider all of it <u>to make a decision</u>. _____

> 혼동구문 Tip ✔ 〈명사 + to-v〉는 명사와 to-v의 관계를 따져 자연스러운 것으로 해석한다.
> 1. 'v하는 명사' → to-v가 앞의 명사를 수식하는 형용사적 용법
> 2. 'v하기 위해서' → to-v의 부사적 용법

배열 영작 | 다음 우리말과 일치하도록 괄호 안에 주어진 단어를 순서대로 배열하시오. [각 7점]

13 휴대용 기기는 사람들에게 다양한 공간에서 혹은 이동 중에 작업할 수 있는 유동성을 제공한다.
(the flexibility / while in transit / different spaces / or / from / to work)
→ Portable devices provide people with _____
_____. – 모의응용

14 1927년에는, 당대의 가장 뛰어난 예술가 중 몇몇은 독일 뮌헨에서 활동 중이었다.
(accomplished / were / some / artists / of / working / the most / of the period)
→ In 1927, _____
_____ in Munich, Germany. – 모의응용

15 언어는 말하는 사람의 가치관과 같이, 단순한 정보 교환보다 더 가치 있는 것을 제공한다.
(than / something / mere / language / more / information exchange / offers / valuable)
→ _____
_____ such as speaker's values. – 수능응용

> 서술형 Tip ✔ 'v할 명사, v하는 명사'와 같이 명사를 수식, 한정하는 수식어구가 있으면 〈명사 + 수식어구〉 순으로 영작한다. 수식어구는 형용사구, 전명구, to-v 등 다양한 형태를 쓸 수 있으므로 괄호 안에 주어진 단어를 적절히 사용한다.

01 toll 희생; 희생자 수; 요금 02 requirement 요건, 필요조건 nurture 육성하다, 양성하다 incentive 동기, 자극 03 geological 지질학의 04 handout 유인물, 인쇄물; 수업자료 ensure 확실히 하다 05 food dye 식용 색소 07 trustworthy 신뢰할 수 있는 09 step in 개입하다 10 controversial 논쟁의 여지가 있는 11 replace A with B A를 B로 대체하다[대신하다] mindlessly 아무 생각 없이 parrot 앵무새처럼 따라 하다; 앵무새 13 flexibility 유동성, 유연성 in transit 이동 중에, 수송 중에 portable 휴대용의 14 accomplished (기량이) 뛰어난

형용사 역할을 하는 v-ing/p.p.

형용사(구) 찾기 & 직독직해 다음 문장에서 밑줄 친 명사(구)를 수식하는 형용사구의 범위를 ( )로 묶고, 문장 전체를 직독직해하시오.
[각 8점]

01 In the science invention contest, judging <u>criteria</u> are creativity and utility of the invention. – 모의응용

→

02 We can say that <u>useful attributes</u> tending to decrease with age include ambition, desire to compete, physical strength and endurance. – 모의

→

03 If <u>a pilot</u> leaving from L.A. Airport adjusts the heading 3.5 degrees south, they will land in Washington D.C., instead of New York. – 모의응용

→

04 Before beginning the assignment, the chosen <u>volunteers</u> will participate in <u>a 2-day training session</u> run by the volunteer coordinator. – 모의응용

→

05 For the disposal of <u>electronic products</u> used for household purposes, you should separate reusable parts in accordance with the recycling policies.

→

어법 & 문맥 파악 다음 문장의 네모 안에서 어법상 알맞은 것을 고르시오. [각 6점]

06 If children are in a calming / calmed environment, they can concentrate on both studying longer and reading more books. – 모의응용

07 She was extremely frustrating / frustrated at giving up on the race because of the injury. – 모의응용

08 Moral support from other people becomes crucially important for those enduring / endured hardship because it reassures them that they are loved. – 수능응용

고난도 09 GDP — Gross Domestic Product — measures the total production of an economy as the monetary value of all goods and services producing / produced during a specific period, mostly one year.

다음 문장의 밑줄 친 부분이 동명사인지 현재분사인지 고르시오. [각 5점]

10 The new <u>washing</u> machine senses the laundry weight by itself and adjusts the appropriate amount of water and detergent. 동명사 / 현재분사

11 In case of <u>nearing</u> tornados or hurricanes, people can find safe areas around their cities with the help of the data gathered by drones. – 모의응용 동명사 / 현재분사

12 According to a <u>consulting</u> firm, knowledge workers spend 60 percent of their time looking for information and collaborating with others. – 모의응용 동명사 / 현재분사

혼동구문 Tip ✔ 〈v-ing + 명사 ~〉는 v-ing와 명사의 의미 관계를 바탕으로, 다음 두 가지 중 자연스러운 것으로 해석한다.
  1. 'v하는[v하고 있는] (명사)' → v-ing는 명사를 수식하는 현재분사
  2. 'v하기 위한 (명사)' → v-ing는 명사의 용도, 목적을 설명하는 동명사

조건 영작 **다음 우리말과 일치하도록 괄호 안의 어구를 활용하여 〈조건〉에 맞게 영작하시오.** [각 7점]

〈조건〉 • 필요시 어형 변화 가능

13 면역 체계는 손상된 세포, 자극물 그리고 병원균을 발견한 후, 치료하는 과정을 시작한다.
(recognize, cells, the immune system, begin, the healing process, damage)

→ _____, irritants, and pathogens, and then it _____.

*irritant 자극물 **pathogen 병원균

14 독립심처럼 사업가들과 흔히 관련된 성격 특성과 특징이 있다.
(characteristics, with, personality traits, and, entrepreneurs, commonly associate)

→ There are _____ like independence. – 모의응용

15 추측하는 대신에, 과학자들은 그들의 생각이 사실인지 거짓인지를 증명하도록 만들어진 체계를 따른다.
(design, be, a system, if, true or false, their ideas, to prove)

→ Instead of making guesses, scientists follow _____
_____. – 모의

서술형 Tip ✔ 1. 수식하는 명사와의 관계가 능동(v하는, v하고 있는)이면 v-ing, 수동(v되는, v된)이면 p.p.를 쓴다.
  2. 명사를 수식하는 v-ing/p.p.는 뒤에 딸린 어구가 없으면 명사 앞에, 있으면 명사 뒤에 쓴다.

---

01 criterion ((복수형 criteria)) 기준 utility 유용성; 공익사업 **02** attribute 자질, 속성 tend to-v v하는 경향이 있다 endurance 인내 **04** session 활동, 모임; (활동을 위한) 시간 coordinator 진행자 **05** disposal 처리, 처분 in accordance with ~에 따라서 **08** moral 정신적인, 마음의; 도덕의 crucially 결정적으로 reassure 안심시키다; 재확인하다 **09** monetary 통화[화폐]의 **10** detergent 세제 **11** near 접근하다, 다가가다; 가까운 **12** collaborate 협력하다 **14** entrepreneur 사업가

관계대명사절 파악 & 직독직해 **다음 문장에서 선행사에 밑줄을 긋고 관계대명사절의 범위를 [ ]로 묶은 후, 문장 전체를 직독직해 하시오.** [각 8점]

01 Some studies show that those who drink more water have more healthy skin.

→

02 "Monumental" is a word that comes very close to expressing the basic characteristic of Egyptian art. – 수능

→

03 Younger male birds will try to challenge the older ones by mimicking the song which the older male birds are singing. – 모의응용

→

04 People are more attracted to individuals who are consistently negative than to people who initially behave positively and then switch to negative behavior. – 모의응용

→

05 An introvert is far less likely to make a mistake in a social situation, such as inadvertently insulting another person whose opinion is not agreeable. – 모의

→

문장 전환 **다음 두 문장을 관계대명사절을 포함한 어구로 바꿔 쓰시오.** [각 6점]

06 When I was going home last night, I saw a guy on the subway. His hair was pink.

→ When I was going home last night, I saw a guy on the subway _____

_____. – 모의응용

07 Some people do not want to take the benefits of more oil with the bad effects on the environment. They are opposed to drilling in Alaska.

→ _____ do not want to take the benefits of more oil with the bad effects on the environment. – 모의

08 The ability to sit and silently read a text is a skill. All students will need it from elementary school.

→ The ability to sit and silently read a text is a skill _____

_____.

09 Engagement in dishonest acts may trigger a process it / which leads to larger acts of dishonesty later on. – 모의

10 Most people are happiest in bright sunshine — this can release chemicals in the body that brings / bring a feeling of emotional well-being. – 모의응용

11 If you're one of the countless people whose / who mind and body have been overworked, you need a health management program that will give you a more positive and energetic life. – 모의

고난도 **12** The irony that / whose under-slept employees miss is that when they are not getting enough sleep, they work less productively and need to work longer to accomplish a goal. – 모의

조건 영작 다음 우리말과 일치하도록 괄호 안의 어구를 활용하여 〈조건〉에 맞게 영작하시오. [각 7점]

〈조건〉 · 반드시 적절한 관계대명사를 사용 또는 추가할 것   · 필요시 어형 변화 가능

13 연구들은 자원봉사와 같이 다른 사람에게 도움이 되는 일을 하는 사람들이 더 행복한 경향이 있다는 것을 보여준다.
(volunteering, service to others, be engaged in, such as)

→ Studies reveal that those _____,
tend to be happier. – 모의응용

14 때때로, 새로운 아이디어로 이어지는 영감은 다른 사람들의 창작물에 의해 유발된다.
(others', inspiration, creations, new ideas, be sparked by, lead to)

→ Sometimes _____. – 수능응용

15 차는 식단에 채소가 결핍된 유목민 부족의 기본적인 필요를 보충한다.
(the nomadic tribes, the basic needs, diet, vegetables, of, lack, whose)

→ Tea supplements _____. – 모의

서술형 Tip ✔ 명사를 수식하는 관계대명사절(~하는 (명사))을 영작할 때, 주격 관계대명사절 내의 동사는 선행사에 수 일치해야 함에 유의한다.

02 monumental 기념비적인, 역사적인 03 mimic 흉내 내다 04 consistently 일관적으로, 지속적으로 initially 처음에 05 introvert 내성적인 사람; 내성적인 inadvertently 무심코, 우연히 insult 모욕하다 agreeable 찬성하는, 선뜻 동의하는 07 be opposed to ~에 반대하다 drill (석유를) 시추하다 09 engagement 관계함, 참여 trigger 유발하다, 촉발시키다 11 countless 무수한, 셀 수 없이 많은 12 irony 아이러니, 역설적인 점 under-slept 수면이 부족한 13 engage in ~에 종사하다, 관여하다 reveal 보여주다, 드러내다 14 spark 유발하다 15 nomadic 유목의 supplement 보충하다

목적격 관계대명사절 이해 \ 다음 문장의 관계대명사절에서 원래 목적어가 위치했던 자리에 ● 표시하시오. [각 5점]

01 No one is born socially intelligent. Instead, we acquire a set of skills that we learn over time.

02 She was really angry when her brother put a photo of her on social media which she wanted to keep private.

03 Jazz is a kind of music which improvisation is typically an important part of.

관계대명사절 파악 & 직독직해 \ 다음 문장의 선행사에 밑줄을 긋고 관계대명사절의 범위를 [ ]로 묶은 후, 문장 전체를 직독직해하시오. [각 10점]

04 Radioactive waste disposal has become one of the key environmental sectors over which the future of nuclear power has been fought. – 모의응용   *radioactive 방사성의

→

05 The brain still exceeds any desktop computer both in terms of the calculations which it can perform and the efficiency at which it does this. – 모의

→

06 Spain's restaurants in sightseeing spots face an existential threat due to the lack of tourists on whom they depended for much of their income.

→

어법 \ 다음 문장이 어법상 옳으면 ○, 틀리면 ✕로 표시하고 바르게 고쳐 쓰시오. [각 5점]

07 Expressionism refers to art in which the image of reality is distorted in order to make it expressive of the artist's inner feelings or ideas. _____

08 The papers that I was supposed to submit to my supervisor remains in my bag because he didn't accept late submission. _____

09 To improve your interpersonal skills, you are suggested to engage in listening in which is focused on gathering information about your conversation partner.

_____

다음 우리말과 일치하도록 괄호 안의 어구를 활용하여 〈조건〉에 맞게 영작하시오. [각 10점]

> 〈조건〉 • 주어진 단어 중 반드시 하나를 제외할 것
> • 필요시 어형 변화 및 중복 사용 가능

10 우리가 버리는 플라스틱 제품들로 많은 해양 동물들이 죽어가고 있다.

(we, plastic, away, products, throw, that, them)

→ Many marine animals are dying from _____

_____. – 모의

고난도 11 당신이 기억하기를 원하는 정보를 운율로 전환할 수 있다면, 그것은 더 의미 있게 되어 기억하기에 더 쉬울 것이다.

(you, can, to remember, convert, want, it, the information, if, that)

→ _____ into a rhyme,

it will be more meaningful and therefore easier to remember.

서술형 Tip ✔ 관계대명사절 내에서는 선행사에 해당하는 대상을 중복하여 쓰지 않는다.

다음 우리말과 일치하도록 괄호 안의 어구를 활용하여 〈조건〉에 맞게 영작하시오. [각 10점]

> 〈조건〉 • 전치사와 관계대명사를 반드시 붙여 쓸 것
> • 필요시 어형 변화 가능

12 면접은 내 예상보다 오래 걸렸는데, 면접관이 내가 긴 대답을 해야 하는 질문들을 했기 때문이다.

(the interviewer, ask, to, long answers, which, I, questions, have to give)

→ The interview took longer than I expected, because _____

_____.

고난도 13 인터넷이 사고에 도움이 되는 것으로 여겨질 수 있는 한 영역은 새로운 정보의 빠른 습득이다.

(in, be considered, the Internet, which, the one area, an aid to thinking, could)

→ _____

is the rapid acquisition of new information. – 모의

서술형 Tip ✔ 관계대명사가 관계사절 내에서 전치사의 목적어 역할을 할 때 전치사를 빠뜨리지 않고 써야 한다.
> • 전치사 위치: 대개 관계대명사 앞(on which ~) 또는 관계대명사절의 끝(which ~ on)
> • 전치사 뒤에 who나 that은 올 수 없다.

---

03 improvisation (연주 등을) 즉석에서 한 것 **04** disposal 처리; 처분 sector 분야 **05** exceed 우월하다, 능가하다; 초과하다 **06** existential 존재에 관한
07 expressionism 표현주의 (20세기 초 강렬한 표현 욕구를 강렬한 색채로 표현한 미술 운동) distort 왜곡시키다 **08** supervisor 지도 교수; 감독관, 관리자 submission
(서류 등의) 제출 **09** interpersonal 대인관계에 관련된 **10** marine 해양의 **11** convert A into B A를 B로 전환하다 rhyme (시의) 운율 **13** acquisition 습득; 구입

관계부사절 파악 & 직독직해 다음 문장에서 선행사에 밑줄을 긋고 관계부사절을 [ ]로 묶은 후, 문장 전체를 직독직해하시오. [각 9점]

01 A glacier forms over many years when snow and ice build up faster than they are removed.

→

02 The Fitness Expo is an annual event where you can experience new wellness products.

– 모의응용

→

03 Leaders must understand the personal and structural reasons why people resist. – 모의응용

→

04 Parents can be the role models of their children by acting in the way they are expecting their children to act.

→

05 Passive leisure, such as watching TV or listening to music, is the time when people enjoy activities that are relaxing and require little effort.

→

관계대명사 vs 관계부사 다음 문장의 네모 안에서 어법상 알맞은 것을 고르시오. [06~09번 6점, 10번 7점]

06 Cities are blamed as a major cause of ecological destruction — artificial, crowded places which / where eliminate precious resources. – 모의응용

07 They decided to visit the man tonight when / whom they had to thank for his contribution to their successful negotiation.

08 We can control our temperature in lots of ways: we can change our clothing, the way how / that we behave, and how active we are. – 모의응용

고난도 **09** The reason which / that physical spaces, including our office desks, can reveal something about our personalities is that they're the crystallization of a lot of behavior over time. – 모의응용

고난도 **10** 'Humblebrag' is a form of self-promotion which / where the promoter thinks he is, almost unconsciously, bragging about himself in the context of a humble statement.

*humblebrag (겸손한 척하는) 은근한 자랑

다음 우리말과 일치하도록 괄호 안에 주어진 단어를 순서대로 배열하시오. [각 6점]

11 우리는 우리가 고통받고 있는 시기에도 행복을 찾기 위해 노력해야 한다.

(to find / should / happiness / are / we / try / even in the time / when / in pain)

→ We _____ .

12 영화와 마찬가지로, 출판은 전통적으로 많은 돈이 광고에 쓰이는 또 다른 산업이다.

(on / traditionally spent / lots of / is / another industry / where / money / advertising)

→ Like the movies, book publishing is _____

_____ . – 모의응용

13 사람 음식에 들어 있는 일부 영양소는 몇몇 동물들에게는 해롭다. 이것이 우리가 야생동물들에게 먹이를 주면 안 되는 이유들 중 하나이다.

(this / shouldn't / why / is / feed / we / of / the reasons / wild animals / one)

→ Certain nutrients in human foods are harmful to some animals. _____

_____ .

14 일부 청소년들은 행동하고, 문제를 해결하고, 의사를 결정하는 방식에 있어 어려움을 겪는데, 그들이 감정적으로 민감하기 때문이다.

(adolescents / have / some / they / difficulty / behave / in / how)

→ _____ ,

solve problems, and make decisions because they are emotionally sensitive. – 모의응용

서술형 Tip ✔ ① 시간, ② 장소, 추상적 공간, ③ 이유, ④ 방법을 의미하는 명사가 수식을 받고, 수식하는 내용이 주어, 동사를 갖춘 완전한 절이면 〈명사(선행사) + 관계부사절〉 순으로 영작할 수 있다.
1. 선행사에 따라 적절한 관계부사를 사용한다.
2. 관계부사절은 주어, 동사를 갖춘 완전한 구조여야 한다.
3. 관계부사 how는 선행사 the way와 같이 쓰일 수 없다. how나 the way 중 하나만 써야 한다.

---

01 glacier 빙하 03 resist 저항하다 06 ecological 생태계[학]의, 생태상의 destruction 파괴, 파멸 artificial 인공의, 인조의 09 crystallization 구체화, 결정화
cf. crystallize 확고히 하다; 결정체를 이루다 10 self-promotion 자기 홍보 promoter 홍보하는 사람, 기획자 14 adolescent 청소년

관계대명사 what, whoever 등

관계대명사절 파악 & 직독직해   다음 문장에서 관계대명사절에 밑줄을 긋고, 문장 전체를 직독직해하시오. [각 9점]

01 We live in a globalized world and have access to whatever we need at our fingertips.

→

02 On this lecture video, as subtitles you are allowed to pick whichever language you want to use.

→

03 The painter grew up on a farm and drew landscapes with whatever materials were available. – 모의응용

→

04 Whoever wins the presidential election should discuss international issues related to nuclear weapons with the leaders of neighboring countries.

→

05 What differentiates the best musicians from lesser ones lies in the quality of their practice methods. – 모의응용

→

관계대명사절의 역할 파악   다음 문장에서 관계대명사절에 밑줄을 긋고, 문장에서의 역할을 〈보기〉에서 고르시오. [각 6점]

〈보기〉 ① 주어   ② ((준)동사의) 목적어   ③ 보어

06 Whatever you learn in the midst of your biggest hardship will be the driving force for the rest of life.

_____

07 Find your favorite exercise, because you are unlikely to give it up, and that is what makes you healthier in the long term.

_____

08 In order to prevent sunburn, don't forget to pack whatever you may feel necessary, such as sunscreen.

_____

09 We should start understanding | that / what | almost all knowledge is valuable when it is shared within a community. – 모의응용

10 Many experts emphasize | which / what | kids do need is unconditional support, and love with no strings attached. – 모의응용

고난도 **11** (A) | That / What | makes perfectionism so toxic is (B) | that / what | while perfectionists desire success, they are most focused on avoiding failure, so theirs is a negative orientation.

12 당신은 온라인에서 일어나는 무슨 일이든 쉽게 저장할 수 있고, 당신이 저장하고 올리는 내용들은 보통 그대로 유지된다.

(you / happens / easily save / can / online / whatever)

→ _____, and the content you save and post usually remains intact. – 모의응용

13 우리 스스로 심사숙고하고 판단하는 데 시간을 들이지 않고, 때로는 우리는 다른 사람들이 우리에 관해 말하는 것에 의해 이끌린다.

(say / are guided / other people / we / about / by / what / us)

→ Sometimes _____ without giving ourselves time to deliberate and judge.

14 학생들의 공개 행사에서 학생들은 그들이 원하는 누구든 초대하도록 허용된다.

(want / are allowed / students / whomever / to invite / they)

→ At the student showcase, _____.

> **서술형 Tip** ✔ 1. 우리말에 '(~하는) 것'의 의미가 있으면 관계대명사 what을 써야 하는 자리인지 확인한다.
> 　　　1) what 앞에 선행사가 따로 없을 것
> 　　　2) what이 이끄는 절에 빠진 요소가 있는, 불완전한 구조일 것
> 　　2. 우리말에 다음의 의미가 있다면, 복합관계사가 이끄는 절을 사용하여 영작한다.
> 　　　• '~하는 누구든지': who(m)ever
> 　　　• '~하는 어느 쪽이든지': whichever
> 　　　• '~하는 것은 무엇이든지': whatever

---

01 fingertip 손가락 끝 06 hardship 고난 driving force 원동력 10 with no strings attached 아무런 조건 없이 11 perfectionism 완벽주의 toxic 유해한, 유독한, 치명적인 orientation 지향, 방향(성) 12 intact 그대로인, 온전한 13 deliberate 심사숙고하다 14 showcase 공개 행사

보충 설명하는 관계사절 파악 & 직독직해   **다음 문장에서 관계사절의 선행사에 밑줄을 긋고, 문장 전체를 직독직해하시오.** [각 8점]

01 Consumers buy produce from local farmers, who buy farm supplies from local businesses. - 모의응용

→

02 In a lifetime, the average person eats around 60,000 pounds' worth of food, which is the equivalent of six elephants.

*equivalent (~와) 같은 것, 등가물; 동등한

→

03 Loneliness can arise into your life as you get older, which is why it's nice to find some ways not to be lonely. - 모의

→

04 Some experts explained that friendship formation could be traced to infancy, where children acquired the values, beliefs, and attitudes. - 모의응용

→

고난도 05 For any organism or organization, there comes a time, when it has to try something completely different.

→

어법   **다음 각 문장에서 어법상 틀린 부분을 찾아 밑줄을 긋고, 바르게 고쳐 쓰시오.** [각 7점]

06 Before the washing machine was invented, people carried their laundry to riverbanks and streams, which they beat and rubbed it against rocks. - 모의

_____

07 The Caribbean has been strongly influenced by African culture, but credit must be given to the neighboring countries, that contributed to the rich culture the Caribbean now has.

*Caribbean 카리브해 지역

_____

08 There are two basic personalities among people, optimists and pessimists, see the glass as half full or half empty, respectively.

_____

09 The newly opened restaurant, which you can enjoy a buffet breakfast, is the perfect place to start your day.

_____

다음 우리말과 일치하도록 괄호 안에 주어진 단어를 순서대로 배열하시오. (단, 반드시 콤마(,)를 사용할 것) [각 8점]

10 사람들은 클라우드 저장 장치로 많은 양의 정보를 전송할 수 있는데, 그 정보는 인터넷 연결로 어디서든 접근될 수 있다.

(it / accessed / anywhere / can / where / be)

→ People can transfer a large collection of information to cloud storage _____

_____ with an Internet connection. – 모의응용

*cloud storage 클라우드 저장 장치 ((인터넷만 있으면 언제 어디서나 접속할 수 있는 저장 장치))

11 가장 초기의 글쓰기 체계는 신석기 시대에 뿌리를 두고 있는데, 그때 인간이 처음으로 수렵과 채집에서 농업에 기초한 정착 생활로 옮겨가기 시작했다.

(to switch / hunting and gathering / when / first began / humans / from)

→ The earliest writing system has its roots in the Neolithic period _____

_____ to a settled lifestyle based on agriculture. – 모의

*Neolithic period 신석기 시대

12 유기농 식품은 화학 농약과 비료 없이 생산되는데, 이는 지구를 보호하고 지구 온난화의 위험을 감소하는 데 더 낫다.

(the threat / is / better / which / of global warming / for / and / saving the earth / reducing)

→ Organic food is produced without chemical pesticides and fertilizers _____

_____.

13 그녀는 그녀의 아버지에 의해서 영국의 기숙 학교로 보내졌는데, 그녀의 아버지는 해외에서 수년간 일하셨다.

(for / worked overseas / who / many years / by her father)

→ She was sent to a boarding school in England _____

_____.

서술형 Tip ✔ 우리말에서 '그리고[그런데] ~'라는 표현이 단어[구, 절]를 보충 설명하는 경우, 〈콤마(,) + 관계사절〉을 사용하여 영작한다.
  • '그리고[그런데] 그 사람[그것]은 ~' → 〈선행사 + 콤마(,) + who[which]〉
  • '그리고[그런데] 그때[거기서] ~' → 〈선행사 + 콤마(,) + when[where]〉

---

01 produce 농산물; 생산하다 supply 자재, 물자; 공급; 공급하다 03 arise 생기다, 발생하다 04 infancy 유아기 05 organism 생물 06 riverbank 강둑, 강기
슭 stream 개울, 시내; 줄줄 흐르다 07 credit 공, 칭찬, 인정 08 personality 성격; 분위기 optimist 낙관론자 pessimist 비관론자 respectively 각각, 각자
11 gather 채집하다; 모으다 12 organic 유기농의 pesticide 살충제, 농약 fertilizer 비료 13 overseas 해외에[로]; 해외의

PART 3

CHAPTER

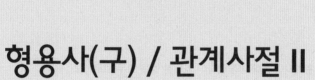

0 8

형용사(구) / 관계사절 II

UNIT 46 관계사와 선행사의 생략

관계사절의 생략 파악 & 직독직해 | 다음 문장에서 관계사나 선행사의 생략이 일어난 곳에 <u>모두</u> ∨표시하고, 문장 전체를 직독직해 하시오. [각 9점]

01 In most cases, success depends on one's perspective and the length of time one chooses to spend.

→

02 The grocery store is where you can find all the ingredients you need in your cooking.

→

03 The reason most people never reach their goals is that they don't define them, or ever seriously consider them as believable or achievable. – Denis Waitley ((美 작가))

→

04 We are born with some knowledge that prepares us to deal with our environment: we like/dislike smells the first time we experience them.

→

05 Asking someone you trust, admire and respect to counsel you on your career can be an extremely effective way to learn.

→

생략된 부분 파악 | 다음 밑줄 친 관계사나 선행사의 생략이 가능한 것을 <u>모두</u> 고르시오. [8점]

고난도 **06**

ⓐ Successful, happy people think and talk most of the time about the things <u>that</u> they want to do and have. – 모의응용

ⓑ After hours of effort, I could verify the source from <u>which</u> I received the information.

ⓒ Mahatma Gandhi is famous for the important role <u>which</u> he played in gaining India's independence.

ⓓ Because it rained all weekend, they looked forward to the day <u>when</u> they could get a chance to dry out their clothes.

ⓔ Well-organized after-school activities are available to those <u>who</u> wish to participate.

ⓕ Libraries are increasingly paying attention to the seat reservation services <u>which</u> they are providing for their users. – 모의응용

다음 밑줄 친 부분이 어법상 옳으면 ○, 틀리면 ×로 표시하고 바르게 고쳐 쓰시오. [각 5점]

07 The way we speak in everyday life <u>reveals</u> some important information about our underlying personality traits.

_____

08 The television commercials and print ads you see every day <u>rely on</u> psychology to develop marketing messages that influence and persuade people to purchase the advertised products.

_____

09 First impressions we form about someone often <u>affects</u> our impression of subsequent perceptions of that person. – 모의

_____

조건 영작 다음 우리말과 일치하도록 괄호 안의 어구를 활용하여 〈조건〉에 맞게 영작하시오. [각 8점]

〈조건〉 • 필요시 어형 변화 가능

10 효과적인 개인 목표를 설정하는 방법을 배워라. 그리고 그것을 성취하는 데 당신이 필요한 동기를 찾아라.
(to achieve, find, you, need, the motivation, them)

→ Learn how to set yourself effective personal goals, and _____

_____.

11 내가 아주 좋아하는 그 배우는 새로운 뮤지컬을 준비 중이다.
(so much, be, I, like, the actor, prepare, for a new musical)

→ _____.

12 인터넷 기술은 우리가 사는 방식을 바꾸며, 우리의 삶을 훨씬 더 쉽고 좋게 만든다.
(technologies, the way, we, Internet, transform, live)

→ _____,

making our lives much easier and better.

13 그 소년은 자신의 친구가 한 주 동안 학교에 결석한 이유를 궁금해했다.
(the boy, his friend, be absent, the reason, from school, wonder)

→ _____ for a week.

서술형 Tip ✔ 1. 목적격 관계대명사 who(m), which, that은 생략할 수 있다. 이때 명사(선행사) 뒤에 관계대명사를 제외한 〈S + V ~〉를 영작한다.
2. 관계부사절의 선행사가 일반적인 의미(the reason, the time 등)일 때는 선행사나 관계부사 둘 중 하나를 생략할 수 있다.

01 perspective 관점, 사고방식; 원근법 03 define 정의하다 believable 그럴듯한, 믿을 수 있는 achievable 달성할만한 05 counsel 조언하다, 충고하다 06 verify (정확함을) 확인하다; 증명하다 07 underlying 근본적인 08 rely on ~에 의존하다 09 subsequent 차후의, 다음의 perception 인식, 지각

명사+전치사+관계사절 파악 & 직독직해 **다음 문장에서 관계사절의 선행사에 밑줄을 긋고, 문장 전체를 직독직해하시오.** [각 8점]

01 The measles outbreak involved 20 elementary school students, all of whom had histories of measles vaccination after 12 months of age. *measles 홍역

→

02 Poor nations are particularly affected by multinational corporations, many of which have the financial power to exert enormous influence on them.

→

03 Elephant groups has evolved elaborated greeting behaviors, the form of which reflects the strength of the social bond between the individuals. – 수능응용

→

04 The interviewer will be interviewing two candidates for the marketing position, both of whom have a distinguished career.

→

05 At least 50 computers are affected by a virus, most of which are in our main office.

→

어법 **다음 밑줄 친 부분이 어법상 옳으면 ○, 틀리면 ✕로 표시하고 바르게 고쳐 쓰시오.** [각 5점]

06 Online learning has many benefits, and one of <u>which</u> is better time management.

_____

07 Some discoveries entail numerous phases and discoverers, none of <u>which</u> seems to be identified as definitive. – 수능응용

_____

08 Belgium uses the Euro currency, the name <u>which</u> and the design of the € symbol were first suggested by the Belgians.

_____

09 More than 35 models of high-efficiency toilets are on the U.S. market today, some of <u>that</u> use less than 1.3 gallons per flush. – 모의 *flush 물을 내리다. 씻어 내다

_____

10 어머니는 집에 많은 친척을 초대하셨는데, 어제의 심한 폭설 때문에 그중 몇 명만 왔다.

(of / a few / whom / showed up)

→ My mother invited many relatives to our home, only _____ because of the heavy snowstorm yesterday.

11 같은 약이 두 환자에게 처방되었는데, 둘 다 심각한 부작용 때문에 그것을 복용하지 않을 것이다.

(whom / not / it / will / both / take / of)

→ The same medication has been prescribed to two patients, _____ _____ because of the severe side effects.

12 과거에는 소수의 사람만 책을 접할 수 있었는데, 그것들 중 대부분은 손으로 쓰였고, 아주 비쌌다.

(most / and / expensive / of / were handwritten / which / very)

→ In the past, few people had access to books, _____ _____. – 모의응용

13 경찰은 고속도로 위 다수의 차량 추돌 사고를 조사 중이다. 그 사고에는 차량 50대가 연루되었고, 그중 절반은 화물 트럭들이었다.

(cargo trucks / which / half / of / were)

→ The police are investigating the multi-vehicle crash on the highway. The crash involved 50 vehicles, _____.

14 정기적인 '여러분의 시간'을 확립하는 것은 많은 이득을 제공할 수 있는데, 이 모든 것들이 삶을 더 관리하기 쉽게 만드는 데 도움을 준다.

(all / more manageable / of / to make / which / life / help)

→ Building in regular "you time" can provide numerous benefits, _____ _____. – 모의응용

서술형 Tip ✔ 앞 절의 내용과 이어지며, '그(것)들 중 대부분은 ～이다'라는 의미는 〈콤마(,)＋most of＋관계대명사 ～〉로 영작할 수 있다.
1. many of, all of, a few of, half of, some of, none of 등과 같은 표현이 관계대명사 앞에 자주 쓰인다.
2. 전치사(of) 뒤에 관계대명사 who나 that은 올 수 없음을 유의한다.

---

01 outbreak (전쟁·질병 등의) 발발, 발생 02 multinational 다국적의 03 elaborated 정교한 04 distinguished 뛰어난, 우수한 07 entail 수반하다 phase 단계 definitive 결정적인, 최종적인 08 currency 화폐, 통화 11 medication 약, 약물 side effect 부작용 13 cargo 화물 investigate 조사하다 14 manageable 관리할 수 있는

형용사구[절] 찾기 & 직독직해 ｜ 다음 문장에서 밑줄 친 명사를 수식하는 형용사구는 ( ), 형용사절은 [ ]로 <u>모두</u> 묶고, 문장 전체를
직독직해하시오. [각 8점]

01 <u>Invasions</u> of natural communities by non-indigenous species are currently rated as one of the most important environmental problems. – 수능응용

→

02 Your donations will help support <u>children</u> in our community unable to afford books.

– 모의응용

→

03 After <u>a treatment</u> for tooth decay restoring a damaged tooth, the dentist showed the proper way to brush teeth.

→

04 <u>Encrypted digital content</u> on the internet that is available upon payment is gaining popularity in the publishing company.

→

05 The orchestra will play <u>some of the pieces</u> made by the great composers that caused great wonder and admiration. – 모의응용

→

형용사구의 수식 대상 파악 ｜ 밑줄 친 두 개의 형용사구[절]가 공통된 명사를 수식하는 것을 <u>모두</u> 고르시오. [8점]

06

ⓐ Tradition is a critical element <u>in the creation of architecture</u> <u>that cannot be ignored.</u>

– 모의응용

ⓑ We offer a special service <u>that will rent you all the equipment</u> <u>you will ever need to have for climbing.</u> – 모의

ⓒ The library has a long tradition of collecting materials <u>published in Mexico.</u> – 모의

ⓓ I had a healthy sandwich <u>from the new store</u> <u>made with whole wheat bread and salad ingredients.</u>

다음 각 문장에서 어법상 **틀린** 부분을 찾아 밑줄을 긋고, 바르게 고쳐 쓰시오. [각 7점]

07 Develop signs and abbreviations systems of yours that helps you more quickly take notes and review them. _____

08 The food in the warehouse designating for donation should be kept at the proper temperatures prior to transport. _____

09 An opportunity during the last conference session to ask questions were supposed to be given to all the participants. _____

10 The spirit of originality and authenticity that arises from the work of artists have always determined the essential qualities of an artist. _____

다음 우리말과 일치하도록 괄호 안에 주어진 단어를 순서대로 배열하시오. [각 8점]

11 Robinson 교수는 인간에게 미치는 인공적인 빛의 해로운 영향을 연구해왔다.

(the / on humans / harmful / of artificial light / effects)

→ Professor Robinson has studied _____. – 모의응용

12 한 연구에 따르면, 당신의 바쁜 일정 동안 독서에 열중하여 쓰이는 6분만으로도 스트레스를 68% 줄일 수 있다.

(reading a book / in / your busy schedule / six minutes spent absorbed / during)

→ Even just _____

can reduce stress by 68%, according to one research study.

고난도 **13** 당신이 작업해오고 있는 교사 인터뷰 영상을 볼 수 있을까요?

(you / the video / working on / that / of / have been / the teacher interview)

→ Can I see _____? – 모의응용

서술형 **Tip** ✔ 우리말에서 명사가 여러 개의 긴 구/절의 수식을 받으면 〈명사 + 형용사구[절] + 형용사구[절]〉 형태로 영작할 수 있는지 확인한다.
전치사구, 형용사구, to부정사구, 현재[과거]분사구, 관계사절 등을 우리말 의미를 참고하여 알맞은 순서로 영작한다.

---

01 invasion 침입, 침략 non-indigenous 비토착의 (↔ indigenous 토착의) **03** tooth decay 충치 **04** encrypt 암호화하다 payment 지불(금) **05** admiration 감탄 **07** abbreviation 약어; 생략, 단축 **08** warehouse 창고 designate 지정하다, 지명하다 **10** originality 독창성 authenticity 진정성; 확실성 **11** artificial 인공적인 **12** absorb 열중시키다; 흡수하다

명사＋관계사절＋관계사절 파악 & 직독직해 \ 다음 문장에서 관계사절에 밑줄을 긋고, 선행사에는 동그라미한 뒤 문장 전체를
직독직해하시오. [각 8점]

01 You may work with someone who is a great improviser but who doesn't have depth of
knowledge. – 수능응용   *improviser 즉흥적으로 하는 사람

→

02 He told a story of a woman he met in Arizona who took pleasure in helping the poor.
– 모의응용

→

03 A subordinate clause is a clause which is dependent on another part of the sentence,
and which could not stand alone as a complete sentence.

→

04 Moving is the perfect opportunity to get rid of clothes that are out of style, which you
no longer wear.

→

05 We should eliminate inequality of well-being that is not driven by an individual's
responsibility, which prevents an individual from achieving what he or she values.

→

관계사절의 선행사 파악 \ 밑줄 친 관계사절이 공통된 선행사를 수식하는 것을 모두 고르시오. [8점]

고난도 **06**

ⓐ People who have a large lung capacity and who exercise regularly can send
oxygen around their body faster.
ⓑ Self-actualization describes the level of development that is achieved by fulfilling
the potential that you have had since you were a child.
ⓒ It must be difficult to be depressed in countries where everyone else has a big
smile on their face, whose citizens consider themselves to be extremely happy.
– 모의응용

ⓓ Abstract art is art that does not attempt to represent an accurate depiction of a
visual reality but that instead uses shapes, colors, forms to achieve its effect.

07 While riding my bicycle alone, I noticed a man who had very long hair, which was secretly riding behind me. – 모의응용 _____

08 Parents whose concerns are too much focused on their children's achievements and who are impatient ruin their children's education. _____

09 Customers will purchase from firms whose products are not associated with any ethical issues and that values the coexistence of people and nature. _____

고난도 **10** The frontal cortex, the area of the brain which people use for reasoning, that helps us think before we act, develops later than the area which is responsible for instinctual reactions including fear. – 모의응용   * frontal cortex 전두 피질 ((전두엽을 둘러싼 층))

_____

11 저는 운동할 때 찰 수 있고 더 오랜 시간의 배터리를 가진 스마트워치를 찾고 있습니다.
(I / work out / that / can wear / and / that / has / when / a longer battery / I)

→ I am looking for a smartwatch _____

_____. – 모의응용

12 책임을 진다는 것은 당신이 저지른, 다른 사람에게 피해를 준 실수를 인정하는 것을 의미한다.
(the other person / mistakes / you made / hurt / that)

→ Taking responsibility means acknowledging _____

_____.

13 노동력 착취는 전 세계에서 일어나고 있는 일이며, 누구에게나 일어날 수 있는 일이다.
(something / that / that / can happen / around the world / is happening / to anyone)

→ Labor exploitation is _____,

_____.

서술형 Tip ✔ 우리말에서 명사가 두 개 이상의 절로 수식받고 있다면 〈명사 + 관계사절 + 관계사절〉 형태로 영작할 수 있는지 확인한다. 이때, 관계사절은 문맥에 따라 등위접속사 and, but 또는 콤마(,)를 이용하여 연결하거나 아무런 표시 없이 연결할 수도 있다.

---

03 subordinate 종속의; 하위의 **05** drive (특정방식으로 행동하도록) 만들다, 몰아붙이다 **06** lung capacity 폐활량 self-actualization 자기[자아]실현
09 coexistence 공존 **10** reasoning 사고, 추론 instinctual 본능적인 **12** acknowledge 인정하다 **13** exploitation 착취; 개발, 개척

형용사구[절] 찾기 & 직독직해 │ 다음 문장에서 밑줄 친 명사를 수식하는 형용사구는 ( ), 형용사절은 [   ]로 묶고, 문장 전체를 직독직해하시오. [각 10점]

01 <u>An error</u> has occurred which caused the printing to stop.

→

02 <u>The day</u> will come when you will want to look back on past days and wish that you had taken more photos.

→

03 <u>A controversial biography</u> was published about a scientist who battled against prevailing theories of the time.

→

04 If <u>a work environment</u> is fostered that generates new ideas, there will be more innovations based on the ideas.

→

05 In mature markets, <u>breakthroughs</u> are rare to lead to a major change in competitive positions and to the growth of the market. – 모의응용

→

형용사구[절]의 수식 대상 파악 │ 밑줄 친 형용사구[절]가 주어를 수식하는 것을 <u>모두</u> 고르시오. [8점]

고난도 **06**

ⓐ You should not miss out on all the benefits <u>that paid membership offers you</u>: the widest selection of music, great discounts and more! – 모의응용
ⓑ New laws were passed in the court <u>that limited the hours of work and gave workers holiday entitlement.</u> – 수능
ⓒ Online clubs emerge these days <u>to find like-minded people to practice your English with.</u>
ⓓ While some people have the skills and knowledge <u>to do very well</u>, their excessive anxiety often impairs their performance.

다음 문장이 어법상 옳으면 ○, 틀리면 ✕로 표시하고 바르게 고쳐 쓰시오. [각 6점]

07 The new suits fit her body well with their custom designs and special fabrics.

_____

08 The train runs through many regions which is able to carry more than 500 passengers.

_____

고난도 **09** Some children are across the country which are often seen working in factories due to their family's financial difficulties. – 모의응용

_____

조건 영작 다음 우리말과 일치하도록 괄호 안의 어구를 활용하여 〈조건〉에 맞게 영작하시오. [각 8점]

〈조건〉 • 필요시 어형 변화 가능

10 새로운 자동차를 고르고 주문할 시기가 올 때, 점점 더 많은 사람이 환경을 고려하고 있다.

(and, to choose, order, a new car)

→ When the time comes _____,
increasingly more people are considering the environment.

11 등산하는 동안에, 땀이 더 빠르게 증발하도록 하는 기능성 옷이 최선일 것이다.

(the sweat, faster, which, to evaporate, allow)

→ During a hiking trip, functional clothing would be best _____
_____.

12 19세기 말에, 목적이 비행하는 기계의 발명인 많은 연구 프로젝트가 진행 중이었다.

(the invention, whose, a flying machine, be, of, purpose)

→ At the end of the nineteenth century, a number of research projects were underway
_____.

서술형 Tip ✔ 우리말에 주어를 수식하는 표현이 있을 때 영문에서 항상 주어 바로 뒤에 수식하는 형용사구[절]가 오는 것은 아니다. 술부 뒤의 형용사구[절]가 주어를 수식하는 구조도 가능하다.

03 controversial 논쟁의 여지가 있는 biography 전기, 일대기 prevailing 우세한, 지배적인 of the time 당시의, 그 시절의 04 foster 조성하다, 발전시키다 generate 만들어 내다, 발생시키다 innovation 혁신 05 mature 성숙한, 포화 상태의 breakthrough 큰 발전; 돌파구 rare 드문, 희귀한 06 miss out on ~을 놓치다 entitlement 권리, 자격 emerge 생겨나다; 나타나다 like-minded 생각이 비슷한, 한마음의 excessive 지나친, 과도한 impair (장점 따위를) 떨어뜨리다, 손상시키다 11 sweat 땀; 땀을 흘리다 evaporate 증발하다[시키다] 12 underway 진행 중인

관계사절 내의 삽입절 찾기 & 직독직해 | 다음 문장에서 관계대명사절 내의 삽입절을 ( ) 묶고, 문장 전체를 직독직해하시오. [각 9점]

01 It is a good thing for teachers to encourage and support the students who teachers believe are interested in sports.

→

02 What people say serves as a barrier to effective communication is the attitude of not listening closely.

→

03 Many lawyers agree that the worst part of their job is having to bill clients for services which they think are a fundamental part of our society.

→

04 You don't need to be discouraged by your failure to pass the interview, because there are plenty of universities that I'm sure will accept you.

→

고난도 **05** The habitat that it seems provides the best opportunity for survival may not be the same habitat as the one that provides for highest reproductive capacity. – 수능응용

→

문장 전환 | 다음 두 문장을 관계대명사 뒤의 삽입절을 포함한 문장으로 바꿔 쓰시오. [06번 6점, 07번 7점]

06 A company should build and maintain a good reputation. Customers say that a good reputation tends to get them to buy a product.

→ A company should build and maintain ＿＿＿＿＿＿＿＿＿＿＿＿＿＿＿＿＿ tends to get them to buy a product.

고난도 **07** Many parents want to spare their children from having to go through the same unpleasant experiences. I'm certain that they have experienced personal hardship in life.

→ ＿＿＿＿＿＿＿＿＿＿＿＿＿＿＿＿＿ have experienced personal hardship in life want to spare their children from having to go through the same unpleasant experiences. – 모의응용

다음 문장의 네모 안에서 알맞은 것을 고르시오. [각 6점]

08 The projects that I thought | was / were | tough work finished smoothly.

09 The way I suppose people formed religions | is / are | closely attached to the awe that mythologies provide.

10 Some people may resent the invasion of outsider, who they believe | is / are | different from them. – 모의응용

다음 우리말과 일치하도록 괄호 안에 주어진 어구를 순서대로 배열하시오. [8점]

11 자원의 고갈을 막기 위해서, 과학자들은 그들이 생각하기에 에너지 효율을 증진하는 것을 찾아내야 한다.
(promotes / scientists / identify / they / should / think / what / energy efficiency)

→ _____

to prevent depletion of resources.

12 꽃의 꿀을 먹는 도마뱀은 전문가들이 믿기에 천적이 거의 없는 열대의 섬에서 발견된다.
(natural enemies / that / have / experts / few / believe)

→ Nectar-drinking lizards are found on tropical islands _____

_____. – 모의응용

*natural enemy 천적 ((먹이사슬에서 어떤 생물을 먹이로 삼는 생물))
**nectar (꽃의) 꿀

13 일부 기업가들이 말하길 경제 성장을 저지할 것이라던 환경 보호는, 사실상 건강한 경제 체제를 위해 꼭 필요하다.
(business leaders / choke / say / which / would / the economy / some)

→ Environmental protection, _____

_____, is, in fact, essential for a healthy economic system. – 모의응용

서술형 Tip ✔ 아래와 같은 의미가 관계사절에 나타날 때, 관계대명사 뒤에 〈S + V〉 형태의 삽입절이 올 수 있다.
• S가 생각하기에[믿기에, 예상하기에, 말하기에]: S + think[believe, suppose, say 등]

02 barrier 장애물; 장벽 **03** bill ~에게 청구서[계산서]를 보내다; 계산서 **05** habitat 서식지 reproductive 생식[번식]의 **06** reputation 평판, 명성 **07** spare A from B A가 B를 피하게 하다 go through ~을 겪다; 살펴보다; 검토하다 hardship 어려움, 곤란 **08** smoothly 순조롭게, 부드럽게 **09** attach 연관짓다; (~에) 의미[중요성]를 두다; 붙이다, 첨부하다 awe 경외감; 경외심을 갖게 하다 mythology 신화 **10** resent 불쾌하게 여기다, 분개하다 **11** promote 증진하다 depletion 고갈 **13** choke 성장을 저지하다; 질식시키다

P A R T 3

CHAPTER

0 9

부사적 수식어: to부정사, 부사절

부사적 to부정사 의미 파악 & 직독직해 | 다음 밑줄 친 to부정사의 의미를 〈보기〉에서 고르고, 문장 전체를 직독직해하시오. [각 8점]

〈보기〉 ⓐ 목적: v하기 위해   ⓑ 감정의 원인: v해서   ⓒ 근거: v하다니   ⓓ 결과: 결국 v하다   ⓔ 형용사 수식: v하기에 ~이다

01 We are very delighted <u>to announce</u> that our store will open next week.

_____ →

02 Janet grew up <u>to be</u> a person who was respectful, competent, and knowledgeable.

_____ →

03 He was irresponsible <u>to decline</u> to comment on the accident he caused.

_____ →

04 Coaches analyze data that has the movements of every sports player <u>to improve</u> their athletes' performance. – 모의응용

_____ →

05 More and more people will have to wear glasses, because always looking at computer monitors is likely <u>to cause</u> poor eyesight.

_____ →

to부정사의 역할 구별 | 다음 밑줄 친 to부정사의 역할을 〈보기〉에서 고르시오. [각 4점]

〈보기〉 ⓐ 주어   ⓑ 목적어   ⓒ 주격보어   ⓓ 목적격보어   ⓔ (대)명사 수식   ⓕ 부사

06 Seize opportunities on your own instead of waiting for someone <u>to hand</u> them to you.

_____

07 <u>To give</u> a tip is a way of expressing your satisfaction with the services.   _____

08 One way to learn grammar is <u>to listen</u> to stories told in various tenses.   _____

09 If the bank promises <u>to pay</u> you a 2 percent annual interest rate, you will have $1,020 at the end of the year. – 모의   _____

10 Once you are ready <u>to devote</u> your time and energy to what inspires you, you will find your life unimaginably enriched.   _____

11 One of the goals of creative childhood programs is to enable children <u>to develop</u> the ability to speak freely about their own feelings and ideas. – 모의응용   _____

다음 밑줄 친 to-v의 용법을 고르시오. [각 4점]

12 The number of daily visitors to the Van Gogh Special Exhibition is limited to 300 only <u>to avoid</u> crowding. – 모의응용 | 목적 / 결과 |

13 It's a pity that many of us attempt to change, only <u>to give up</u> after one try. | 목적 / 결과 |

혼동구문 Tip ✔ ⟨only to-v⟩는 문맥을 통해 정확한 의미를 파악한다.
　　1. '(하지만) 결국 v하다' → 의외 또는 실망의 '결과'를 나타낸다.
　　2. '단지 v하기 위해' → only가 '목적(to-v)'을 강조한다.

조건 영작 다음 우리말과 일치하도록 괄호 안의 어구를 활용하여 ⟨조건⟩에 맞게 영작하시오. [각 7점]

⟨조건⟩ • 반드시 한 단어를 추가할 것

14 낮 동안에 나를 졸리게 하다니 이 약은 부작용이 있음이 분명하다.
(the day, sleepy, make, during, me)

→ This drug must have some side effects _____.

15 한 전설에 의하면, 베이글은 침략군의 패배를 기념하기 위해 빈에서 처음 만들어졌다고 한다.
(the defeat, an invading army, celebrate, of)

→ One legend says that bagels were first made in Vienna _____
_____. – 수능응용

16 그는 구체적인 목표와 전력을 세움으로써 성과를 거두기를 갈망했다.
(the outcomes, was, achieve, eager)

→ He _____ by setting specific goals and strategies.

17 나는 여행 가방을 밀고 공항 출구로 걸어 나왔지만 결국 나를 호텔까지 데려다줄 택시를 발견하지 못했다.
(any taxi, never, to take me, find, to my hotel)

→ I pushed my luggage and walked out of the airport exit _____
_____. – 모의응용

서술형 Tip ✔ 부사적 to부정사는 '목적(v하기 위해서)'의 의미로 가장 많이 사용되지만, '판단의 근거(v하다니)'나 '결과(결국 v하다)' 등을 나타내거나 형용사를 수식할 수도 있으므로 각각의 경우를 잘 정리해두자.

---

01 delighted 아주 기뻐하는 02 respectful 공손한 competent 유능한 knowledgeable 아는 것이 많은 03 irresponsible 무책임한 decline 거절하다 comment on ~에 대해 언급하다 04 analyze 분석하다 athlete 운동선수 06 seize (붙)잡다 09 annual 매년의, 연례의 interest rate 이율, 금리 10 enriched 풍부한 15 defeat 패배; 패배시키다 16 outcome 성과; 결과 strategy 전략 17 luggage 여행 가방, 수하물

부사적 to부정사의 의미 파악 \ **다음 밑줄 친 부분을 해석하시오.** [각 9점]

01 The various art forms are <u>too different for us to come up with a single definition</u> that can capture their variety. – 모의응용

→

02 The math problem was <u>too tricky for her to solve</u>, but she finally solved it after a long time.

→

03 Keith played the piano <u>so hard as to win the grand prize</u> in the competition.

→

04 The tests were <u>so seriously faulty as to make the results meaningless</u>.

→

05 Brian's mom thinks he is <u>old enough to prepare himself</u> for a school trip.

→

06 A philosophy discussion group was <u>helpful enough to develop</u> critical thinking skills.

→

07 We were served a delicious bowl of soup, <u>not to mention the usual side dishes</u>.

→

too ~ to-v 의미 구별 \ **다음 〈too ~ to-v〉 구문이 다른 의미를 갖는 하나를 고르시오.** [4점]

고난도 **08**

ⓐ She came too late to see the wedding ceremony, but at least she attended the wedding dinner.

ⓑ Technical terms are too difficult for most students to grasp, however, some students are able to master them.

ⓒ His voice was too authoritative for me to say a thing, but I made a brave attempt to give my opinion.

혼동구문 **Tip** ✔ 문장에 too와 to가 연달아 등장하더라도 무조건 〈too ~ to-v〉 구문인 '너무 ~해서 v할 수 없는'으로 해석하지 않는다. too가 뒤의 형용사[부사]를 수식하는 구조(v하기에 너무 ~한)일 수 있다.

다음 우리말과 일치하도록 괄호 안의 어구를 활용하여 영작하시오. [09~11번 각 8점, 12번 9점]

> 〈조건〉 • 반드시 한 단어를 추가할 것
> • 필요시 어형 변화 가능

09 큰 실수를 한 후, 나는 너무 좌절하고 당황해서 그를 바라볼 수 없었다.

(embarrassed, I, frustrated, look at, be, and, him, too)

→ After making a big mistake, _____.

10 죽음의 필연성 같은 삶의 일부는, 익숙해지기에는 너무 정서적으로 충격적이다.

(emotionally devastating, become accustomed to, be, too)

→ Some parts of life, such as the inevitability of death, _____

_____.

11 초기 농경인들의 마을은 해충을 끌어들이는 쓰레기를 만들었고, 그것들의 양은 질병을 퍼뜨리기에 충분히 많았다.

(them, be, the amount of, spread, enough, disease, large)

→ Villages of early farmers produced garbage which attracted harmful insects, and

_____. – 모의응용

고난도 12 낯선 사람이 말하는 모든 것을 믿을 만큼 순진해서는 안 돼!

(believe, as, everything, a stranger, so, naive, tell, you)

→ Don't be _____!

서술형 Tip ✔ 〈too ~ to-v〉, 〈so ~ as to-v〉, 〈~ enough to-v〉는 그 의미와 어순을 정확히 알아둔다. 〈too ~ to-v〉, 〈so ~ as to-v〉는 too, so 뒤에 '~한/하게'에 해당하는 형용사/부사가, 〈~ enough to-v〉는 enough 앞에 형용사/부사가 위치한다.

---

01 come up with ~을 생각해 내다 capture 담아내다, 포착하다 **04** faulty 오류가 있는, 불완전한 **07** side dish 곁들임 요리 **08** technical 전문적인 term 용어; 기간; 학기 authoritative 권위적인 **10** devastating 충격적인; 파괴적인 accustomed to ~에 익숙한 inevitability 필연성, 불가피함 **12** naive 순진한

접속사 의미 파악하기 다음 문장에서 밑줄 친 접속사의 의미가 **다른** 하나를 고르시오. [각 10점]

01 ⓐ UV exposure can nearly double <u>when</u> UV rays are reflected from the snow.

ⓑ Why did he steal the car <u>when</u> he could easily afford to buy it?

ⓒ In a desert, a mirage is caused <u>when</u> air near the ground is hotter than air higher up.

02 ⓐ <u>While</u> she was surfing the Internet, she came across a review for the concert. – 모의응용

ⓑ Small amounts of melanin result in light skin <u>while</u> large amounts result in dark skin.

*melanin 멜라닌 ((피부 등의 검은 색소))

ⓒ Scientists and mathematicians are different in that scientists use experiments <u>while</u> mathematicians use proofs.

03 ⓐ My son has enjoyed tracing the patterns that stars make <u>since</u> he was a little kid.

ⓑ <u>Since</u> the level of fine dusts is high in spring and fall, we should learn how to protect ourselves from respiratory diseases. – 모의

ⓒ We are concerned that we have not heard from you <u>since</u> we sent you the email.

– 모의응용

고난도 04 ⓐ <u>As</u> his parents died during World War II, he was raised by his relatives. – 수능응용

ⓑ You can grab the audience's attention in your speech through a funny story <u>as</u> audiences generally like a personal anecdote.

ⓒ <u>As</u> we acquire a new fact or skill, our neurons communicate to form networks of connected information. – 수능응용

어법 & 문맥 파악 다음 문장의 네모 안에서 어법상 알맞은 것을 고르시오. [각 5점]

05 While / As all of our brains contain the same basic structures, our neural networks are as unique as our fingerprints. – 수능응용

06 As extreme hardships / Extreme hardships as he had, he matured into a competent, confident, and caring young adult. – 모의응용

07 Successful / Successfully as he is in his career, he still dreams of starting his own business.

08 그녀가 새가 지저귀는 소리를 들었을 때, 그녀는 집안일을 하고 있었다.

(singing / heard / she / when / birds)

→ She was going through her household chores _____.

09 새끼 동물들이 자유롭게 놀고 있는 동안, 그들은 항상 그들의 포식자들에게 잡힐지도 모르는 큰 위험에 처해 있다.

(while / are playing / freely / young animals)

→ _____, they are always in danger of being caught by their predators. – 모의

10 심해어류는 일반적으로 차가운 물에 사는 종이긴 하지만, 바다의 온난화 자체는 직접적인 위협이 아닐 수 있다.

(fishes / while / cold-water / are generally / deep-sea / species)

→ _____, warming of the oceans itself may not be a direct threat. – 모의응용

11 단순한 반복법이 당신이 무엇이든 암기하는 것을 돕듯이, 이는 이름을 기억할 때도 도움이 될 것이다.

(of / you / as / anything / repetition / memorize / the simple method / helps)

→ _____, it will be of help when remembering names. – 모의응용

12 화석화는 환경적인 요건에 영향받기 때문에, 화석 증거는 언제 멸종이 일어났는지를 항상 명백하게 설명할 수는 없다.

(is / environmental / since / affected / conditions / fossilization / by)

→ _____, fossil evidence cannot always clarify when extinctions happened. – 모의응용

서술형 Tip ✔ 주어진 우리말에서 부사절에 해당하는 부분을 〈접속사 + 주어 + 동사〉 어순으로 영작한다. when, while, as, since 등이 갖는 다양한 의미를 알아두어 활용한다.

---

01 mirage 신기루 02 come across 우연히 발견하다 03 trace 추적하다, (추적하여) 찾아내다 respiratory 호흡의, 호흡 기관의 04 relative 친척; 상대적인 anecdote 일화 05 fingerprint 지문 06 caring 배려하는 08 go through (일련의 행동을) 거치다 household 가정의; 가족, 가정 chore (정기적으로 하는) 일 11 repetition 반복 12 fossilization 화석화 clarify 명백하게 설명하다; 뚜렷하게 하다 extinction 멸종

접속사 의미 파악하기 \ 다음 문장에서 밑줄 친 접속사의 의미가 다른 하나를 고르시오. [12점]

고난도 **01**

ⓐ We need to change our thinking <u>so</u> there is no difference between the rights of humans and the rights of the environment. – 수능응용

ⓑ Wood is likely to rot in the wet weather, <u>so</u> it's not good for the surface materials for public park trails where rain is frequent. – 모의응용

ⓒ The Nuer have to distinguish between hundreds of types of cows, based on color, markings, and shape of horns, <u>so</u> they have many special terms related to cattle.

– 수능응용

*Nuer 누에르족 ((나일강변에 사는 종족))

〈so 형용사/부사 that ...〉 구별 \ 다음 문장에서 밑줄 친 부분의 해석으로 알맞은 것을 고르시오. [각 9점]

02 If we are <u>not so satisfied with the work that we've done by ourselves</u>, we'll eventually have to hire someone to fix it. – 모의응용

ⓐ 아주 만족하지 않아서 우리가 직접 한다	ⓑ 우리가 직접 한 일에 아주 만족하지 않은

03 Wikipedia is <u>so much more comprehensive than anything else that it's widely considered the most useful encyclopedia</u>. – 모의응용

ⓐ 다른 어떤 것보다 훨씬 더 종합적이어서 가장 유용한 전문 사전으로 널리 여겨지는
ⓑ 가장 유용한 전문 사전으로 널리 여겨지는 다른 어떤 것보다 훨씬 더 종합적인

04 We <u>so greatly appreciate the donations that lots of families have given to us</u>.

ⓐ 기부금에 대단히 감사해하자, 많은 가족들이 우리에게 기부했다
ⓑ 많은 가족들이 우리에게 기부한 기부금에 대단히 감사하다

혼동구문 Tip ✔ 문장에 so와 that이 연달아 등장하더라도 무조건 〈so 형용사/부사 that ...〉 구문(아주 ~해서 …하다; …할 정도로 ~하다)으로 해석하지 않는다. that절의 구조가 불완전할 경우 that은 앞의 명사를 수식하는 관계대명사이다.

어법 & 문맥 파악 \ 다음 문장의 네모 안에서 어법과 문맥상 알맞은 것을 고르시오. [각 7점]

05 After the argument, he felt so | powerless / powerlessly | that he was reluctant to engage in any other discussion. – 모의응용

06 The country's chronic unemployment problem was of $\boxed{\text{so / such}}$ importance that the government could not afford to ignore it.

07 If you work hard, $\boxed{\text{so / even if}}$ you don't start out with much, you'll build a decent life.

조건 영작 | 다음 우리말과 일치하도록 괄호 안의 어구를 활용하여 〈조건〉에 맞게 영작하시오. [각 10점]

> 〈조건〉 • 필요시 어형 변화 및 중복 사용 가능

08 학교에서, 아이들은 다른 아이들보다 시험을 더 잘 볼 수 있기 위해서 열심히 공부하도록 훈련을 받는다.

(than others, can, so that, do, better, they)

→ At school, kids are trained to study diligently _____

_____ on exams. – 모의응용

09 제품의 가격이 너무 많이 하락하여, 그 가격은 더 이상 덜 부유한 사람들을 배제할 정도로 높지 않다.

(that, so, is, much, no longer, high, it, enough to exclude)

→ The price of the product falls _____

_____ the less well off. – 모의응용

10 그 작은 마을은 너무 매력적인 장소여서 많은 예술가들이 그들의 예술적 영감을 위해 그곳에 정착했다.

(many artists, such, place, have settled, an, that, there, attractive)

→ The small village is _____

_____ for their artistic inspiration.

11 비록 식물은 위험으로부터 도망칠 수 없지만, 자신을 안전하게 지키는 방법을 알고 있다.

(plants, from, cannot, danger, even though, run away)

→ _____

_____, they know how to keep themselves safe. – 모의

서술형 Tip ✔ 1. 목적이나 결과를 나타내는 부사절을 영작할 경우 비슷한 형태와 어순에 유의한다.
   • 목적(~하기 위해서) → so (that)
   • 결과(~해서 …하다) → so + 형용사/부사 ~ (that) …. / such(+ a/an) (+ 형용사) + 명사 + that …
   • 결과(그래서, ~하여) → ~(,) so (that)
   2. 양보의 접속사 even if + 가정 (비록 ~이든 아니든), even though + 사실 (비록 ~이지만)을 적절하게 사용하여 영작한다.

---

01 rot 썩다 surface 표면 material 자재, 재료; 자료 **03** comprehensive 종합적인, 포괄적인 encyclopedia 전문 사전, 백과사전 **05** be reluctant to-v v하기를 주저하다[망설이다] **06** chronic 만성적인 **07** decent 괜찮은, 품위 있는 **08** diligently 열심히, 부지런히 **09** exclude 배제하다, 제외하다 well off 부유한, 잘 사는 **11** run away 도망치다

특이한 형태의 접속사

다양한 형태의 접속사 파악 & 직독직해 다음 문장에서 접속사 역할을 하는 것에 밑줄을 긋고, 문장 전체를 직독직해하시오. [각 10점]

01 Every time he visited the USA, he would document something about the culture, food, or place.

→

02 Ginger is an effective treatment for colds seeing that it can offer relief by making the body warmer. – 모의응용

→

03 Once the Internet made music easily accessible, availability of new music became democratized. – 수능응용

→

04 Just the way we evaluate how successful an individual student will be at solving a problem, we can predict how successful a group of people will be at solving problems.

– 모의응용

→

05 In case that you have the symptoms of a sore throat, gargle with salt water. This can reduce swelling in your throat and relieve you of the pain. – 모의응용   *swelling 부기, 부어오른 곳

→

같은 의미의 접속사 찾기 다음 문장에서 밑줄 친 접속사 대신 쓰일 수 있는 것을 〈보기〉에서 고르시오. [각 5점]

〈보기〉 ⓐ whenever   ⓑ the minute   ⓒ because

06 <u>As soon as</u> he completed his undergraduate degree, he started graduate work in mathematics, earning his doctorate at age twenty-four. – 모의   _____

07 They said we could have the use of their home in the countryside <u>each time</u> they weren't there.   _____

고난도 **08** Terribly hateful jokes can be time bombs <u>in that</u> they can linger unnoticed in a person's subconscious, gnaw on their self-esteem or explode it at a later time. – 모의응용   *gnaw 갉아먹다

_____

다음 우리말과 일치하도록 괄호 안의 어구를 활용하여 〈조건〉에 맞게 영작하시오. [각 7점]

〈조건〉 • 〈보기〉의 접속사를 한 번씩만 사용할 것
• 필요시 어형 변화 가능

〈보기〉 the moment   by the time   every time   once   in case

09 당신이 당신의 삶에 대한 주도권을 가지려고 결심하자마자, 당신의 삶은 변화하기 시작한다.

(to take control of, decide, own life, you, your)

→ _____, your life begins

to change.

10 이 휴대용 사진 프린터기는 일단 완전히 충전되면, 당신은 사진을 잇달아 30장까지 인쇄할 수 있습니다.

(photo printer, be, this, fully charged, portable)

→ _____,

you can print up to 30 photos in a row. – 모의응용

11 설문조사에 따르면, 소비자의 81%는 쇼핑할 때마다 특정한 브랜드의 시리얼을 구입한다.

(buy, of, shop, cereal, they, a certain brand)

→ According to the survey, 81% of consumers _____

_____.

12 그가 한 달간의 출장에서 돌아왔을 때쯤, 그의 뒤뜰에 남아 있는 신선한 토마토가 없었다.

(he, a month-long business trip, from, come back)

→ There were no fresh tomatoes left in his backyard _____

_____. – 수능응용

13 당신이 저를 당신의 연구팀의 일원으로 포함시키는 데에 관심이 있으실 경우에 대비하여 제 이력서를 첨부합니다.

(you, me, include, be interested in)

→ I'm attaching my résumé _____

as a part of your research team.

서술형 Tip ✔ 명사구, 부사, 전명구 형태의 접속사도 동일하게 뒤에 〈주어 + 동사 ~〉 구조로 영작한다.

---

02 ginger 생강 **03** accessible 접근 가능한 availability 이용 가능함 democratize 대중화하다 **05** gargle (입 안을) 헹구다, 양치질을 하다 relieve of ~을 덜어주다 **06** undergraduate degree 학사 학위 graduate work 대학원 과정 doctorate 박사 학위 **07** countryside 시골 지역 **08** linger (예상보다 오래) 남다[계속되다] subconscious 잠재의식; 잠재의식적인 self-esteem 자존감 explode 폭발시키다 **09** take control of ~에 대한 주도권을 갖다 **10** charge 충전하다 in a row 잇달아, 계속해서

접속사 의미 파악하기 \ **다음 문장의 해석으로 알맞은 것을 고르시오.** [각 7점]

01 Hardly did they leave the shopping mall when the shop on the third floor caught fire.

> ⓐ 3층에 있는 매장에서 불이 나자마자 그들은 쇼핑몰을 떠났다.
> ⓑ 그들이 쇼핑몰을 떠나자마자 3층에 있는 매장에서 불이 났다.

02 It is not impossible to remember the names of the participants just because you've met many people at the conference.

> ⓐ 참가자들의 이름을 기억하는 것이 불가능하다고 해서 회의에 있던 많은 사람들을 만난 것은 아니다.
> ⓑ 회의에서 많은 사람들을 만났다고 해서 참가자들의 이름을 기억하는 것이 불가능한 것은 아니다.

03 I didn't think of buying a dryer until I moved to the larger house.

> ⓐ 더 큰 집으로 이사를 가고 나서야, 나는 건조기를 살 생각을 했다.
> ⓑ 건조기를 살 생각을 하고 나서야, 더 큰 집으로 이사를 갔다.

어법 \ **다음 문장의 밑줄 친 부분이 어법상 옳으면 ○, 틀리면 ✕로 표시하고 바르게 고쳐 쓰시오.** [각 5점]

04 A strategic vision has little value to the organization unless <u>it's not</u> effectively communicated down the line to lower-level managers and employees. – 모의

_____

05 Kant's books on philosophy take a lot of effort to read <u>for</u> they include his deep knowledge and thoughts. – 수능응용

_____

06 Scarcely <u>he finished</u> playing Tchaikovsky in a big concert hall when he realized that it would be the best performance in his life.

_____

07 Just as other living creatures thrive or perish depending on how well they adapt to the environment, so <u>do humans</u>.

_____

복합관계사의 의미 구별 \ **다음 문장의 네모 안에서 의미상 알맞은 것을 고르시오.** [각 4점]

08 I always carry my laptop whatever / wherever I go, because it's useful for taking notes.

09 However / Whatever much you may remember the past or anticipate the future, you live in the present. – 모의

다음 문장의 밑줄 친 부분을 해석하시오. [각 8점]

10 <u>Whatever you decided to do</u>, do it for your own pleasure, not for that of others.

→

11 If you want to break a bad habit, you should stop <u>whatever is associated with that habit.</u>

→

12 Under the dim lighting of the night sky, a telescope with a larger mirror allows you to gather more of the light from <u>whatever you want to look at.</u> – 모의응용

→

혼동구문 Tip ✔

whatever
- 부사절이면 '~하더라도'(양보)
- 명사절(주어, 목적어, 보어 역할)이면 '~하는 것은 무엇이든지'

조건 영작   **다음 우리말과 일치하도록 괄호 안의 어구를 활용하여 〈조건〉에 맞게 영작하시오.** [각 9점]

┌───┐
〈조건〉 • 필요시 어형 변화 및 중복 사용 가능
└───┘

13 콘서트홀에서 탱고가 시작되자마자, 관객들은 환호성을 질렀다.

(had, cheer, start, than, at the concert hall, the audience, the tango)

→ No sooner _____.

14 그녀가 회의장을 떠나자마자, 사람들은 협상 과정에 대해 불평했다.

(leave, people, the conference room, she, when, had, complain)

→ Hardly _____ about the process of negotiations.

15 조련사가 정기적으로 개에게 먹이 보상을 주기만 하면, 개는 자신의 좋은 행동이 보상으로 이어진다는 것을 이해할 수 있다.

(the dog, as, a food reward, the trainer, long, give)

→ _____ regularly, the dog can understand its good behavior results in rewards. – 모의

서술형 Tip ✔   1. '~하자마자 …하다'라는 의미가 우리말에 있으면, 〈no sooner ~ than …〉 또는 〈hardly[scarcely] ~ when …〉 구문으로 영작할 수 있다. 이때, 다음에 유의한다.
- 주절(~하자마자)이 더 먼저 일어난 것을 표현하기 위해 대개 과거완료시제를 쓴다.
- no sooner, hardly[scarcely]가 문장 첫머리에 오면 주어 - 동사를 도치하여 쓴다.
2. 우리말의 부사절 의미는 괄호 안의 어구들로 알맞은 〈접속사 + 주어 + 동사 ~〉 구문을 구성하여 영작한다.

---

04 down the line 철저하게, 완전히   **07** thrive 잘 자라다   perish 소멸하다, 죽다   **09** anticipate 기대하다, 고대하다   **12** dim 어둑한, 밝지 않은   **14** negotiation 협상

P A R T 3

CHAPTER

1 0

분사구문

분사구문의 의미 파악하기 | **다음 두 문장의 의미가 일치하도록 네모 안에서 알맞은 것을 고르시오.** [각 8점]

01 Being late for the meeting, I had to take a taxi instead of public transportation.

→ Because / Even though I was late for the meeting, I had to take a taxi instead of public transportation.

02 Switching to the new software, we can make our management system more efficient as well as more cost-effective in the long run. – 모의응용

→ Although / If we switch to the new software, we can make our management system more efficient as well as more cost-effective in the long run.

03 Not giving his consent at first, the young man finally allowed the police to investigate his apartment.

→ Although / Since the young man didn't give his consent at first, he finally allowed the police to investigate his apartment.

04 Hearing about Sally's interest in birds, the bird expert invited her to his office to see how deep her fascination was.

→ Even though / When the bird expert heard about Sally's interest in birds, he invited her to his office to see how deep her fascination was. – 모의응용

05 We will assess the feasibility of your proposal, proceeding with implementation without any delay. – 모의응용

→ We will assess the feasibility of your proposal, because / and we will proceed with implementation without any delay.

분사구문 쓰기 | **다음 문장을 분사구문으로 바꾸어 쓰시오.** [각 10점]

06 Radiation has been overused in many circumstances, as it conveys little or no benefits to patients.

→ Radiation has been overused in many circumstances, _____

_____.

07 While you take a walk in the fresh air, you will be able to think more creatively than just sitting at the desk.

→ _____, you will be able to think more creatively than just sitting at the desk. – 모의응용

다음 우리말과 일치하도록 괄호 안의 어구를 활용하여 〈조건〉에 맞게 영작하시오. [각 10점]

> 〈조건〉 · 분사구문을 사용할 것
> · 필요시 어형 변화 가능

08 그 영화감독은 미국으로 이민을 가서, 그곳에서 계속해서 영화를 만들었다.

(to make, there, continue, films)

→ The film director emigrated to the U.S., _____.

– 수능응용

09 화재가 발생했을 때, 그는 계단을 올라갔고, 화재로부터 그의 가족을 구했다.

(from, his, save, family, the fire)

→ When the fire broke out, he went up the stairs, _____.

– 수능응용

10 그 순간에 무엇을 해야 할지 몰라서, 그녀는 잠시 우두커니 서 있었다.

(to do, what, not, know, at that moment)

→ _____, she stood around for a minute.

11 비타민 C가 부족한 식단은 철분 흡수를 어렵게 하여, 종종 괴혈병과 빈혈증 같은 질병들로 이어진다.

(diseases, lead, to, often)

→ A diet poor in vitamin C makes iron absorption difficult, _____

_____ such as scurvy and anemia. – 모의응용

*scurvy 괴혈병   **anemia 빈혈(증)

서술형 Tip ✔ 1. 동시에 일어나는 일이나 연속으로 일어나는 일은 하나를 분사구문(v-ing ~)으로 쓸 수 있다.
2. 원인, 조건의 의미도 분사구문으로 쓸 수 있다. 분사구문의 의미상의 주어가 주절의 주어와 같아야 한다.
3. 분사구문의 부정형은 not[never]을 분사 바로 앞에 둔다.

---

02 switch 교체하다; 바꾸다 cost-effective 비용 효율이 높은 **03** consent 동의, 승낙; 합의; 동의하다 **04** fascination 매료됨; 매력 **05** feasibility (실행) 가능성, 실행할 수 있음 proceed 착수하다, 시작하다 implementation 실행, 이행 **06** radiation 방사선 overuse 남용하다 circumstance 환경, 상황 **08** emigrate 이민을 가다 **09** break out 발생[발발]하다 **10** stand around 우두커니 서 있다 **11** iron 철분 absorption 흡수

분사구문 시점 파악 & 직독직해 \ 다음 문장의 밑줄 친 ⓐ, ⓑ의 시점을 〈보기〉에서 고르고, 문장 전체를 직독직해하시오. [각 10점]

〈보기〉 ① 동시동작　　② ⓐ가 ⓑ보다 앞선 동작

01 ⓐ Children can build a sense of community, ⓑ working on the gardens together. – 모의응용

_____ →

02 ⓐ He enrolled in medical school, ⓑ qualifying as a doctor in 1892. – 모의응용

_____ →

03 ⓐ Looking at a lovely bouquet of roses that Mike gave to her, ⓑ she smiled brightly.
– 모의응용

_____ →

04 ⓐ Having got dressed in a suit, ⓑ he slowly went downstairs for his breakfast.

_____ →

분사구문 쓰기 \ 다음 문장을 분사구문으로 바꾸어 쓰시오. [각 8점]

05 While he performed throughout Europe with famous musicians, he earned a great reputation.

→ _____,

he earned a great reputation.

06 As she has practiced badminton regularly after school, she may beat him easily.

→ _____,

she may beat him easily.

07 As he had formed special bonds with some artists, he could have a better understanding of the art.

→ _____,

he could have a better understanding of the art.

다음 우리말과 일치하도록 괄호 안의 어구를 활용하여 〈조건〉에 맞게 영작하시오. [각 9점]

> 〈조건〉 • 접속사를 제외한 분사구문으로 쓸 것
> • 필요시 어형 변화 및 중복 사용 가능

08 서핑보드 위에 서 있으려고 10번 넘게 애쓴 후에, 그는 마침내 해냈다.

(have, to stand up, his surfboard, on, try)

→ _____ more than ten times, he finally managed it.
— 수능응용

09 어제 체스 게임을 이기지 못해서, 나는 매우 괴롭고 우울하다.

(have, the chess game, not, win, yesterday)

→ _____, I am deeply troubled and unhappy.

10 프로 축구에서 은퇴한 후에, 그는 중학교 축구 코치로서 자신을 위한 새로운 경력을 쌓고 있다.

(have, professional, retire, football, from)

→ _____, he is building a new career for himself as a football coach at a middle school.

11 오래된 성들과 역사적인 기념물들을 보기를 기대했기 때문에, 그는 눈앞에 펼쳐진 것에 매우 흥분했다.

(have, some old castles, expect, historical monuments, to see, and)

→ _____,

he was really excited by what spread out before his eyes. — 수능응용

서술형 Tip ✔ 영작해야 하는 분사구문의 때와 주절의 때를 파악해야 한다. 분사구문의 때가 주절보다 앞선다면, 분사를 Having p.p. 형태로 영작한다.

---

01 work on ~에 공을 들이다. 애쓰다 02 enroll 입학하다; 등록하다 qualify 자격을 얻다 03 bouquet 꽃다발, 부케 06 beat 이기다 07 bond 유대, 인연 09 troubled 괴로운, 고생스러운 10 retire 은퇴하다 11 monument 기념물

직독직해 각 문장의 분사구문에 유의하여 문장 전체를 직독직해하시오. [각 10점]

01 Suppressed emotionally and constantly doing things against your own will, you will experience a high level of stress. – 모의응용

→

02 When purchasing an item, you pay for the costs to get that item to you. – 모의응용

→

03 While studying natural sciences at the university, he became interested in botany.

→

04 A literal adaption of the novel, the film gained widespread public popularity just like the novel did. – 수능응용

→

05 Not as remarkable as the work of his teacher, his painting was absolutely a work of art.

→

어법 다음 밑줄 친 부분이 어법상 옳으면 ○, 틀리면 ×로 표시하고 바르게 고쳐 쓰시오. [각 5점]

06 <u>Reviewing</u> his first draft of the presentation, she realized that a newcomer in her team had included incorrect data from the internet. – 모의응용 _____

07 <u>Encountered</u> a flooded road with rapidly rising waters during a flood, you must get out of the car quickly and move to higher ground. _____

08 <u>Having recommended</u> by his teacher, Jonas signed up for the field trip for the history course enthusiastically. – 수능응용 _____

09

ⓐ When shopping for groceries seems overwhelming, I can give you a ride to the market.

ⓑ People see warm and fuzzy mammals as cute, while often lacking immediate attraction to eight-legged animals. – 모의응용

ⓒ As being different from others should not be considered wrong, we must respect all differences in other people.

_____

> 혼동구문 Tip ✔ 〈접속사＋v-ing ～, 주절〉 → 접속사를 남긴 분사구문
> 〈접속사＋v-ing(동명사 주어)＋V´ ～, 주절〉 → 〈동명사 주어＋동사〉로 구성된 부사절

> 〈조건〉 •분사구문을 사용할 것   •필요시 어형 변화 가능   •콤마(,) 사용 가능

10 우리는 특유의 냄새, 위협적인 모습, 혹은 무서운 소리에 경계하게 되어 위험을 인식하게 된다.

(scary, looks, or, by, threatening, noise, alert, their peculiar smell)

→ We become aware of the dangers, _____

_____ . – 모의응용

11 한 회사에 투자할지를 결정할 때, 사람들은 그 시장의 잠재적인 크기를 고려한다.

(whether, they, when, decide, in a company, will invest)

→ _____ , people

take into account the potential size of its market. – 모의응용

12 학급 토론 진행자로서, 그는 학급 친구들에게 시간제한에 대한 토론 규칙을 따르라고 요청했다.

(ask, the host, he, of, the classroom debate)

→ _____ , _____ his classmates to

follow the debate rule about the time limit. – 모의응용

> 서술형 Tip ✔ 1. 분사구문에서 의미상의 주어와 분사와의 관계가 능동인지(v-ing), 수동인지((being) p.p.)를 판단해야 한다.
> 2. 앞에 접속사가 남아있거나 being이 생략되어 명사, 형용사로 시작하는 형태의 분사구문도 가능하다.

---

01 suppress (감정을) 억누르다, 참다   constantly 계속해서, 끊임없이   03 botany 식물학   04 literal (번역 등이) 원문에 충실한; 문자 그대로의   adaptation 각색; 적응   05 remarkable 놀라운   06 draft 원고   newcomer 신입, 새로 온 사람   07 encounter 맞닥뜨리다   flooded 침수된   08 sign up for ～을 신청하다   enthusiastically 열정적으로   09 overwhelming 버거운, 압도적인   fuzzy 털이 보송보송한   10 alert 경계시키다; (위험 등을) 알리다   peculiar 특유의; 이상한   11 take into account 고려하다

분사구문 쓰기 | 다음 문장을 분사구문으로 바꾸어 쓰시오. (단, 괄호 당 한 단어씩 쓸 것) [각 8점]

01 Since there was a big typhoon in this district, government ordered schools to close temporarily.

→ ( ) ( ) a big typhoon in this district, government ordered schools to close temporarily.

고난도 **02** As ideas of political power are not uniform, it is misguided to understand political power in other cultures through our own notion of it.

→ Ideas of political power ( ) ( ) ( ), it is misguided to understand political power in other cultures through our own notion of it. – 수능응용

분사구문 관용 표현의 이해 | 다음 문장의 빈칸에 알맞은 표현을 〈보기〉에서 골라 그 기호를 쓰시오. (중복 사용 불가) [각 4점]

〈보기〉 ⓐ Judging from   ⓑ Frankly speaking   ⓒ Granting that

03 _____ the many unusual circumstances surrounding this accident, it won't be that easy for the police to solve it.

04 _____ the story about the celebrity was true, the reporter should not have run it to protect her privacy.

05 _____, I have no specific plan but the fact that I have a dream makes me feel vigorous and young again.

분사구문 해석하기 | 다음 문장의 밑줄 친 부분을 알맞게 해석하시오. [각 7점]

06 With thousands of ants together, an ant colony gathers food and defends the nest.

→

07 He didn't want to hide his fears and disguise them with a smile on his face.

→

08 Not everyone liked the Eiffel Tower when it was first built, with many criticized its design. _____

09 With my eyes closing, I was wondering where she was taking me. − 모의 _____

고난도 **10** South Africa has had an unsettled history, with apartheid policies made by the National Party enforcing a system of segregation from 1948 until 1994.

*apartheid 아파르트헤이트 ((남아프리카의 인종 차별 정책))

_____

고난도 **11** With retail moving ever faster to online platforms, in the future retail will be fully online, with real-life stores disappeared. _____

조건 영작 다음 우리말과 일치하도록 괄호 안의 어구를 활용하여 〈조건〉에 맞게 영작하시오. [각 10점]

〈조건〉 • 분사구문을 사용할 것　　• 필요시 어형 변화 가능

12 아침부터 비가 많이 쏟아져 내려서, 아무도 나갈 수 없었다.
(the morning, pour down heavily, from)

→ The rain _____, no one could go out.

13 세계 보건이 개선되고 있고 사망률이 떨어지고 있어서, 오늘날 살아 있는 사람들은 우리 이전의 어떤 세대보다 더 오래 살 것으로 예상된다.
(and, mortality, global health, improve, fall)

→ _____,
the people alive today are expected to live longer than any generation before us.

14 더 많은 의료 공급자들이 시장에 들어오면서, 그들 사이의 경쟁이 증가하고 있다.
(health care, with, providers, the market, more, enter)

→ _____,
competition among them is increasing. − 모의응용

서술형 Tip ✔ 1. 분사구문으로 영작해야 하는 부분의 의미상의 주어와 주절의 주어가 다르다면, 분사구문의 분사 앞에 주어를 써서 밝혀준다.
2. 'O가 ~한 채로, ~하면서, ~하여'라는 의미의 동시동작을 나타내는 분사구문은 〈with + O + v-ing[p.p.]〉 형태로 쓴다.

02 uniform 획일적인, 균일한 misguide 잘못 이끌다, 잘못 이해시키다 notion 개념, 생각 03 unusual 특이한 04 run (기사를) 신문에 싣다, 발표하다 05 vigorous 활기찬, 건강한 06 colony 집단, 거주지; 식민지 07 disguise 숨기다, 위장하다 10 unsettled 불안정한 enforce 시행[집행]하다; 강요하다 segregation 인종 차별; 분리; 구분 11 retail 소매 (↔ wholesale 도매) 12 pour 마구 쏟아지다; 붓다 13 mortality 사망률, 사망자 수

PART

4

주요 구문

CHAPTER

1 1

비교구문

비교구문 파악하기 & 직독직해 \ 다음 문장에서 비교하고 있는 두 대상에 밑줄을 긋고, 문장 전체를 직독직해하시오. [각 9점]

01 Yoga can enhance mood and may be as effective as antidepressant drugs at treating depression and anxiety.

→

02 His company is no more perfect than any other large institution, in that it does not care about environmental issues.

→

고난도 **03** Diplomacy aimed at public opinion can become no less important to create soft power than traditional classified diplomatic communications among leaders. – 모의응용

*soft power 소프트 파워 ((정보과학이나 문화·예술 등이 행사하는 영향력))

→

---

no less ... than vs. no less than \ 다음 문장의 밑줄 친 부분을 알맞게 해석하시오. [각 6점]

04 The recommended selling price of the secondhand book is <u>no more than two-thirds of the fixed price</u>. – 모의

→

05 Police said that the investigation would <u>take no less than 10 days to complete</u>, because of the difficulty of securing proofs.

→

06 As the new manager has no experience, he is <u>no more reliable than the previous one</u>.

→

07 Organic farmers grow <u>crops that are no less plagued by pests than those of conventional farmers</u>. – 모의응용

→

혼동구문 **Tip** ✔ • no less than ~: ((적지 않음)) → ~나 되는   • no more than ~: ((많지 않음)) → ~밖에 안 되는
• A no less[more] ... than B → A=B

어법 다음 문장이 어법상 옳으면 ○, 틀리면 ✕로 표시하고 바르게 고쳐 쓰시오. [각 7점]

08 The fans were upset because the soccer player was not scoring as regular as he was compared to the beginning of the season. _____

09 The deep ocean does not contain as high levels of oxygen as the surface layer is. − 모의응용

_____

10 The human brain is thought to be five to seven times as large as those of a mammal of our body size. − 모의응용 _____

11 A century ago, life expectancy in India and South Korea was as low as 23 years — and now, life expectancy in India has almost tripled, and in South Korea has almost quadrupled. _____

조건 영작 다음 우리말과 일치하도록 괄호 안의 어구를 활용하여 〈조건〉에 맞게 영작하시오. [각 7점]

〈조건〉 • 필요시 어형 변화 및 중복 사용 가능

12 그 어느 때만큼이나 습하기 때문에 휴대용 선풍기를 가져온 것을 후회하지 않을 것이다.

(as, have ever been, because, humid, it, be)

→ You won't regret bringing a portable fan _____ .

고난도 13 음악 소리에 의미가 있는 것처럼 침묵에도 의미가 있다.

(less, meaningful, be, silence, than, no)

→ _____ sound in music. − 모의

14 그 행정부는 이전의 행정부만큼이나 투명하지 않았다.

(the administration, than, no, those, more, transparent, be)

→ _____ that came before it.

서술형 Tip ✔ 우리말에서 비교되는 두 대상 A, B가 같거나 비슷함을 표현하면 〈A as … as B〉 구문을 이용하여 영작한다. 이때, 주어진 어구에 부정어 no나 비교급이 있다면, 다음 표현으로도 같은 정도를 나타낼 수 있다.
• A no less … than B (A, B 둘 다 …이 맞음)　　• A no more … than B (A, B 둘 다 …이 아님)

01 enhance 향상시키다, 높이다　antidepressant 우울증 치료제, 항우울제　02 in that ~라는 점에서, ~이므로　03 diplomacy 외교　classified 비밀의, 기밀의 04 secondhand 중고의; 간접의　05 secure 확보하다, 얻어 내다　06 reliable 믿을만한, 신뢰할 수 있는　07 organic 유기농의　plague 괴롭히다　pest 해충 conventional 전통적인　11 life expectancy 기대 수명　triple 세 배가 되다　quadruple 네 배가 되다　14 administration 행정부　transparent 투명한

비교구문 이해 다음 문장의 굵게 표시된 비교 기준으로 ⓐ, ⓑ를 비교한 관계로 알맞은 것을 〈보기〉에서 골라 기호를 쓰시오.
[01~06번 각 5점, 07번 6점]

〈보기〉 ① ⓐ > ⓑ   ② ⓐ ≧ ⓑ   ③ ⓐ < ⓑ   ④ ⓐ ≦ ⓑ

01 **Employee performance is often tied** more ⓐ <u>to personal factors like being appreciated for doing a good job</u> than ⓑ <u>to money</u>. _____

02 As of today, ⓐ <u>the benefits of globalization</u> are less **clear** than ⓑ <u>the drawbacks</u>, when we see the signs of growing inequality within societies. _____

03 The whole year students studied through ⓐ <u>online classes</u>, which some people think are not as **efficient** as ⓑ <u>offline classes</u>. _____

04 **Your living is determined** not so much ⓐ <u>by what happens to you</u> as ⓑ <u>by the attitude you bring to life</u>. _____

05 **The increase of average life expectancy is credited to** ⓐ <u>advances in public sanitation</u> rather than ⓑ <u>advances in medical care</u>. – 모의응용 _____

06 People seem to be not more **interested in** ⓐ <u>what they are told</u> than ⓑ <u>what they tell</u>. _____

고난도 **07** If we had to encode music in our brains note by note, we'd struggle to make sense of ⓐ <u>anything</u> not less **simple** than ⓑ <u>children's songs</u>. – 모의응용 _____

not less ... than vs. not less than ~ 다음 문장의 굵게 표시된 부분에 유의하여 문장 전체를 해석하시오. [각 10점]

08 High-frequency exercise is **not more** effective **than** low-frequency exercise in increasing muscle mass.

→

09 There is a large furniture retailer **not more than** ten minutes' drive away from my home.

→

10 The warranty period of this product is **not less than** 12 months from the date of installation.

→

11 He is **not less** concerned about how he delivers information **than** with how he receives it. – 수능

→

조건 영작 〉 **다음 우리말과 일치하도록 괄호 안의 어구를 활용하여 〈조건〉에 맞게 영작하시오.** [각 8점]

〈조건〉 • 필요시 어형 변화 및 중복 사용 가능

12 에너지 효율이 높은 제품은 저가 에너지 시대를 위해 만들어진 오래된 제품보다 더 비싸다.
(old-fashioned stuff, more, energy-efficient goods, expensive, be, than)

→ _____

designed for an era of cheap energy. – 수능응용

13 콘크리트 위에서 달리는 것은 부드러운 모래 위를 달리는 것만큼 다리에 해롭지는 않다.
(than, damaging, be, the legs, to, not, more)

→ Running on concrete _____ running on soft sand. – 모의

14 복잡한 건축 장식을 가진 건물들은 단순한 디자인을 갖춘 것들만큼 실용적이지 않았다.
(that, the ones, be, not, practical, as, had simple designs)

→ Buildings that had complex architectural decorations _____

_____.

01 appreciate ~을 인정하다; 고마워하다; 감상하다 02 as of today 오늘 현재로 drawback 문제점, 결점 05 be credited to ~의 덕택이다 advance 발전 sanitation 위생 07 encode 부호화하다 make sense of ~을 이해하다 08 mass (물체의) 질량; 덩어리 10 warranty period 보증 기간 12 era 시대 13 damaging 해로운, 손상을 주는 14 practical 실용적인

비교구문 완성하기   다음 문장의 의미가 통하도록 비교 표현을 사용하여 바꾸어 쓰시오. (단, 괄호 당 한 단어씩 쓸 것) [각 문장 8점]

01 The most important aspect of social development is the protection of human rights.
→ No other aspect of social development is as (   ) (   ) the protection of human rights.
→ No other aspect of social development is more (   ) (   ) the protection of human rights.

02 In the business world, understanding others is the most crucial virtue business leaders should have.
→ In the business world, understanding others is as (   ) (   ) any other virtue business leaders should have.

03 This rain jacket is the most essential thing for surviving the summer's occasional rain showers.
→ Nothing is (   ) (   ) for surviving the summer's occasional rain showers as this rain jacket.
→ Nothing is (   ) (   ) for surviving the summer's occasional rain showers than this rain jacket.

어법   다음 문장이 어법상 옳으면 ○, 틀리면 ✕로 표시하고 바르게 고쳐 쓰시오. [각 6점]

04 No other technology development of our time is as importantly as AI, with the greatest potential to help society. _____

05 Your body language will impact your communication skills more than any other factors. _____

06 The singer, as competent as ever, successfully completed her countrywide concert tour last Saturday evening. _____

07 Nothing is more serious as unsafe water when we talk about the world's largest health and environmental problems. _____

08 No other earthquake in North America has been larger than the one that rocked Alaska with 200,000 megatons of concentrated might. – 모의응용 _____

다음 우리말과 일치하도록 괄호 안의 어구를 활용하여 〈조건〉에 맞게 영작하시오. [09번 6점, 10~12번 각 8점]

〈조건〉 • 필요시 어형 변화 및 중복 사용 가능

09 1800년대 후반에, 미국에서 어느 회사도 철도 회사만큼 크지 않았다.

(the railroad company, be, as, other, company, big, no)

→ In the late 1800s, _____

_____ in the U.S. – 모의응용

10 어느 다른 과학자도 실험을 고안한 과학자보다 실험의 잠재적 위험을 더 인지하고 있지 않다.

(aware of, scientist, no, other, be, more, an experiment's potential hazards)

→ _____

than the scientist who devised it.

11 그 마을은 나라의 어떤 다른 지역보다 더 높은 결속력을 지닌다.

(than, neighborhood, higher, in the country, any, levels of solidarity, other)

→ The village has _____

_____. – 모의응용

12 일주일 내내 일한 후에, 나는 가족들과 귀중한 시간을 보내는 것만큼 가치 있는 일은 없다는 것을 종종 느낀다.

(spending, nothing, with, quality time, be, as, precious, my family)

→ After working all week, I often feel that _____

_____.

서술형 Tip ✔ '(~중에) A가 가장 …하다'와 같이 정도가 가장 심한 것은 〈the + 최상급〉 구문으로 표현할 수 있다. 또한 원급[비교급]을 부정형과 함께 사용하여 최상급을 표현하는 것도 가능하므로(~만큼[보다] …한 A는 없다) 주어진 어구에서 힌트를 얻어 영작한다.

---

02 crucial 중요한, 결정적인 03 occasional 가끔의 rain shower 소나기 04 potential 잠재력; 잠재적인 06 competent 유능한 countrywide 전국적인 08 rock 뒤흔들다 concentrated 응집된, 집중된 might (강력한) 힘 10 hazard 위험 devise 고안하다 11 neighborhood 지역, 장소; 이웃 (사람들) solidarity 결속력 12 quality time 귀중한 시간

주요 비교 표현

비교 표현 완성하기 ┃ 다음 문장의 의미가 통하도록 비교 표현을 사용하여 바꾸어 쓰시오. (단, 괄호 당 한 단어씩 쓸 것) [각 5점]

01 Reciting is actually good practice for an exam because you try to recall the material as accurately as possible during the exam.

→ Reciting is actually good practice for an exam because you try to recall the material as accurately (   ) (   ) (   ) during the exam.

02 As we learn more about how nature works, we will be more impressed by its mysteries.

→ (   ) (   ) we learn about how nature works, (   ) (   ) we will be impressed by its mysteries.

03 Technologies allow people to overcome their local geography, but as that geography is trickier, it is costlier to make it useful.

→ Technologies allow people to overcome their local geography, but (   ) (   ) that geography is, (   ) (   ) it is to make it useful. – 모의응용

비교 표현 부분 영작 ┃ 다음 우리말과 일치하도록 괄호 안의 단어를 활용하여 비교 표현을 완성하시오. [각 8점]

04 거짓말이 누군가에게는 해가 됐지만, 그것을 말하는 Mark에게는 도움이 되자, 그는 점점 더 큰 거짓말들을 하기 시작했다.

→ The lie hurt someone, but helped Mark who was telling it, so he started telling
_____(big, lie)_____. – 모의응용

05 가장 부유한 1퍼센트의 사람들이 세상의 부의 절반을 소유하고 있고, 이 상황은 점점 더 나빠질 수 있다.

→ The richest 1 percent own half the world's wealth, and this situation could get
_____(bad)_____. – 모의응용

06 당신 삶의 가장 작은 변화조차도 더 큰 변화를 일으킬 수 있다.

→ _____(small, change)_____ in your life can bring about bigger changes.

07 가장 빠르게 달리는 주자라도 마라톤에서는 이길 가능성이 낮을 수 있다.

→ _____(fast, runner)_____ could have a low chance of winning the marathon.

다음 문장에서 어법상 틀린 부분을 찾아 밑줄을 긋고 바르게 고쳐 쓰시오. [08번 7점, 09~10번 각 8점]

08 The more bright and active people you have working together in your team, the likely the atmosphere of the team will be lively. _____

09 The transport and road infrastructure which is being built to resolve the traffic congestion should be as accessibly as possible for everyone.

_____

10 Many colleges and universities are admitting many and many international students in order to follow the trend of globalization. _____

조건 영작 **다음 우리말과 일치하도록 괄호 안의 어구를 활용하여 〈조건〉에 맞게 영작하시오.** [각 10점]

> 〈조건〉 • 〈the+비교급, the+비교급〉 구문을 사용할 것
> • 필요시 어형 변화 및 중복 사용 가능

11 오늘 더 많은 에너지를 소비할수록, 내일 소모할 더 많은 에너지를 가지게 될 것이다.
(you, will have, spend, energy)

→ _____ today, _____
to burn tomorrow.

12 저는 제 형제를 위한 새 책장을 찾고 있습니다. 책장에 칸이 많으면 많을수록, 제가 사기에는 더 나은 모델일 겁니다.
(model, would be, have, shelves, good, it, the bookshelf)

→ I'm looking for a new bookshelf for my brother. _____,
_____ for me to buy.

13 할 일 목록을 작성하는 것은 정말 중요하다. 할 일 목록이 구체적일수록, 너는 그날의 일을 더 빨리 마칠 수 있을 것이다.
(be, finish, be able to, will, specific, fast, the to-do lists, you)

→ Writing to-do lists is really important; _____,
_____ your work for the day. – 모의응용

서술형 Tip ✔ '~할수록 더 …한'의 의미가 우리말에 있다면, 〈the + 비교급, the + 비교급〉 구문을 사용하여 영작할 수 있다.
  1. 〈the more ~ , the more …〉에서 형용사/부사는 more와 분리하지 않고 more 바로 뒤에 쓴다.
  2. 〈the + 비교급 + 명사〉와 같이 비교급 뒤에 명사를 쓴다.

---

01 recite 낭독하다, 암송하다 **recall** 기억해내다, 상기하다 **03** geography 지리 **tricky** 까다로운 **costly** 돈이 많이 드는 **06** bring about ~을 일으키다, 유발하다 **09** infrastructure 사회 기반 시설 **resolve** 해결하다 **congestion** 혼잡 **12** shelf (책장의) 칸; 선반 **14** specific 구체적인

P A R T 4

CHAPTER

1 2

특수구문

강조구문 쓰기 \ 다음 문장에서 밑줄 친 부분이 강조되도록 It is[was] ~ that ... 강조구문을 완성하시오. [각 10점]

01 In a taxi driver's brain, <u>the area dealing with directions and spatial memory</u> is likely to be more highly developed.

→ In a taxi driver's brain, _____

_____.

02 A pianist from Denmark developed <u>a performance style that combined comedy with classical music</u>. – 모의응용

→ _____

_____.

03 I was prepared for the showers this morning <u>thanks to your weather forecast yesterday</u>. – 모의응용

→ _____

_____.

04 Some vegetarians avoid serious diseases <u>because they have access to many foods that are high in iron</u>. – 모의응용

→ _____

_____.

강조구문 파악하기 \ 다음 문장에서 밑줄 친 부분이 강조하는 대상에 동그라미 표시하시오. [각 5점]

05 After the tasting, people's tastes <u>did</u> move in the proper direction: they favored finer, more expensive wines. – 모의응용

06 The philosophy of "friendly AI" is that inventors should create robots that, from <u>the very</u> first steps, are programmed to be beneficial to humans. – 모의

07 I want to go to the awards ceremony to congratulate the boy who won the first prize <u>myself</u>. – 수능응용

08 I am <u>not a bit anxious</u> about my difficulties in future. If I am anxious and I don't fight them, they will not stop annoying me.

→

09 When it comes to raising children, it's helpful to remember that <u>punishing a child isn't the same as disciplining them by any means.</u>

→

조건 영작 \ **다음 우리말과 일치하도록 괄호 안의 어구를 활용하여 〈조건〉에 맞게 영작하시오.** [각 8점]

〈조건〉 ・필요시 어형 변화 가능 ・콤마(,) 사용 가능

10 방과 후에 요리 교실에 가는 것은 나에게 정말로 매력적으로 들린다.

(to, sound, me, appealing, do)

→ Going to the cooking class after school _____. – 모의응용

11 망원경의 발명은 천문학자들이 목성의 위성을 바라보는 것을 정말로 가능하게 했는데, 이는 이전에는 상상할 수 없었다.

(the moons, to gaze at, do, astronomers, enable, of, Jupiter)

→ The invention of the telescope _____

_____, which was previously unimaginable. – 모의응용

12 그 가게 주인은 자신이 친절하고 정직한 사람인 것처럼 말했지만, 그의 행동은 전혀 진실하지 않았다.

(at, his, not, actions, all, sincere, be)

→ The shopkeeper spoke as if he were a kind and honest man, yet _____

_____. – 모의응용

13 획일적인 교육을 강조하는 일부 학교들은 모두가 가지고 태어나는 바로 그 직감과 창의력을 무시한다.

(and, creativity, ignore, instincts, the very)

→ Some schools emphasizing a standardized education _____

_____ which everyone is born with.

서술형 **Tip** ✔ ・동사 강조(정말[꼭] ~하다) → 조동사 do + 동사
　　　　　　　　　　　(주어의 인칭, 수, 시제에 맞춰 does나 did로 바꾸어 쓴다.)
　　　　　・명사 강조(바로 그 ~) → the very + 명사
　　　　　・부정어 강조(전혀 ~아니다) → 부정어 + at all[in the least, a bit, by any means 등]

---

01 spatial 공간의 **03** shower 소나기 **04** have access to ~에 접근할 수 있다 **05** favor 선호하다 **06** beneficial 이로운, 이득이 되는 **09** discipline 훈육하다; 규율, 훈육; 학과목 **10** appealing 매력적인, 흥미로운 **11** moon 위성; 달 gaze at ~을 바라보다, 응시하다 Jupiter 목성 telescope 망원경 previously 이전에 **12** sincere 진실한 **13** instinct 직감, 본능 standardize 획일화하다, 통일시키다

정답 및 해설 p.101

공통구문 파악 & 직독직해 \ 다음 문장의 굵게 표시한 부분과 공통으로 연결된 어구에 각각 밑줄을 긋고, 문장 전체를 직독직해하시오.

[각 10점]

01 The doctor gave me the recommendation that sports and exercises **which involve repetitive movements of large muscle groups** can relieve stress.

→

02 A self-serving bias is the common habit of **a person** taking credit for positive events or outcomes, but blaming outside factors for negative events.   *self-serving 자신의 이익을 추구하는

→

03 When a glass of milk spills, someone with a solution-oriented thought process **would** get a towel, pick up the glass, and get a new glass of milk. – 모의

→

04 The teacher had students spend five minutes before bed **writing** a list of tasks they didn't finish during the day or a to-do list for the next day.

→

고난도 **05** Unequal terms of trade, protective tariffs, quality standards, and other barriers **have** long **combined** to deny farmers in the developing countries access to profitable consumer markets in the rich nations. – 모의

*protective tariff 보호 관세 ((국내산업의 보호 · 육성을 위해 수입품에 부과하는 관세))

→

공통구문 쓰기 \ 다음 문장에서 반복되는 요소를 <u>모두</u> 생략하여 문장을 간결하게 바꾸어 쓰시오. [각 5점]

06 For optimum health, people should be encouraged to take control of stressful situations to a point but people should be encouraged to recognize when further control is impossible.

→ For optimum health, people should be encouraged to take control of stressful

situations to a point _____. – 모의응용

07 A person striving to reach a difficult goal or a person striving to complete a task would be wise to supplement his motivation by making a bet on it with a friend.

→ _____ would be wise

to supplement his motivation by making a bet on it with a friend. – 모의응용

08 우리는 주변 사람들을 만족시키기를 바라기 때문에, 우리 진정한 자아를 뒷받침하는 행동, 생각이나 감정은 종종 무시된다.

(that / behaviors / support / thoughts / our true selves / or / emotions)

→ Because we hope to satisfy people around us, ＿＿＿＿＿＿＿＿＿＿＿＿＿＿＿＿＿

＿＿＿＿＿＿＿＿＿＿＿＿＿＿＿＿＿＿＿＿＿＿＿ are often ignored.

09 우리 학교 학생들은 다른 사람에게 공감하고 먼저 경청하도록 교육받기 때문에 훌륭한 리더가 될 것이다.

(to empathize with / are / they / others / educated / and / listen first)

→ Students in our school will be successful leaders because ＿＿＿＿＿＿＿＿＿

＿＿＿＿＿＿＿＿＿＿＿＿＿＿＿＿＿＿＿＿＿＿＿ .

10 곤충은 응급 상황이라는 신호를 보내는, 또는 먹이까지의 길을 알려주는 화학 물질을 방출함으로써 서로 의사소통 한다.

(or / releasing / a route to food / to signal / chemicals / emergencies / to guide / by)

→ Insects communicate with each other ＿＿＿＿＿＿＿＿＿＿＿＿＿＿＿＿＿

＿＿＿＿＿＿＿＿＿＿＿＿＿＿＿＿＿＿＿＿＿ . – 모의응용

고난도 11 사회적 계급이 엄격한 중세 사회에서, 사람들이 식사하는 방식과 그들이 먹는 음식은 그들의 사회 지위를 반영했다.

(the food / people / the way / that / in which / and / they / ate / dined / reflected)

→ In the medieval world, with its rigid hierarchy, ＿＿＿＿＿＿＿＿＿＿＿＿＿

＿＿＿＿＿＿＿＿＿＿＿＿＿＿＿＿＿＿＿＿＿ their position in society.

서술형 Tip ✔ 접속사 and, or, but 등으로 연결되는 어구(A, B)를 영작할 때, 우리말에서 A와 B가 공통으로 연결된 요소(X)가 있으면 반복되는 요소를 생략하며 한 번만 쓸 수 있다.
→ (A + B)X 또는 X(A + B)의 형태
이때 A와 B는 문법적으로 대등한 형태로 병렬구조를 이룬다.

---

01 repetitive 반복적인 **02** bias 성향; 편견 take credit for ~의 공을 차지하다 blame 탓하다 **05** term 조건, 조항; 기간; 용어 barrier 장벽, 장애물 profitable 수익성이 있는 **06** optimum 최적의, 최고의 take control 통제하다 to a point 어느 정도 **07** strive 노력하다, 힘쓰다 supplement 보충하다, 추가하다; 보충(물) make a bet (~에 대해) 내기하다 **09** empathize with ~와 공감하다 **10** release 방출하다, 놓아주다 route 길, 노선 **11** dine 식사하다 medieval 중세의 rigid 엄격한 hierarchy (사회적) 계급, 계층

병렬구조 파악 & 직독직해 | 다음 문장에서 접속사로 대등하게 연결된 요소를 찾아 각각 밑줄을 긋고, 문장 전체를 직독직해하시오.

[각 9점]

01 Leading risk factors for premature death globally include high blood pressure, obesity, high blood sugar and environmental risk factors including air pollution.

→

02 Studies show that no one is born to be an entrepreneur and that everyone has the potential to become one. – 모의

→

03 Cultural characteristics are not only passed from parents to children, but may be passed on from any one individual to another by writing. – 모의

→

04 Media is telling us something, shaping our understanding of the world, or compelling us to act in certain ways.

→

고난도 **05** Excessive criticism discourages children from hearing what the parents have to say or from doing what the parents want them to do. – 모의

→

어법 & 문맥 파악 | 다음 문장에서 어법상 틀린 부분을 찾아 밑줄을 긋고 바르게 고쳐 쓰시오. [각 5점]

06 Colleges teach students to nurture critical thought, to help individuals to achieve accomplishments for humankind and developing an ability.

_____

07 The responsibilities of the musical director include selecting the music for 4 concerts annually and rehearse the orchestra weekly for approximately 2 hours. – 모의응용

_____

08 Our familiarity with the classic film makes watching it not only easier but in some ways more enjoyably. – 모의응용

_____

다음 우리말과 일치하도록 괄호 안의 어구를 활용하여 〈조건〉에 맞게 영작하시오. [각 8점]

〈조건〉 • 〈보기〉의 표현을 한 번씩만 사용할 것
 • 필요시 어형 변화 가능

〈보기〉 neither A nor B   not A but B   A as well as B   both A and B   either A or B

09 책을 읽는 것과 다른 사람의 생각을 듣는 것 둘 다 과학 개념의 더 확실한 이해에 기여한다.
(listening to, thoughts, reading, books, contribute, others')

→ _____

to a more solid understanding of a scientific concept. – 모의응용

10 러시아에서, 사람들은 생일에 카드가 아니라 개인 맞춤 파이로부터 특별한 메시지를 받는다.
(from, a personalized pie, a card, from)

→ In Russia, people get a special message on their birthday _____

_____. – 모의

11 검사와 피고 모두 그들 각각의 주장을 약화하는 어느 것도 고려할 의무가 없다.
(be obliged, prosecutor, anything, to consider, defender)

→ _____

_____ that weakens their respective cases.

12 의상의 독창성 혹은 방문객들에게서 받은 투표수 둘 중 하나가 패션 디자인 대회의 심사 기준이 될 수 있다.
(of, visitors, receive, the originality, by, votes, be able to be, the clothes)

→ _____

_____ the judging standard for the fashion design contest.

13 친밀도뿐만 아니라 떨어져 있던 시간의 길이도, 코끼리들이 다시 만났을 때 서로서로 인사를 하는 강도에 영향을 미친다.
(have, the duration, impact, the level of intimacy, the separation, of)

→ _____

on the intensity that elephants greet each other with when they reunite. – 수능응용

서술형 Tip ✔ 'A와 B 둘 다'는 〈both A and B〉로 영작할 수 있다. 이처럼 각 상관접속사 구문의 의미를 정확히 알아두어야 한다.
 1. 상관접속사 구문이 주어일 때, 주로 접속사 뒤의 명사(B)에 동사의 수를 일치시킨다. 단, 〈both A and B〉는 항상 복수 취급하며,
  〈A as well as B〉는 강조되는 A에 수를 맞춘다.
 2. A, B는 문법적으로 대등한 형태여야 한다.

---

01 leading 주요한; 선도하는 factor 요인, 인자 premature 정상[예상]보다 이른 obesity 비만 **02** entrepreneur 사업가 **03** pass on ~을 넘겨주다 **04** compel
~하게 만들다, 강요하다 **05** excessive 과도한, 지나친 discourage 막다; 의욕을 꺾다 **07** approximately 대략 **09** contribute 기여하다 solid 확실한, 탄탄한;
고체 **10** personalize (개인 필요에) 맞추다 **11** be obliged to ~할 의무가 있다 prosecutor 검사 defender 피고 respective 각각의 case 주장, 논거; 사례
13 duration (지속되는) 기간 impact 영향; 영향을 주다 intimacy 친밀도 intensity 강도 reunite 다시 만나다, 재회하다

부정구문 의미 파악하기 \ 다음 두 문장의 의미가 일치하도록 네모 안에서 알맞은 것을 고르시오. [각 6점]

01 Not all change is good or necessary, but in a constantly changing world, it is advantageous to learn how to adapt.

→ Some / None of change is good or necessary, but in a constantly changing world, it is advantageous to learn how to adapt.

02 The teacher says students will take an exam — either math or literature, emphasizing they are not taking both.

→ The teacher says students will take an exam — either math or literature, emphasizing they are taking all / one of them.

부정구문 의미 해석하기 \ 다음 문장의 밑줄 친 부분을 알맞게 해석하시오. [각 10점]

03 The internet provides vast information in finding jobs, but <u>no development has reduced the importance of the most basic job search skill</u>: self-knowledge. – 모의응용

→

04 When you walk your dog, please pick up after your dog, because <u>nobody likes to step on</u> dog waste. – 모의응용

→

05 For remembering any material, <u>never end a reading session without reviewing the main points</u> of what you have just read.

→

어법 & 문맥 파악 \ 다음 문장의 밑줄 친 부분이 문맥상 올바르면 ○, 어색하면 ✕로 표시하고 바르게 고쳐 쓰시오. [각 9점]

06 There are many different genres of art, and they <u>always</u> appeal to every visitor to a museum. Some people don't like certain genres.

_____

07 Studies have found <u>no</u> evidence that creativity is localized to any specific brain region; in fact, all of the evidence suggests that creativity is a whole brain function. – 모의응용

_____

고난도 **08** War is <u>imaginable</u> without coming up with an image of the enemy. It is the presence of the enemy that gives meaning and justification to war. – 수능응용

_____

다음 우리말과 일치하도록 괄호 안의 어구를 활용하여 〈조건〉에 맞게 영작하시오. [09~10번 10점, 11번 11점]

〈조건〉 • 필요시 어형 변화 가능

---

09 물질적 부유함이 반드시 의미를 만들어 내거나 정서적인 풍요로움으로 이끄는 것은 아니다.

(emotional wealth, meaning, do, not, lead, generate, or, to, necessarily)

→ Material wealth ＿＿＿＿＿＿＿＿＿＿＿＿＿＿＿＿＿＿＿＿＿＿＿＿

＿＿＿＿＿＿＿＿＿＿＿＿＿＿＿＿＿＿＿＿＿＿＿. – 수능응용

10 많은 사람들이 완벽함은 연습 없이 오지 않는다고 말한다.

(without, not, come, perfection, practice, do)

→ Many people say that ＿＿＿＿＿＿＿＿＿＿＿＿＿＿＿＿＿.

^{고난도} **11** 해가 빛난다면 나는 어떤 것이든 할 수 있다. 어떤 산도 아주 높지 않고, 어떤 문제도 극복하기에 어렵지 않다.

(no, no, be, be, to overcome, trouble, mountain, too high, too difficult, and)

→ When the sun is shining I can do anything; ＿＿＿＿＿＿＿＿＿＿＿

＿＿＿＿＿＿＿＿＿＿＿＿＿＿＿＿＿＿＿＿＿＿＿.

서술형 Tip ✓ 부정하는 대상이 전체인지, 일부인지에 따라 적절한 부정구문을 사용한다.
- '모두 ~않다'라는 전체 부정의 의미는 부정어 no, neither, none 등을 사용하여 표현한다.
- '일부만 ~하다'라는 부분부정의 의미는 전체를 나타내는 표현(all, every, always 등) 앞에 not을 써서 표현한다.
- 'B하지 않으면 A하지 않는다(A하면 반드시 B한다)'라는 강한 긍정은 이중부정 표현으로 영작한다.
  → 부정어 A without B

---

01 advantageous 이로운, 유익한 ban 금지시키다 03 vast 방대한, 막대한 self-knowledge 자기 이해[인식] 04 pick up after ~의 뒤처리를 하다 06 appeal 관심을 끌다; 매력적인 것 07 localize (한 곳에) 국한시키다; ~의 위치를 알아내다 region 영역; 지방, 지역 08 justification 정당화 09 generate 만들어 내다, 발생시키다

Chapter 12 특수구문 **169**

대용어구의 대상 파악 & 직독직해 \ **다음 문장에서 굵게 표시한 부분이 가리키는 것을 찾아 밑줄을 긋고, 문장 전체를 직독직해하시오.**
[각 12점]

01 The successful adapters were excellent at taking knowledge from one pursuit and applying it creatively to **another**.

→

02 The health expert explained the best time to eat fruits like kiwis, dairy products, and sugary foods like candy. Sugary foods should be put away before bed, but **the others** are very good for your sleep.

→

03 Some people are more dedicated to their job than others, because the former see themselves as having "a duty" while **the latter** see themselves as just having "jobs."

→

04 Words like 'lavender', and 'soap' not only activate language-processing areas of the brain, but **they** also trigger the area related to smell as though we physically smelled them. – 모의응용

→

어법 \ **다음 문장의 네모 안에서 어법상 알맞은 것을 고르시오.** [각 7점]

05 She went to the luxurious resort, but the room had a very poor view. So she asked for another / the others and moved there immediately.

06 There are 10 people in the writing workshop, including you. When you finish writing your own poem, read it aloud to another / the others.

07 To be proud of a possession is one thing, and to take good care of it is another / the others.

다음 우리말과 일치하도록 괄호 안의 어구를 활용하여 〈조건〉에 맞게 영작하시오. [08~09번 각 10점, 10번 11점]

〈조건〉 • 〈보기〉의 표현을 한 번씩만 사용할 것
• 필요시 어형 변화 가능

〈보기〉 another　　the former　　the latter　　the others

08 만약 주어진 전략이나 자원의 배분이 성공적이지 않다면, 당신은 또 다른 것으로 바꿀 준비가 되어 있어야 한다.
(you, ready, must, to change, be, to)

→ If a given strategy or allocation of resources does not succeed, then _____

_____. – 모의응용

09 그녀는 학교 바자회를 위해 모든 중고 물건들을 모았지만, 일부 물건은 상태가 좋지 않았다. 그래서 그녀는 나머지들을 기부하기로 결정했다.
(so, she, to donate, decide)

→ She gathered all the used stuff for the school bazaar, but some of it was in poor condition. _____.

10 일반적인 골퍼들과 골프 우승자에게 경기가 잘 풀리지 않을 때, 전자는 후자보다 자신의 문제를 날씨나 우연적 요인의 탓으로 돌릴 가능성이 훨씬 크다.
(be, much, likely, more)

→ When something doesn't work for an average golfer and champion golfer, _____

_____ to blame his problems on the weather or chance factors

than _____. – 모의응용

서술형 Tip ✔ '하나, 또 다른 하나, 다른 것(들)'과 같이 앞서 언급된 것과 같은 종류의 명사를 영작하는 경우, 대명사로 대신할 수 있다.
• 정해지지 않은(불특정한) 하나 → another
• 정해진(특정한) 하나, 다른 것, 나머지 모든 것 (정관사 the 사용) → the one, the other, the others
• 전자는 ~ 후자는 …: the former ~ the latter …

---

01 pursuit 활동, 일; 추구 **02** sugary 설탕이 든 **03** dedicated 전념하는, 헌신적인 **04** activate 활성화시키다; 작동시키다 trigger 촉발시키다; 작동시키다 physically 실제로; 신체적으로 **08** allocation 배분, 배당 **09** bazaar 바자회 **10** chance 우연의; 기회; 우연 blame A on B A를 B의 탓[책임]으로 보다

Chapter 12 특수구문 **171**

고등 기초부터 ⎯⎯⎯⎯ *New* ⎯⎯⎯⎯ 수능 준비까지

믿고푸는
독해
4단계

수능 독해의 유형잡고

모의고사로 적용하고

기본 다지는
첫단추

① 유형의 기본을 이해하는
**첫단추
독해유형편**

② 기본실력을 점검하는
**첫단추 독해실전편
모의고사 12회**

실력 올리는
파워업

③ 유형별 전략을
탄탄히 하는
파워업 독해유형편

④ 독해실력을 끌어올리는
**파워업 독해실전편
모의고사 15회**

* 위 교재들은 최신 개정판으로 21번 함의추론 신유형이 모두 반영되었습니다.

1 구문

판매 1위 '천일문' 콘텐츠를 활용하여 정확하고 다양한 구문 학습

(끊어읽기) (해석하기) (문장 구조 분석) (해설·해석 제공) (단어 스크램블링) (영작하기)

2 문법·서술형

쎄듀의 모든 문법 문항을 활용하여 내신까지 해결하는 정교한 문법 유형 제공

(객관식과 주관식의 결합) (문법 포인트별 학습) (보기를 활용한 집합 문항) (내신대비 서술형) (어법+서술형 문제)

3 어휘

초·중·고·공무원까지 방대한 어휘량을 제공하며 오프라인 TEST 인쇄도 가능

(영단어 카드 학습) (단어 ↔ 뜻 유형) (예문 활용 유형) (단어 매칭 게임)

4 선생님 보유 문항 이용

 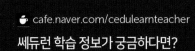

(Online Test) (OMR Test)

☕ cafe.naver.com/cedulearnteacher

쎄듀런 학습 정보가 궁금하다면?

쎄듀런 Cafe

· 쎄듀런 사용법 안내 & 학습법 공유
· 공지 및 문의사항 QA
· 할인 쿠폰 증정 등 이벤트 진행

500 SENTENCES
ESSENTIAL

Training Book

천일문 핵심 문제집
|정답 및 해설|

CHAPTER 01 문장의 시작과 주어

UNIT 01 문장의 시작

01 <u>medication</u>, 직독직해는 아래 [구문] 참고

[구문] Because of the moisture inside the refrigerator, / <u>medication</u> <u>should not be stored</u> in it.
S V

냉장고 안의 습기 때문에, / 약은 그 안에 보관되어서는 안 된다.

02 <u>countries with a low level of corruption</u>

[구문] Economically and in terms of social development, / <u>countries (with a low level of corruption)</u> / <u>thrive</u> in general.
부사구 S V

경제적으로 그리고 사회 발전의 관점에서, / (부패의 수준이 낮은) 국가가 / 일반적으로 번영한다.

03 <u>A study among people with cancer</u>

[구문] <u>A study (among people with cancer)</u> / <u>found</u> // that people [who laugh often] / experienced stress relief.
S V O

(암에 걸린 사람들을 대상으로 한) 연구는 / 발견했다 // [자주 웃는] 사람들이 / 스트레스 경감을 경험한 것을.

04 <u>the photographers</u>

[구문] By exploring the natural environment, / in a five-month outdoor expedition, / <u>the photographers</u> <u>captured</u> /
부사구 전명구 S V
<u>500 images of the rare animals.</u>
O

자연환경을 탐구하면서, / 5개월간의 야외 탐사에서, / 사진작가들은 정확히 포착했다 /
희귀 동물의 사진 500장을.

05 <u>it</u>

[구문] Against unexpected setbacks, / if you remind yourself of your strengths, // <u>it</u> <u>will help</u> <u>you</u> <u>find a better and faster solution.</u>
전명구 부사절 S V O C

예기치 못한 방해에 맞서서, / 스스로에게 자신의 힘을 상기시키면, // 이는 당신이 더 낫고 더 빠른 해결책을 찾도록 도울 것이다.

배점	채점 기준
4	주어만 바르게 찾은 경우
4	직독직해만 바르게 한 경우

06 **were** | 대기 오염의 건강상 부정적 영향을 제한하는 목표와 함께, 세계보건기구(WHO)의 권고안은 명확하고 타당하게 고안되었다.

[해설] 문장의 주어가 전명구 by the World Health Organization (WHO)의 수식을 받는 복수명사 the recommendations이므로 복수동사 were가 알맞다. 주어 앞의 With ~ pollution은 부사구이다.

07 **are** | 고등 유기체들의 경우, 환경의 가장 중요한 변화들은 다른 유기체들의 동시대에 발생하는 진화로 만들어진 것들이다.

[해설] 문장의 주어는 전명구 in the environment의 수식을 받는 복수명사 the most significant changes이므로 복수동사 are가 알맞다.

08 **appear** | 목표가 성취될 수 있다는 확신에서, 훨씬 더 대단한 목표가 이룰 수 있는 것처럼 보인다.

[해설] 문장의 주어는 복수명사 even greater goals이므로 복수동사 appear가 알맞다.

09 **lies** | 많은 연구에 의하면, 보통의 학생들과 성과가 좋은 학생들 사이의 차이는 타고난 지능이 아니라 습관에 있다.

[해설] 문장의 주어는 전명구(between average and high-achieving students)의 수식을 받는 단수명사 the difference이므로 단수동사 lies가 적절하다.

10 **I** | 하루에 세 번, 나는 치아 건강에 신경 쓰기 위해 충분히 양치한다.

> 해설 빈도를 나타내는 부사구 Three times a day 뒤에 주어(I)와 동사(brush)를 갖춘 절이 왔다.

11 **Every night last week** | 우리나라를 강타한 태풍 때문에, 지난주 밤마다 비가 오고 폭풍우가 몰아쳤다.

> 해설 Every night last week 뒤에 동사 was가 이어지므로, Every night last week은 주어이다.

12 **the protesters** | 가능한 어느 방법으로든, 그 시위자들은 관여하고 변화를 만들기로 결심했다.

> 해설 방법을 나타내는 부사구 Any way possible 뒤에 주어(the protesters)와 동사(were determined)를 갖춘 절이 왔다.

---

13 **Computer-based digital archives have storage spaces with great capacity**

> 해설 우리말에서 주어는 '디지털 기록 보관소(digital archives)'이고 이를 '컴퓨터 기반의'가 수식하므로, 주어부를 Computer-based digital archives로 영작한다. digital archives에 수 일치하여 복수동사 have를 이어서 쓴다.

14 **In addition to the many roles of water in your body, it allows**

> 해설 우리말에서 주어는 '물(water)'인데, 주어 앞에 부사구(In addition to many roles of water in your body)가 먼저 위치했으므로 부사구부터 차례로 영작한다.

> 구문 In addition to the many roles of water in your body, / it allows the detoxification system /
>   S   V   O
> to remove waste products from your blood.
>   C

15 **In architecture and visual arts, the Rococo was characterized by a decorative French style**

> 해설 우리말에서 주어는 '로코코 양식(the Rococo)'인데, 주어 앞에 부사구(In architecture and visual arts)가 먼저 위치했으므로 부사구부터 차례로 영작한다.

배점	채점 기준
4	어순은 올바르나 동사의 어형이 틀린 경우

UNIT 02 주어 역할을 하는 명사구

01 **Believing you can do it, 직독직해는 아래 [구문] 참고**

> 구문 Believing you can do it / is the most important step of reaching your dreams.
>   S   V   C
> 당신이 할 수 있다고 믿는 것이 / 꿈을 이루는 것의 가장 중요한 단계이다.

02 **To recall your happy memories of the past**

> 구문 To recall / your happy memories of the past / boosts your mood.
>   S   V   O
> 기억해내는 것은 / 당신의 과거의 행복한 기억들을 / 당신의 기분을 북돋운다.

03 **Spending 15 minutes a day out in the sun**

> 구문 Spending 15 minutes a day / out in the sun / can build up your levels of vitamin D.
>   S   V   O
> 하루에 15분을 보내는 것은 / 햇볕이 있는 바깥에서 / 당신의 비타민 D 수치를 올릴 수 있다.

04 **listening to the songs of birds**

> 구문 Staying the whole day at home, / listening to the songs of birds / made her day more pleasant.
>   S   V
> 종일 집에 머무르면서, / 새들의 지저귐을 듣는 것은 / 그녀의 하루를 더 기분 좋게 만들었다.

05 **The decision on how to spend your Sunday afternoon**

구문 The decision (on how to spend your Sunday afternoon) /
　　　 S

will be determined / by the relative importance [that you place on family versus health].
　　 V

결정은 (일요일 오후를 보낼 방법에 관한) /
결정될 것이다 / [당신이 가족과 건강 간에 두는] 상대적 중요성에 의해.

　　• whether to-v: v할지 안 할지

배점	채점 기준
4	주어만 바르게 찾은 경우
5	직독직해만 바르게 한 경우

---

06 **To go cold turkey, 주어** | To go cold turkey(~을 단번에 끊다)는 흡연이나 음주와 같은 중독성 있거나 위험한 행동을 갑자기 그리고 완전히 그만둔다는 것을 의미한다.

해설 동사 means의 주어 역할을 하는 to부정사구이다.

07 **To enjoy the richness that life has to offer, 부사** | 삶이 제공할 풍부함을 누리려면, 우리는 시간을 들일 필요가 있다.

해설 뒤에 〈주어 + 동사〉가 이어지므로, 부사 역할을 하는 to부정사구이다. to take our time은 동사 need의 목적어이다.

08 **To stay focused throughout the day and remain productive, 부사** | 종일 집중한 상태를 유지하고 계속 생산적이려면, 매일 밤 충분한 잠을 자야 한다.

해설 뒤에 〈주어 + 동사〉가 이어지므로, 부사 역할을 하는 to부정사구이다.

09 **To be yourself in a world that is constantly trying to make you something else, 주어** | 당신을 다른 어떤 것으로 끊임없이 바꾸려 하는 세상 속에서 본래 자신의 모습 그대로인 것은 가장 대단한 성과이다.

해설 동사 is의 주어 역할을 하는 to부정사구이다.

구문 To be yourself / in a world [that is constantly trying to make you something else] / is the greatest accomplishment.
　　 S　　 V　　　 C

배점	채점 기준
2	to부정사 범위만 바르게 찾은 경우
2	to부정사 역할만 바르게 고른 경우

---

10 **분사** | 심호흡을 한 후에, 그는 자신의 서핑보드를 집어 들고 물로 뛰어들어갔다.

해설 〈v-ing ~ + 콤마(,) + 주어 + 동사〉의 구조로, Taking이 이끄는 구는 '~한 후에'라는 뜻의 분사구문이다.

11 **동명사** | 기술로 서로 연결되어 있는 것은 우리 중 다수에게 많은 변화를 가져왔다.

해설 〈v-ing ~ + 동사〉의 구조로, Staying ~ through technology는 문장의 주어 역할을 하는 동명사구이며 동사는 has brought이다.

12 **분사** | 19세기에, 살아있는 작곡가들은 점점 자신들이 과거의 음악과 경쟁하고 있음을 깨달았다.

해설 〈v-ing + 명사 + 동사〉의 구조로, living은 '살아있는'의 뜻으로 뒤의 명사 composers를 수식하는 현재분사이다.

---

13 **Thinking[To think] of his colleague's brilliance**

해설 동사 kept의 주어로, '~하는 것'의 의미를 나타내는 동명사 또는 to부정사가 이끄는 명사구가 와야 하므로, 동사 think를 thinking 또는 to think로 활용하여 영작한다.

14 **Having[To have] a dog in the office can have**

해설 문장의 주어로 '~하는 것'의 의미를 나타내는 동명사 또는 to부정사가 이끄는 명사구가 와야 하므로, '데리고 있다'라는 의미의 동사 have를 having 또는 to have로 활용하여 영작한다.

구문 Having[To have] a dog in the office / can have a positive effect / on the general atmosphere.
　　　　　　　 S　　　　　　　　　　　　　　　 V　　　　　　　 O

15 Supplying[To supply] the right references is a critical part of academic writing

> 해설 문장의 주어로 '~하는 것'의 의미를 나타내는 동명사 또는 to부정사가 이끄는 명사구가 와야 하므로, 동사 supply를 supplying 또는 to supply로 활용하여 영작한다. 명사구 주어는 단수 취급하므로 Supplying[To supply] ~ references 뒤에는 단수동사 is를 쓴다.

배점	채점 기준
4	어순은 올바르나 동사의 어형이 틀린 경우

UNIT 03 주어 역할을 하는 명사절

01 what you should do, 직독직해는 아래 [구문] 참고

> 구문 When you learn something from new people, or from a new culture, // what you should do /
> S
> is to accept it as a gift and preserve it.
> V   C₁   C₂
> 당신이 새로운 사람들, 혹은 새로운 문화로부터 무언가를 배울 때, // 당신이 해야 하는 일은 /
> 그것을 선물로 받아들이고 보존하는 것이다.
> • preserve 앞에는 to부정사의 to가 생략되었다.

02 whether the individual is motivated by fear or greed

> 구문 If there is a will, // whether the individual is motivated by fear or greed / doesn't matter /
> S   V
> when it comes to finding a way.
> 의지가 있다면, // 개인이 두려움이나 욕심에 동기를 부여받았는지는 / 중요하지 않다 /
> 해결책을 찾는 데 관한 한.

03 What's most important when you do completely unaccustomed work

> 구문 What's most important / when you do completely unaccustomed work //
> S
> is to have some peace of mind / and try to focus on the task.
> V   C₁   C₂
> 가장 중요한 것은 / 당신이 완전히 익숙하지 않은 일을 할 때 //
> 마음의 평화를 갖는 것이다 / 그리고 그 일에 집중하려고 하는 것이다.

04 how they start their day

> 해설 to realize의 목적어 역할을 하는 that절의 주어 자리에 '어떻게 ~하는지'라는 뜻의 접속사 how가 이끄는 명사절이 사용되었다.

> 구문 If people want to live the life of their dreams, // they need to realize /
> 부사절   S   V   O
> that how they start their day / not only impacts that day, / but every aspect of their lives.
> S′   V′
> 만약 사람들이 자신이 꿈꾸는 삶을 살기 원한다면, // 그들은 깨달을 필요가 있다 /
> 어떻게 그들이 하루를 시작하는지가 / 그날에 영향을 미칠 뿐 아니라 / 그들 삶의 모든 측면에도 영향을 미친다는 것을.

05 Whoever tries not to think about food at the beginning of losing weight

> 구문 Thought suppression can actually increase the thoughts [you wish to suppress].
>
> Whoever tries not to think about food / at the beginning of losing weight // thinks much more about food.
> S   V
> 생각의 억제는 사실상 [당신이 억제하고 싶은] 생각을 증대시킬 수 있다.
> 음식에 대해 생각하지 않으려는 누구든지 / 체중 감량 초기에 // 음식에 대해 훨씬 더 많이 생각한다.

배점	채점 기준
4	주어만 바르게 찾은 경우
5	직독직해만 바르게 한 경우

06 is | 우리가 누구인지는 보통 우리가 함께 시간을 보내기로 선택하는 사람들의 결과이다.

해설 의문사 who가 이끄는 명사절(Who we are)이 주어로 쓰였으므로 단수동사 is가 알맞다.

07 we enjoy | 우리가 영화를 왜 그렇게 많이 좋아하는지는 영화의 유토피아적 측면으로 설명된다.

해설 의문사 why가 이끄는 명사절이 주어 자리에 와야 한다. 간접의문문은 〈의문사 + 주어 + 동사〉 어순으로 쓰이므로, we enjoy가 알맞다.

08 Whether | 그 운영 체제가 모든 영역에서 효과적으로 작동하는지 안 하는지는 관리자가 관심을 가져야 하는 것이다.

해설 문맥상 '~인지 아닌지'라는 뜻이 적절하고, 뒤에 or not이 쓰였으므로 접속사 Whether가 알맞다.

09 seems | 때때로 완벽주의자들은 그들이 하는 무엇이든지 절대 만족스럽지 않아 보이기 때문에 자신들이 불안해하는 것을 느낀다.

해설 because가 이끄는 부사절의 주어로 명사절 whatever they do가 쓰였으므로 단수동사 seems가 알맞다.

구문 Sometimes / perfectionists find / that they are troubled // because whatever they do / never seems good enough.
　　　　　　　　　　S　　　　V　　　　　　　　　　　　　　　　　　　S´　　　　　　　V´

• 동사 find의 목적어 역할을 하는 that절(that they ~ enough) 안에 because가 이끄는 부사절이 쓰였다.

---

10 부사절 | 그가 어느 길로 가기로 정하든, 그는 열차 시간에 맞춰서 오지 못할 것이다.

해설 뒤에 〈콤마(,) + 주어 + 동사〉가 이어지고 있으므로 부사절이다.

11 명사절 주어 | 나서기를 주저하지 않는 사람은 누구든지 리더십 기술을 가지고 있는 것으로 간주된다.

해설 뒤에 주어 없이 바로 동사가 이어지고 있으므로, 동사 is considered의 명사절 주어이다.

12 부사절 | 깨닫든지 깨닫지 못하든지 간에, 사람들은 그들이 좋아하는 브랜드에 관해 매일 이야기하고 홍보한다.

구문 Whether they realize it or not, // people talk about and promote brands [that they like] every day.
　　　　　　　　　　　　　　　　　　　　　S　　　V₁　　　　　　　V₂
　　　　　부사절

---

13 what he remembered was his previous password

해설 주어 자리는 '~하는 것'이라는 의미의 관계대명사 what을 이용해 명사절 what he remembered로 영작한다. 명사절 주어는 단수 취급하므로, '~였다'라는 의미를 나타내는 be동사는 was로 쓴다.

14 How the entrepreneur was able to grow his business is

해설 문장의 주어 자리이므로 '어떻게 ~하는지'라는 의미의 의문사 how를 이용해 명사절 How the entrepreneur was ~ business로 영작한다. 명사절 주어는 단수 취급하므로 동사는 단수동사 is를 쓴다.

15 That none of the choir members took professional vocal lessons

해설 문장의 주어 자리이므로 '~라는 것'이라는 의미의 접속사 that을 이용해 명사절 That none of ~ lessons로 영작한다.

배점	채점 기준
4	어순은 올바르나 동사의 어형이 틀린 경우

UNIT 04 긴 주어

01 The only direct way of learning about dinosaurs, 직독직해는 아래 [구문] 참고

구문 The only direct way (of learning about dinosaurs) / is by studying fossils.
　　　　　　S　　　　　　　　　　　　　　　　　　　　　　　V

(공룡에 대해 배우는) 유일한 직접적인 방법은 / 화석을 연구함으로써이다.

02 **A film produced by one of the greatest filmmakers of all time**

구문 A film (produced by one (of the greatest filmmakers of all time)) / gained widespread popularity.
　　　S　　　　　　　　　　　　　　　　　　　　　　　　　　　　　　　V

((역대 가장 위대한 영화 제작자 중 한 명에 의해) 제작된) 영화는 / 폭넓은 인기를 얻었다.

03 **Developing the interpersonal skills necessary to fuel collaboration**

구문 Developing the interpersonal skills (necessary to fuel collaboration) / is a hurdle for many new employees.
　　　　　　　　　　　　S　　　　　　　　　　　　　　　　　　　　　　　V

(협력을 원활하게 하는 데 필요한) 대인 관계 기술을 발달시키는 것은 / 많은 신입 사원에게 난관이다.

04 **Whoever uses kitchen tools that come in contact with raw meat**

구문 Whoever uses kitchen tools [that come in contact with raw meat] // should sanitize them /
　　　　　　　　S　　　　　　　　　　　　　　　　　　　　　　　　　　V
before using them / to prepare other foods.

[날고기와 접촉하는] 주방 도구를 사용하는 누구든지 // 그것들을 살균해야 한다 /
그것들을 사용하기 전에 / 다른 음식을 준비하기 위해.

05 **The ability to manage relationships with respect for each other and mutual trust**

구문 The ability (to manage relationships / with respect for each other and mutual trust) /
　　　　　　S
is very important / within any environment.
V

능력은 (관계를 다루는 / 서로에 대한 존중과 상호 신뢰를 가지고) /
아주 중요하다 / 어떤 환경 안에서도.

06 **Many people struggling with difficult emotions that bother their sleep**

구문 Many people (struggling with difficult emotions [that bother their sleep]) / could also struggle with eating problems.
　　　　S　　　　　　　　　　　　　　　　　　　　　　　　　　　　　　　　V

([그들의 수면을 방해하는] 힘겨운 감정으로 고생하는) 많은 사람은 / 먹는 문제로도 고생할 수도 있다.

배점	채점 기준
4	주어만 바르게 찾은 경우
4	수식어구만 바르게 찾은 경우

---

07 **damages** | 단점이나 실수에 대해 아이들을 비난하는 것은 그들의 자존감을 상하게 할 뿐이다.

해설 동명사구 Blaming ~ mistakes가 주어이므로 단수동사 damages가 알맞다.

08 **are** | 총선에서 투표할 수 있는 사람들이 투표를 감시할 수 있다면, 선거는 훨씬 더 공평한 과정이 된다.

해설 형용사구 capable of voting ~ election의 수식을 받는 people이 주어이므로 복수동사 are가 알맞다.

09 **makes** | 티타늄이 단단하고, 가볍고, 독성이 없으며, 우리 몸에 반응을 일으키지 않는다는 사실이 그것을 가치 있는 의학적 자원으로 만든다.

해설 문장의 주어는 접속사 that이 이끄는 동격절(that ~ our bodies)의 수식을 받는 The fact이므로 단수동사 makes가 알맞다.

구문 The fact [that titanium is strong, light, non-toxic and does not react with our bodies] / makes it a valuable medical resource.
　　　S └＝┘　　　　　　　　　　　　　　　　　　　　　　　　　　　　　　　　　V　O　　　C

10 **is** | 선생님들에게 받는 시기적절한 피드백 제공은 매우 중요한데, 이는 학생들에게 그들이 배운 것과 앞으로 배워야 할 것을 되돌아볼 수 있게 하기 때문이다.

해설 문장의 주어는 전명구 두 개(of timely feedback, from teachers)의 수식을 받는 The provision이므로 단수동사 is가 알맞다.

구문 The provision of timely feedback (from teachers) is essential // because it enables students
　　　　S　　　　　　　　　　　　　　　　　　V　C　　　　　　S'　V'　　O'
to reflect on what they have learned^O'₁ and what they still have to learn^O'₂.
　　　　　　　　　　　　　　　　C'

11 **was** | 청각 장애인들을 위한 공식적인 수화를 만든 것으로 공로를 인정받은 첫 번째 사람은 16세기 스페인 수도사인 Pedro Ponce de León이었다.

해설 과거분사구(credited ~ hearing impaired)의 수식을 받는 The first person이 문장의 주어이고, 동사는 was이다.

구문 The first person (credited with the creation of a formal sign language / for the hearing impaired) / was /
　　　　S　　　　　　　　　　　　　　　　　　　　　　　　　　　　　　　　　　　　　　　V
Pedro Ponce de León, a 16th-century Spanish monk.
　　　　　　└＝┘

12 fosters | 학생들에게 팀의 일원으로 작업하고 협력 능력을 개발할 기회를 제공하는 것은 학생들 각각의 개인적인 재능과 장기를 발전시킨다.

해설 Providing students with the chance가 문장의 주어이고, 동사는 fosters이다. to부정사구(to work ~ and develop collaboration skills)는 주어부의 the chance를 수식한다.

13 function | 쉽게 무력감을 느끼는 사람들은 일할 때 몹시 서투르게 하고, 때때로 불안과 우울과 같은 불안정한 감정 상태를 보인다.

해설 문장의 주어는 관계사절(who ~ helpless)의 수식을 받는 Those이고, 동사는 function이다.

구문 <u>Those [who easily feel helpless]</u> / <u>function</u> extremely poorly // when they work, / sometimes showing unstable emotional states
　　　　S　　　　　　　　　　　　V
(such as anxiety and depression).

14 Writing specialized in the expression of emotions

해설 문장의 주어인 '글쓰기(Writing)'가 '특화되는' 수동 관계이므로, specialized가 이끄는 과거분사구가 주어를 수식하는 구조로 영작한다.

구문 <u>Writing (specialized in the expression of emotions)</u> / <u>makes</u> <u>us</u> explore the inner world of feelings.
　　　　S　　　　　　　　　　　　　　　　　　　　　　V　　O　　　　　　　C

15 Things invisible to the human eye can be seen under UV light

해설 문장의 주어인 '사람의 눈으로 보이지 않는 것'은 Things를 형용사구 invisible to the human eye가 수식하는 구조로 영작한다.

16 The opportunity to learn song, dance, and instrument playing is very helpful

해설 문장의 주어인 '노래, 춤, 그리고 악기 연주를 배우는 기회'는 The opportunity를 to부정사구 to learn ~ instrument playing이 수식하는 구조로 영작한다.

배점	채점 기준
4	어순은 올바르나 동사의 어형이 틀린 경우

UNIT 05 무생물 주어의 해석

01 The actor's popularity, Because | 그 배우는 매우 인기 있었기 때문에, 그는 평범한 삶을 영위할 수 없었다.

해설 문맥상 무생물 주어인 '그 배우의 인기'가 평범한 삶을 영위할 수 없었던 원인이므로, 부사절로 바꿀 때 접속사 Because가 알맞다.

02 The development of transportation, Through | 교통이 발전해서, 현대 관광업은 큰 규모로 발전할 수 있었다.

해설 문맥상 무생물 주어인 '교통의 발전'으로 인해 관광업이 발전한 것이므로, 부사구로 바꿀 때 수단을 나타내는 전치사 Through가 알맞다.

03 A close observation, If | 면밀히 관찰해보면, 사람들은 에너지 효율이 좋은 제품에 정부의 막대한 투자가 있음을 깨닫게 될 것이다.

해설 문맥상 (무생물) 주어인 '면밀한 관찰'을 하면 깨닫게 된다는 조건을 나타내므로, 부사절로 바꿀 때 접속사 If가 알맞다.

04 No amount of protests, Even though | 아무리 많은 항의가 있더라도, 법원의 결정을 뒤집을 수 없다.

해설 no amount of는 '아무리 많은 ~도 소용이 없다'라는 양보를 나타내므로, 부사절로 바꿀 때 접속사 Even though가 알맞다.

05 Other opinions of what to do, When | 무엇을 할지에 대한 다른 의견이 있을 때, 당신이 원하는 것을 할 수 없을지도 모른다. 이것이 때때로 당신 자신이 최고의 여행 동반자인 이유이다.

해설 문맥상 무생물 주어인 '무엇을 할지에 대한 다른 의견'이 있을 때를 나타내므로, 부사절로 바꿀 때 접속사 When이 알맞다.

배점	채점 기준
3	주어만 바르게 찾은 경우
3	접속사만 바르게 고른 경우

06 Three hours' drive, 3시간의 운전 후에 | 3시간의 운전 후에, 그 가족은 정착할 새로운 장소에 도착했다.

해설 무생물 주어 Three hours' drive는 '~한 후'의 때의 의미로 해석하는 것이 가장 자연스럽다.

07 <u>Technological advances</u>, **과학적 진보 때문에[과학적 진보를 통해서]** | 과학적 진보 때문에[과학적 진보를 통해서] 정보를 처리하고 전송하는 비용이 많이 감소했다.

> 해설 무생물 주어 Technological advances가 변화가 이루어진 원인이므로 이유 또는 수단으로 해석하는 것이 가장 자연스럽다.

08 <u>The team that wins the game</u>, **경기에서 이기는 팀조차도** | 경기에서 이기는 팀조차도 실수를 하고 그 경기의 일부에서 뒤처질지도 모른다.

> 해설 무생물 주어 The team that wins the game은 '~조차도'의 양보의 의미로 해석하는 것이 가장 자연스럽다.

09 <u>Your persistently selfish behavior</u>, **지속적으로 이기적인 행동을 보인다면** | 지속적으로 이기적인 행동을 보인다면 모든 사람이 너에게 등을 돌릴 것이다.

> 해설 무생물 주어 Your persistently selfish behavior는 '~한다면'의 조건의 의미로 해석하는 것이 가장 자연스럽다.

10 <u>Invention of more species of artificial intelligence</u>, **더 많은 종류의 인공 지능의 발명으로** | 더 많은 종류의 인공 지능의 발명으로 우리는 인간 고유의 것으로 추정되는 더 많은 것들을 포기하게 될 것이다.

> 해설 무생물 주어 Invention of more species of artificial intelligence가 더 많은 것을 포기하게 하는 원인이므로 이유의 의미로 해석하는 것이 가장 자연스럽다.

배점	채점 기준
4	주어만 바르게 찾은 경우
4	해석만 바르게 한 경우

---

11 A long hour's discussion helped the participants

> 해설 우리말로는 '긴 시간의 토론 후'라는 때의 의미를 나타내지만, 때를 나타내는 전치사나 접속사가 없으므로, 주어 자리에 무생물 주어 A long hour's discussion을 쓴다.

12 The newly prescribed medication did not work

> 해설 우리말로는 '새롭게 처방된 약일지라도'라는 양보의 의미를 나타내지만, 양보를 나타내는 전치사나 접속사가 없으므로, 주어 자리에 무생물 주어 The newly prescribed medication을 쓴다.

13 Schematic knowledge may enable you to reconstruct things

> 해설 우리말로는 '도식화된 지식이 있으면'이라는 조건의 의미를 나타내지만, 접속사 If가 없으므로, 주어 자리에 무생물 주어 Schematic knowledge를 쓴다. 'A가 ~할 수 있게 하다'는 〈enable A to-v〉 구문으로 쓴다.

> 구문 Schematic knowledge may enable / you to reconstruct things [you cannot remember].
>   S   V   O   C

14 The printing press allowed knowledge to spread far more quickly

> 해설 우리말로는 '인쇄기로 인해'라는 이유의 의미를 나타내지만, 이유를 나타내는 전치사나 접속사가 없으므로, 주어 자리에 무생물 주어 The printing press를 쓴다. 'A가 ~하도록 하다'는 〈allow A to-v〉로 쓴다.

UNIT 06 의미상의 주어와 멀리 떨어진 to-v/v-ing

01 (partygoers from the towns), **직독직해는 아래 [구문] 참고**

> 구문 The Halloween festival involves / partygoers from the towns wearing unique costumes.
>   의미상의 주어
> 핼러윈 축제는 포함한다 / 여러 마을에서 온 파티에 가는 사람들이 독특한 의상을 입는 것을.

02 (for people who want to study abroad)

> 구문 The lecture gives opportunities / (for people [who want to study abroad] /
>   의미상의 주어
> to understand the culture of the country [they wish to go to]).
> 그 강의는 기회를 준다 / ([외국에서 공부하고 싶은] 사람들에게 /
> [그들이 가고 싶은] 나라의 문화를 이해할).

03 (for the scientists)

해설 목적을 나타내는 to부정사구 to conduct follow-up surveys와 (to) assess ~ face가 등위접속사 and로 병렬 연결되었고, to부정사 to conduct의 의미상의 주어가 〈for + 목적격〉의 형태로 앞에 쓰였다.

구문 A laboratory was built / for the scientists / to conduct follow-up surveys /
　　　　 S　　　　 V　　　　 의미상의 주어

and (to) assess the major threats [that the wild animals face].

실험실은 지어졌다 / 과학자들이 / 후속 조사를 하기 위해 /
그리고 [야생 동물들이 맞닥뜨리는] 주된 위협을 가늠하기 위해.

04 (the painters')

해설 전치사 of의 목적어로 쓰인 동명사 moving과 focusing이 등위접속사 and로 병렬 연결되었고, 동명사의 의미상의 주어는 소유격 형태로 moving 앞에 쓰였다.

구문 The photograph was one cause (of the painters' / moving away from direct representation /
　　　　　　　　　　　　　　　　　　　　　　 의미상의 주어

and focusing on more abstract works).

사진술은 하나의 원인이었다 (화가들이 / 직접적인 묘사에서 멀어지는 /
그리고 더 추상적인 작업에 초점을 맞추는).

배점	채점 기준
5	의미상의 주어만 바르게 찾은 경우
5	직독직해만 바르게 한 경우

---

05 ⓐ, ⓓ, ⓔ

ⓐ 영리하게도 그녀는 어려운 문제를 풀고, 친구에게 답을 구하는 과정을 설명했다.

해설 '그녀가 문제를 풀고 설명한다'라는 주술 관계가 성립하므로 of her는 to solve와 (to) explain의 의미상의 주어이다.

ⓑ 그는 며칠 동안 자신의 카드를 사용하는 것이 받아들여질 것이라고 내게 말했다.

해설 to use 앞의 for a few days는 의미상의 주어가 아니라, 시간을 나타내는 부사구이다.

ⓒ 공개적으로 무례한 발언을 하다니 그녀는 다른 사람들의 권리에 정말 무관심했다.

해설 to make 이하는 판단의 근거를 나타내는 to부정사구이지만, of other people은 의미상의 주어가 아니라, 앞의 the rights를 수식하는 형용사구이다.

ⓓ 음악적 경험은 참여자들이 유용한 언어를 배우고 다른 문화적 미묘한 차이를 알게 될 기회를 제공한다.

해설 '참여자들이 배우고, 알게 된다'라는 주술 관계가 성립하므로 for participants는 opportunities를 수식하는 형용사적 용법의 to부정사 to learn과 (to) become의 의미상의 주어이다.

ⓔ 혼자 있는 창의적인 개개인이 위대한 통찰력, 발견, 작업 혹은 발명을 내놓는다는 통념은 잘못된 것이다.

해설 '혼자 있는 창의적인 개개인이 내놓는다'라는 주술 관계가 성립하므로 a creative individual in isolation은 전치사 of의 목적어로 쓰인 동명사구 coming up ~ inventions의 의미상의 주어이다.

구문 ⓐ It was clever / of her / to solve the difficult problem / and (to) explain the process (of finding the solution) / to her friend.
　　　• to solve ~ (to) explain은 to부정사의 부사적 용법으로 clever에 대한 판단의 근거를 나타낸다.

ⓔ The common idea of a creative individual in isolation coming up with great insights, discoveries, works, or inventions
　　 S　　　　　　　└──=──┘
/ is wrong.
　 V

배점	채점 기준
10	2개만 바르게 찾은 경우

---

06 his fifteen-year-old daughter winning a prize at a swimming competition

해설 '수영 대회에서 수상한 것을'은 전치사 with의 목적어 자리에 동명사구 winning a prize ~ competition으로 쓴다. '그의 열다섯 살짜리 딸'은 동명사의 의미상의 주어로 동명사 앞에 쓴다.

07 of you of all people to read the reference book for a long time

해설 가주어 It에 대한 진주어 to read the reference book for a long time은 보어인 selfish 뒤에 써야 한다. 이때 to부정사의 의미상의 주어는 전치사 of 뒤에 you of all people(많은 사람 중에 네가)로 쓴다.

08 your being late for my appointment and not giving me any apology

해설 '나와의 약속에 늦고(being late for my appointment), 나에게 어떠한 사과도 하지 않은 것(not giving me any apology)'은 두 개의 동명사구가 and로 연결되도록 쓴다. 동명사 앞에는 의미상의 주어인 소유격 your를 쓴다.

09 He made a shelter for the abandoned dog he saw yesterday to stay warm

해설 '따뜻하게 지낼 은신처'는 a shelter를 형용사적 용법의 to부정사구 to stay warm이 수식하는 구조로 영작한다. '따뜻하게 지내는' 의미상 주체는 '유기견'이므로 의미상의 주어를 to부정사 앞에 〈for + 목적격〉의 형태로 표현해야 하는데, '그가 어제 본' 유기견이므로 뒤에 관계사절 (that) he saw yesterday가 쓰였다.

구문 He made a shelter / (for the abandoned dog [he saw yesterday] / to stay warm).
　　　　　　　　　　　　　　　의미상의 주어　　　　　　　　　　　　　형용사적 용법

UNIT 07 〈it is 명사 that ~〉의 it

01 ⓑ, 직독직해는 아래 [구문] 참고

해설 it을 가리키는 앞 내용이 없고 It is, that을 제외한 나머지 어구만으로 문장이 성립하지 않으므로, it은 가주어이다.

구문 It is an essential strategy // that we consider our talents and interests / when we choose our future careers.
　　　S(가주어)　　　　　　　　　　　　　　　　　　　　　S'(진주어)
중요한 전략이다 // 우리가 우리의 재능과 관심사를 고려하는 것은 / 우리가 미래 직업을 선택할 때.

02 ⓒ

해설 it을 가리키는 대상이 앞 내용에 제시되지 않았으며 It was, that을 제외한 나머지 어구로 문장이 성립하므로 a letter of acceptance from the university를 강조하는 강조구문의 it이다.

구문 It was a letter of acceptance from the university // that surprised her this morning.
바로 대학 합격 통지서였다 // 그녀를 오늘 아침에 놀라게 했던 것은.

03 ⓑ

해설 it을 가리키는 앞 내용이 없고 it is, that을 제외한 나머지 어구만으로 문장이 성립하지 않으므로, it은 가주어이다. it을 앞의 내용을 받는 대명사로 보더라도 that절 이후가 주어, 동사, 목적어를 갖춘 완전한 절이며 관계대명사절로 볼 수 없으므로 가능하지 않다.

구문 As technology and the Internet are familiar resources for young people, //

it is a natural result / that they would seek assistance from this source.
S(가주어)　　　　　　　　　　S'(진주어)
기술과 인터넷이 젊은 사람들에게 친숙한 자원이기 때문에, //
자연스러운 결과이다 / 그들이 이 자원으로부터 도움을 구할 것이라는 점은.

04 ⓑ

해설 it을 가리키는 앞 내용이 없고 It is, that을 제외한 나머지 어구만으로 문장이 성립하지 않으므로, it은 가주어이다.

구문 It is a dominant theory / that Shakespeare did not always write his plays alone, //
S(가주어)　　　　　　　　　　　S'(진주어)
and many of his plays are considered collaborative.
우세한 이론이다 / 셰익스피어가 늘 혼자 자신의 희곡 작품을 쓴 건 아니라는 것은, //
그리고 그의 희곡 중 다수가 협업한 것으로 여겨진다.

05 ⓐ

해설 it은 앞에 나온 주어 Practicing and reviewing을 가리키며, that hinders our capability는 anxiety를 수식하는 주격 관계대명사절이다. it is, that을 제외한 어구만으로 문장이 성립한다고 해서 it을 강조구문의 it으로 본다면, '우리의 역량을 저해하는 것은 바로 불안을 극복하는 방법이다'라는 의미가 되어 알맞지 않다.

구문 Practicing and reviewing helps improve performance // and it is a step for overcoming anxiety
(= Practicing and reviewing)
[that hinders our capability].

연습하고 복습하는 것은 성과를 향상하는 것을 돕는다 // 그리고 그것은 불안을 극복하는 방법이다
[우리의 역량을 저해하는].

06 ©

해설 it을 가리키는 대상이 앞 내용에 제시되지 않았으며 It is, that을 제외한 나머지 어구로 문장이 성립하므로 our inherent ambitions를 강조하는 강조구문의 it이다.

구문 It is *our inherent ambitions* / that motivate us, // so we can fulfill our desires or pursue a new path.

바로 우리의 내재된 열망이다 / 우리에게 동기를 부여하는 것은 // 그래서 우리는 우리의 욕망을 충족하고 새로운 길을 추구할 수 있다.

배점	채점 기준
5	it의 역할만 바르게 고른 경우
5	직독직해만 바르게 한 경우

---

07 it was a priority that the logo should be easy to remember

해설 문장의 주어는 명사절 '로고가 첫눈에 기억하기 쉬워야 한다는 것'으로, 가주어 it을 앞에 쓰고, that 이하에 진주어를 쓴다.

08 It is a reality that the future of the Earth depends on stopping climate change

해설 주어는 명사절 '지구의 미래가 우리 모두에게 달려있다는 것'으로 가주어 It을 앞에 쓰고, that 이하에 진주어를 쓴다.

배점	채점 기준
4	어순은 올바르나 동사의 어형이 틀린 경우

---

09 It was unexpected heavy rain that delayed the annual festival

해설 명사구인 '예상하지 못한 폭우'를 강조하며 과거의 일을 나타내므로, 〈It was ... that〉 사이에 강조하는 구문을 넣어 영작한다.

10 It is the prominent scholar's intellectual achievements that many psychologists and readers celebrate

해설 문장의 목적어인 '그 저명한 학자의 지적 업적'을 강조하므로, 〈It is ... that〉 사이에 강조하는 구문을 넣어 영작한다.

11 It is knowledge possessed by the individual that determines which stimuli become

해설 문장의 주어인 '개인에 의해 소유된 지식'을 강조하므로, 〈It is ... that〉 사이에 강조하는 구문을 넣어 영작한다.

구문 It is *knowledge (possessed by the individual)* / that determines // which stimuli become the focus of that individual's attention.
• which 이하의 절은 determines의 목적어 역할을 한다.

배점	채점 기준
4	어순은 올바르나 동사의 어형이 틀린 경우

UNIT 08 동사의 목적어 역할을 하는 to-v/v-ing구 I

01 **destroying natural ecosystems**, 직독직해는 아래 [구문] 참고

구문 We should avoid destroying natural ecosystems // because they may be the source of tomorrow's drugs
S   V   O   S′   V′   C′
(against cancer or obesity).

우리는 자연 생태계를 파괴하는 것을 피해야 한다 // 그것들이 미래의 약물의 원천일지도 모르기 때문에
(암 혹은 비만에 대항하는).

02 **to do something**

구문 There are times [when we agree to do something // simply because a friend asks].
     V   S   S′ V′   O′

~할 때가 있다 [우리가 어떤 것을 하기로 동의하는 // 단순히 친구가 부탁해서].

03 **to play with in particular and culturally appropriate ways**

구문 Toys are cultural objects [that children learn to play with / in particular and culturally appropriate ways].
                           S′   V′   O′

장난감은 문화적 물건이다 [아이들이 가지고 노는 것을 배우는 / 특정하며 문화적으로 적절한 방식으로].

04 **learning about his professional field**

구문 Great scholars must be great students, // and I found / that my professor also never quit /
   S₁   V₁   C₁   S₂ V₂   S′   V′
learning about his professional field.
       O′

위대한 학자는 위대한 학생이어야 한다 // 그리고 나는 알게 되었다 / 나의 교수님 또한 절대 그만두지 않았음을 /
그의 전문 분야에 관해 배우는 것을.

05 **to become experts on everything in our lives**

구문 We may want / to become experts on everything in our lives, // even though there simply isn't enough time (to do so).
 S   V   O

우리는 원할지도 모른다 / 우리의 삶에서 모든 일에 전문가가 되기를, // 비록 단지 (그렇게 할) 충분한 시간이 없을지라도.

배점	채점 기준
4	목적어만 바르게 찾은 경우
4	직독직해만 바르게 한 경우

06 **to bring** | 밤에 산 위에서는 대단히 추워질 수 있으므로 겨울옷을 가져와야 합니다.

해설 동사 need는 목적어로 to부정사를 취한다.

07 **to raise** | 그 병원은 수용력을 높이려고 계획하고 있고, 내년에는 더 많은 환자를 받아들이기를 희망한다.

해설 동사 plan은 목적어로 to부정사를 취한다.

08 **applying** | 그녀는 건강상의 문제 때문에 수업을 몇 개 놓쳤지만, 장학금 제도에 지원하는 것을 포기하지 않았다.

해설 동사 give up은 목적어로 동명사를 취한다.

09 **to become** | 그는 기후 운동가가 되기로 약속했고, 재생 에너지에 대한 그의 계획을 구체화했다.

해설 동사 promise는 목적어로 to부정사를 취한다.

배점	채점 기준
2	알맞은 단어를 골랐으나 동사의 어형이 틀린 경우

10 ○ | 현재의 전자 투표 시스템은 기술적인 결점으로 유권자들의 요구를 충족시키는 데 실패했으므로, 전자 기술에 있어서의 혁신이 이루어져야 한다.

[해설] 동사 fail은 목적어로 to부정사를 취한다.

11 ×, → **telling** | 법정에서, 피고는 그 제품이 새것이라고 고객에게 말했음을 시인했는데, 그것은 완전히 거짓말이었다.

[해설] 동사 admit은 목적어로 동명사를 취한다.

12 ×, → **to publish** | 출판사들이 출판하기로 결정하는 자료는 상업적 가치를 가지고 있어야 할 뿐만 아니라, 아주 능숙하게 쓰이고, 편집상의 오류와 사실에 관한 오류가 없어야 한다.

[해설] 동사 choose는 목적어로 to부정사를 취한다.

[구문] The material [publishers choose to publish] must not only have commercial value, /
　　　　　S　　　　S'　　　　V'　　O'　　　　└──V₁──┘

but be very competently written and free of editing and factual errors.
　　V₂

• publishers choose to publish는 주어인 The material을 수식하는 목적격 관계사 that[which]이 생략된 관계대명사절이다.

• 〈not only A but (also) B〉는 'A뿐만 아니라 B도'라는 뜻이다.

배점	채점 기준
1	틀린 부분을 바르게 고치지 못한 경우

---

13 **People want to be consistent**

[해설] 동사 want는 목적어로 to부정사를 취하므로, '일관되기를 원하다'는 want to be consistent로 영작한다.

14 **delayed providing her with emergency care**

[해설] 동사 delay는 목적어로 동명사를 취하므로, '제공하는 것을 지연했다'는 delayed providing으로 영작한다. 'A에게 B를 제공하다'는 〈provide A with B〉로 쓴다.

15 **she did not wish to disturb the natural balance of the environment**

[해설] 동사 wish는 목적어로 to부정사를 취하므로, '어지럽히고 싶지 않았다'는 did not wish to disturb로 영작한다.

배점	채점 기준
3	어순은 올바르나 동사의 어형이 틀린 경우

UNIT 09 동사의 목적어 역할을 하는 to-v/v-ing구 II

01 visiting the home of a neighbor, playing with his young three-year-old son, 직독직해는 아래 [구문] 참고

[해설] forget v-ing: (이전에) v한 것을 잊어버리다

[구문] I'll never forget / visiting the home of a neighbor and playing with his young three-year-old son.
　　　└──V──┘　　　　O₁　　　　　　　　　　　　　　　　O₂

나는 결코 잊지 못할 것이다 / 한 이웃의 집을 방문해서 그의 세 살 난 어린 아들과 놀았던 것을.

02 to preserve and protect natural resources

[해설] try to-v: v하려고 노력하다, 애쓰다

[구문] I am concerned about environmental pollution / and actively try / to preserve and protect natural resources.
　　　V₁　　　　　　　　　　　　　　　　　　　　　V₂　　　O₂

나는 환경 오염이 걱정된다 / 그리고 활발히 노력한다 / 천연자원을 보존하고 지키려고.

03 having a conversation about the doctor's competence with other patients

[해설] remember v-ing: (이전에) v한 것을 기억하다

[구문] While he was diagnosed, // he remembered / having a conversation about the doctor's competence with other patients.
　　　　　　　　　　　　　S　　　V　　　　　　O

그가 진단을 받는 동안, // 그는 기억했다 / 다른 환자들과 의사의 유능함에 관해 대화를 나눴던 것을.

04 **to read the medieval chapter as history homework**

해설 remember to-v: (앞으로) v할 것을 기억하다

구문 She remembered / to read the medieval chapter as history homework, //
    S   V   O

so she could finish up her homework on time.

그녀는 기억해냈다 / 역사 숙제로 중세 챕터를 읽을 것을, //
그래서 그녀는 숙제를 제시간에 끝낼 수 있었다.

05 **to complain that I had an extremely terrible network connection in my dormitory when I was surfing the Internet**

해설 regret to-v: (앞으로) v하게 되어 유감이다

구문 I regret / to complain // that I had an extremely terrible network connection in my dormitory /
    S   V   O

when I was surfing the Internet.

나는 유감이다 / 항의하게 되어 // 기숙사의 네트워크 연결이 아주 나빴다는 것을 /
내가 인터넷 서핑을 하고 있었을 때.

배점	채점 기준
4	목적어만 바르게 찾은 경우
4	직독직해만 바르게 한 경우

---

06 ✕, → **skipping** | 미술관을 구경하는 동안 그는 조각품들에 압도되어 점심을 건너뛴 것을 기억한다.

해설 '(이전에) ~했던 것을 기억하다'의 의미일 때, 동사 remember는 목적어로 동명사를 취한다.

07 ○ | 다음 몇 년간 바빠지더라도, 그 시간 동안 가족들과 소중한 시간을 보낼 것을 잊어서는 안 된다.

해설 '(앞으로) ~할 것을 잊다'의 의미일 때, 동사 forget은 목적어로 to부정사를 취한다.

08 ✕, → **to check** | 관리자 자리에 지원할 기회를 놓치고 싶지 않다면, 마감일을 확인할 것을 기억하고 마감일까지 지원서를 제출하라.

해설 '(앞으로) ~할 것을 기억하다'의 의미일 때, 동사 remember는 목적어로 to부정사를 취한다.

09 ✕, → **buying** | 나폴레옹 전쟁 동안, 한 공장이 영국군에게 부츠를 공급했다. 하지만 전쟁이 끝나고, 정부는 그 공장에서 부츠를 사는 것을 멈췄다.

해설 '~하는 것을 멈추다'의 의미일 때, 동사 stop은 목적어로 동명사를 취한다.

배점	채점 기준
2	틀린 부분을 바르게 고치지 못한 경우

---

10 **forgot to pay the electricity bill last month**

해설 '~할 것을 잊다'의 의미일 때, 동사 forget은 목적어로 to부정사를 취한다.

11 **stopped to get gas before going on a road trip**

해설 '기름을 넣기 위해 멈추다'의 의미이므로, 동사 stop과 목적을 나타내는 부사적 용법의 to부정사구 to get gas를 이용해 영작한다.

12 **She remembered spending one New Year's Eve in her teens**

해설 '홀로 보냈던 것을 기억하다'의 의미이므로, 동사 remember은 목적어로 동명사를 취한다.

13 **it was a very cold day, I regretted leaving home**

해설 '~한 것을 후회하다'의 의미일 때, 동사 regret은 목적어로 동명사를 취한다.

14 **when we remember to thank others for their acts of kindness**

해설 '~할 것을 기억하다'의 의미일 때, 동사 remember는 목적어로 to부정사를 취한다. 따라서 remember to thank를 이용해 영작한다.

배점	채점 기준
4	어순은 올바르나 동사의 어형이 틀린 경우

01 **what you ought to memorize**, 직독직해는 아래 [구문] 참고

구문 Writing down^V / what you ought to memorize^O / can be helpful //
S V C
because just the act of writing things down / can boost memory.
S' = V' O'

적는 것은 / 네가 암기해야 하는 것을 / 도움이 될 수 있다 //
단순히 적어 내려가는 행동이 / 기억을 증진시킬 수 있기 때문이다.

• 문장의 주어인 동명사 Writing down의 목적어로 what이 이끄는 명사절이 사용되었다.

02 **that their company would be stronger if they joined forces, shared resources, and supported one another**

구문 The executive tried to persuade the employees // that their company would be stronger /
S V V' IO' DO'
if they joined forces, shared resources, and supported one another.

경영진은 직원들을 설득하려고 애썼다 // 그들의 회사는 더 강해질 것이라고 /
그들이 힘을 합치고, 자원을 공유하고, 서로 지지한다면.

03 **the way to get more time is to speed up**

구문 We tend to assume^V / the way (to get more time) / is to speed up^O, //
S V O
but this can actually slow us down overall / by skipping some important work.

우리는 추정하는 경향이 있다 / (더 많은 시간을 얻는) 방법은 / 속도를 내는 것이라고, //
그러나 이는 사실상 우리의 속도를 전반적으로 늦출 수 있다 / 몇 가지 중요한 일을 빠뜨리면서.

• the way ~ speed up은 assume의 목적어 역할을 하는 명사절이며 앞에 접속사 that이 생략된 형태이다.

04 **that copyright covers the expression of an idea and not the idea itself**

구문 Note // that copyright covers the expression of an idea / and not the idea itself.
V O
For example, / all smartphones have similar functions // but they don't violate copyright.

알아두어라 // 저작권은 아이디어의 표현을 다룬다는 점을 / 아이디어 그 자체가 아니라.
예를 들어, / 모든 스마트폰은 비슷한 기능을 가지고 있다 // 그러나 그것들은 저작권을 침해하지 않는다.

05 **that most Americans are poorly informed about politics, whether citizens are equipped to play the role democracy assigns them**

구문 Ever since the opinion polls revealed / that most Americans are poorly informed about politics, //
S' V' O'
analysts have asked / whether citizens are equipped / to play the role [democracy assigns them].
S V O

여론 조사가 드러낸 이후로 / 대부분의 미국인들은 정치에 대해 잘 모른다는 것을, //
분석가들은 물었다 / 시민들이 준비되었는지를 / [민주주의가 그들에게 부여하는] 역할을 할.

• democracy assigns them은 the role을 수식하는 관계사절로, 목적격 관계대명사 that[which]이 생략된 형태이다.

배점	채점 기준
5	목적어만 바르게 찾은 경우
5	직독직해만 바르게 한 경우

06 **whether** | 그 시장은 개회식에 참석할지 안 할지를 결정하지 않았다.

해설 문장 끝에 or not이 있고 '~인지 아닌지'라는 의미가 되어야 하므로 접속사 whether가 알맞다.

07 **that** | 여러분이 자녀를 비판할 생각을 한다기보다는 여러분이 자녀를 지지한다는 것을 자녀가 알게 되는 환경을 만들어라.

해설 동사 know의 목적어로 쓰인 명사절에서 빠진 문장 성분이 없이 '~하는 것'이라고 해석되므로, 접속사 that이 알맞다.

구문 Create an environment [in which your children know // that you are with them], / rather than looking to criticize them.

08 **what** | 나는 최선을 다했고 '노력의 즐거움'이라는 것이 무엇을 뜻하는지를 알기 시작했다. 열심히 노력해서 달성하는 것 다음으로 가장 좋은 것은, 열심히 노력했으나 미치지 못하는 것이다.

> 해설 뒤에 주어가 빠진 불완전한 절이 이어지므로 접속사 that은 쓸 수 없다. 의미상으로도 동사 understand의 목적어 자리에는 '무엇이 ~인지'라는 뜻의 의문사절이 와야 하므로 의문사 what이 알맞다. 의문사가 접속사로서 명사절을 이끄는 간접의문문은 〈의문사(+주어)+동사〉의 어순을 취한다.

09 **ⓑ, ⓒ**

ⓐ 만약 당신이 같은 방식을 따라 같은 연구를 다시 한다면 똑같은 결과를 얻게 될 가능성이 있다.

> 해설 '만약 ~라면'의 의미로 조건을 나타내는 부사절이다.

ⓑ 만약 식당 근무자가 당신에게 투명한 액체가 든 컵을 가져다준다면, 그것이 물인지 물어볼 필요가 없다.

> 해설 '~인지'의 의미로 동사 ask의 목적어 역할을 하는 명사절이다.

ⓒ 사람들은 새로운 개발 계획이 추진될지 궁금해할 것이다.

> 해설 '~인지'의 의미로 동사 wonder의 목적어 역할을 하는 명사절이다.

ⓓ 품질 보증서의 조항에는 제품에 만약 어떤 문제가 있다면 소비자는 두 달 이내에 전액 환불을 받을 자격이 있다고 명시되어 있다.

> 해설 that절 이하 전체는 동사 indicate의 목적어 역할을 하는 명사절이지만, 그 안의 if절은 '만약 ~라면'의 의미로 조건을 나타내는 부사절이다.

배점	채점 기준
4	한 개만 바르게 찾은 경우

10 **if I can change my submitted paper to the revised one**

> 해설 '~인지 아닌지'의 의미로, 동사 know의 목적어 역할을 하는 명사절을 접속사 if를 이용해 영작한다.

11 **synthesize the information and write what you learned**

> 해설 '네가 배웠던 것을 쓰다'는 동사 write의 목적어로 관계대명사 what이 이끄는 명사절이 오도록 영작한다. 이때 what절은 목적어가 없는 불완전한 절이다.

12 **whatever flood victims need to go back to their normal lives**

> 해설 '~하는 것은 무엇이든'이라는 뜻은 〈whatever+주어+동사〉로 표현한다. '돌아가기 위해'는 목적을 나타내는 부사적 용법의 to부정사 to go back을 이용해 영작한다. 동사 announced 뒤에는 명사절을 이끄는 접속사 that이 생략되었다.

> 구문 The government announced // they would provide / whatever flood victims need / to go back to their normal lives /
> S' V' O' 부사적 용법 〈목적〉
> as soon as possible.

배점	채점 기준
4	어순은 올바르나 동사의 어형이 틀린 경우

UNIT 11 전치사의 목적어 역할을 하는 구와 절

01 **studying, 직독직해는 아래 [구문] 참고**

> 구문 No matter where he was, // he committed himself to studying.
> 전치사의 목적어
> 그가 어디에 있더라도, // 그는 공부하는 것에 전념했다.
> • 〈no matter where+주어+동사〉는 '어디에서 ~하더라도'의 의미로 〈wherever+주어+동사〉로 바꾸어 쓸 수 있다.

02 **developing alternative green technologies to slow climate change**

> 구문 Do you think // we have no chance (of developing alternative green technologies / to slow climate change)?
> 전치사의 목적어
> 당신은 생각하는가 // 우리에게 가망이 없다고 (대체 녹색 기술을 개발할 / 기후 변화를 늦출)?

03 being in ill health

구문 The new tunnel officially opened, // and the architect, (in spite of being in ill health), attended the opening ceremony.

S_1 V_1 S_2 전치사의 목적어 V_2 O_2

새로운 터널이 공식적으로 개통되었다. // 그리고 설계자는, (좋지 못한 건강에도 불구하고), 개회식에 참석했다.

04 learning anger management strategies, how you respond to angry feelings

구문 By learning anger management strategies, / you can develop control, choices, and flexibility /

전치사의 목적어

in how you respond to angry feelings.

전치사의 목적어

분노 조절 전략을 배움으로써, / 당신은 통제, 선택, 그리고 융통성을 발전시킬 수 있다 /

분노의 감정에 대응하는 방식에 있어.

05 one or two charities, what the charity is doing, whether it is really having a positive impact

구문 Those [who donate substantial amounts to one or two charities] / seek evidence

S 전치사의 목적어 V O

(about what the charity is doing │and│ whether it is really having a positive impact).

전치사의 목적어₁ 전치사의 목적어₂

사람들은 [한두 개의 자선 단체에 상당한 금액을 기부하는] / 증거를 찾는다

(그 자선 단체가 무엇을 하고 있는지와 그것이 실제로 긍정적인 영향을 미치고 있는지에 관한).

배점	채점 기준
[01~02번] 4 [03~05번] 5	목적어만 바르게 찾은 경우
5	직독직해만 바르게 한 경우

---

06 ○ | 비언어적 의사소통은 우리가 다른 사람들에게 의미와 정보를 전달하는 방식에 있어 중요한 역할을 한다.

해설 전치사의 목적어로 접속사 how가 이끄는 명사절이 문맥상 '~하는 방식'이라는 의미로 적절히 쓰였다.

07 ✕, → developing | 많은 주민들이 국립공원에 인접한 그 지역을 상업적 목적으로 개발하는 데 반대했다.

해설 be opposed to에서 to는 전치사이므로, 뒤에 동명사가 와야 한다.

08 ✕, → reaching | 코끼리는 단순히 코를 서로의 입에 뻗음으로써 서로 인사할 수도 있다.

해설 전치사의 목적어로 접속사 that이 이끄는 절은 올 수 없다. 문맥상 코를 서로의 입에 '뻗음으로써' 인사할 수도 있다는 의미가 자연스러우므로, by 뒤에 동명사를 써서 by reaching으로 고쳐야 한다.

09 ○ | 작동하는 데 당신이 손을 사용할 필요가 없는 놀라운 혁신적인 것들이 많이 있지만, 당신의 목소리로 물건들을 제어하는 데 적응하기에는 시간이 좀 걸릴 것이다.

해설 adjust to는 '~에 적응하다'라는 의미로 이때 to는 전치사이다. 따라서 전치사 to의 목적어로 동명사 controlling이 알맞게 사용되었다.

배점	채점 기준
2	틀린 부분을 바르게 고치지 못한 경우

---

10 people did not object to reducing the speed limit to 30km/h

해설 '~에 반대하다'는 object to 표현을 활용한다. 여기서 to는 전치사이므로, '낮추다'라는 뜻의 reduce는 동명사 reducing으로 쓴다.

11 people look forward to taking a trip to vacation spots

해설 '~하는 것을 기대하다'는 look forward to 표현을 활용한다. 여기서 to는 전치사이므로, '여행을 가다'라는 뜻의 take a trip은 동명사구인 taking a trip으로 쓴다.

12 Many customers are used to waiting in line for special shopping events like Black Friday

해설 '~하는 데 익숙하다'는 be used to 표현을 활용한다. 여기서 to는 전치사이므로, '줄 서서 기다리다'라는 뜻의 wait in line은 동명사구인 waiting in line으로 쓴다.

13 When it comes to rewarding achievement with medals, statues and trophies

> 해설 '~에 관해서라면'은 when it comes to 표현을 활용한다. 여기서 to는 전치사이므로, '보상하다'라는 뜻의 reward는 동명사 rewarding으로 쓴다.

배점	채점 기준
4	주어진 표현을 바르게 고르고 어순도 올바르나 동사의 어형이 틀린 경우

UNIT 12 주어를 보충 설명하는 구와 절

01 sitting down on the street, 직독직해는 아래 [구문] 참고

> 구문 After he bumped into a passerby, // he stayed sitting down on the street, / and rubbed his head.
> S V₁ C₁ V₂ O₂
>
> 그가 행인과 부딪힌 후에, // 그는 길에 앉은 채로 있었다. / 그리고 머리를 문질렀다.

02 disappointed

> 구문 When I heard / the Korean team didn't make it to the semifinals of the basketball tournament, //
> S′ V′ O′
> I got disappointed.
> S V C
>
> 내가 들었을 때 / 한국 팀이 농구 시합의 준결승전에 진출하지 못했다는 것을, //
> 나는 실망했다.

03 that people won't need a license to operate them in the future

> 구문 The ultimate goal of driverless cars is // that people won't need a license to operate them in the future.
> S V C
>
> 무인 자동차의 궁극적인 목적은 ~이다 // 미래에 사람들이 그것을 운전하는 데 면허가 필요 없으리라는 것.

배점	채점 기준
5	보어만 바르게 찾은 경우
5	직독직해만 바르게 한 경우

04 ⓐ | 세균을 없애려면 손을 알맞은 방법으로 씻기만 하면 된다.

> 해설 to부정사 to wash가 이끄는 구가 문장의 보어 역할을 하는 것이 알맞다.

> 구문 All [you have to do] is to wash your hands the right way / to get rid of germs.
> S V C

05 ⓒ | 세계에서 가장 높은 빌딩 중 하나를 설계하는 것은 그녀가 아주 어린 나이였을 때부터 하고 싶었던 것이었다.

> 해설 문장의 보어로 쓰인 절(she ~ age)에 동사 do의 목적어가 없으므로, '~하는 것'이라는 선행사를 포함한 관계대명사 what이 알맞다.

06 ⓑ | 우리들 대부분의 문제는 우리가 비판으로 구원받기보다는 칭찬으로 망가지길 원한다는 것이다.

> 해설 문장의 보어 자리에 〈주어 + 동사〉를 갖춘 절이 이어지고 의미상 '~것'이라는 의미가 필요하므로 접속사 that이 알맞다.

07 motivated | 규칙적으로 운동하고 너의 목표를 종이에 써라. 그러면 동기 부여된 상태를 유지할 수 있다.

> 해설 주어인 you와 motivate가 수동의 관계이므로, 보어 자리에 과거분사인 motivated가 알맞다.

08 fascinating | 버스 창문을 내다보면서, Jonas는 침착함을 유지할 수 없었다. 버스가 Alsace로 향해 가면서 풍경은 매혹적이었다.

> 해설 주어인 The landscape와 fascinate(매혹하다, 마음을 사로잡다)가 능동의 관계이므로, 보어 자리에 현재분사인 fascinating이 알맞다.

09 aroused | 약물이나 폭발물 탐지견들은 하나의 냄새를 다른 냄새와 구별하는 법을 알고, 다른 냄새에 비해 하나의 냄새에 의해 감정적으로 자극받도록 훈련받는다.

> 해설 개들이 '자극을 받는' 수동의 관계이므로, 보어 자리에 과거분사인 aroused가 알맞다.

10 ⓒ, ⓓ

ⓐ 그 군대는 종전 선언 전에 서부 해안을 침략할 예정이었다.

해설 '~할 예정이다'라는 뜻의 〈be to부정사〉 구문이다.

ⓑ 그녀는 길가에서 자신의 자동차 타이어를 갈고 있었다.

해설 was changing은 과거진행형으로 과거에 진행 중이었던 일을 나타낸다.

ⓒ 친구들과의 관계를 구축하는 가장 좋은 방법은 현존하는 관계에 시간을 투자함으로써 시작하는 것이다.

해설 보어로 쓰인 to부정사구이다.

ⓓ 때때로 최상의 결정은 그냥 포기하고 넘어가는 것이다.

해설 보어로 쓰인 동명사구이다.

배점	채점 기준
4	한 개만 바르게 찾은 경우

11 The principal felt relieved as she heard

해설 교장이 '안도 된' 것이므로 동사 felt의 보어로 과거분사 relieved를 쓴다. '소식을 듣고'는 '~하면서'라는 의미로 때를 나타내는 접속사 as를 사용하여 영작한다.

12 My duty was asking for donations to help the homeless

해설 '~하는 것'이라는 뜻으로 보어 자리에는 동명사구를 쓴다.

13 whether the international society should forbid legal nuclear activities

해설 '~인지'라는 뜻으로 보어 자리에는 접속사 whether가 이끄는 명사절을 쓴다.

14 what you have to do is to look at ordinary things with childlike awe

해설 '~은 …이다'는 〈주어 + be동사 + 보어〉의 순으로 영작할 수 있다. '보는 것'이라는 뜻으로 보어 자리에는 to부정사인 to look at을 쓴다.

UNIT 13 목적격보어 역할을 하는 준동사구

01 your employees, feel appreciated, 직독직해는 아래 [구문] 참고

구문 Providing snacks now and then / can help your employees feel appreciated.
　　　　 S　　　　　　　　　　　　 V　　　　 O　　　　 C

때때로 간식을 제공하는 것은 / 직원들이 인정받고 있다고 느끼도록 도울 수 있다.

02 things, done more efficiently

구문 A way (to get things done more efficiently / and get better results) / is to do the right thing / at the right time of day.
　　　　　 V′ O′　　 C′

방법은 (일들이 더 효율적으로 수행되게 하기 위한 / 그리고 더 나은 결과를 얻기 위한) / 적절한 일을 하는 것이다 / 하루 중 적절한 때에.

03 an employer, to meet particular demands

구문 A strike is the ceasing of work (by employees of an industry / with the objective
　　　　　 S　 V　　 C
(of forcing an employer to meet particular demands)).
　　　 V′　　 O′　　　 C′

파업은 일의 중단이다 (업계의 직원들에 의한 / 목적을 가지고
(고용주가 특정한 요구에 응하도록 강요하는)).

04 him, running from the crime scene a few miles away

구문 A man [who robbed a jewelry shop] didn't get too far, // so police caught him
　　　　　　　　　　　　　　　　　　　　　　　　　　　　　　　　S　　V　　O

running from the crime scene a few miles away.
　　　　　　　　　C

[귀금속점에서 도둑질한] 남자는 그렇게 멀리 가지 못했다. // 그래서 경찰은 그가
범죄 현장에서 몇 마일 떨어진 곳에서 달아나는 것을 잡았다.

05 her friend, fixing her eyes on the fish struggling to make it over the falls

구문 Watching the salmon, / Marie noticed her friend fixing her eyes / on the fish (struggling to make it over the falls).
　　分사구문(동시 상황)　　　　　S　　　V　　　　O　　　　　　　C

연어를 바라보면서, / Marie는 그녀의 친구가 눈을 고정하고 있는 것을 알아챘다 / 그 물고기에 (폭포 너머까지 가려고 애쓰는).

배점	채점 기준
4	목적격보어만 바르게 찾은 경우
4	직독직해만 바르게 한 경우

---

06 repaired | 나는 길에서 가벼운 사고를 당했고, 보험 회사를 통해 내 차가 수리되게 했다.

해설 차는 '수리되는' 대상이므로, 동사 got의 목적격보어로 과거분사인 repaired를 쓴다.

07 escape | 영화는 사람들이 두 시간 동안 지루한 매일의 일상에서 벗어나 새로운 세계에 뛰어들게 한다.

해설 사람들이 일상에서 '벗어나는' 주체이므로, 사역동사 let의 목적격보어 자리에는 동사원형을 쓴다.

구문 Movies let people escape the tedious everyday life for two hours and adventure into new worlds.
　　　S　　V　　O　　　　　　　　C₁　　　　　　　　　　　　　　　　　　C₂

08 to do | 우리는 우리가 잘하지 못하는 일인, 기계에 요구되는 굉장한 정밀성과 정확성을 가지고 반복된 작업을 수행하도록 사람들에게 요구한다.

해설 동사 require는 목적격보어로 to부정사를 취한다.

구문 We require people to do repeated operations / with the extreme precision and accuracy (required by machines)
　　S　　V　　O　　　　　C

/ — something [we are not good at].

· required by machines는 the extreme precision and accuracy를 수식하는 과거분사구이다.
· we are not good at은 something을 수식하는 목적격 관계대명사가 생략된 관계대명사절이다.

09 feel | 여러분이 누군가에게 (그 자신이) 아주 중요한 사람이라는 기분을 느끼게 하면, 그 사람은 세상을 가진 기분일 것이고 그들의 활력 수준은 빠르게 증가할 것이다.

해설 누군가가 중요한 사람이라는 기분을 '느끼는' 주체이므로, 사역동사 make의 목적격보어 자리에는 동사원형을 쓴다.

---

10 ○ | 문제가 생기면 원본으로 돌아갈 수 있도록, 이 복사본으로 작업하고 원본은 손대지 말고 두세요.

해설 원본은 '손대지 않은' 채로 두라는 의미이므로, 동사 leave의 목적격보어로 과거분사 untouched가 알맞게 쓰였다.

11 ✕, growing → (to) grow | 나비들은 꽃마다 다니며 꽃가루를 전달하기 때문에, 우리가 다른 식물을 키우는 데 도움이 된다.

해설 동사 help는 목적격보어로 동사원형이나 to부정사를 취한다.

12 ✕, behave → to behave | 아이들이 어른에 의해 관찰 받고 있다는 것을 아는 것만으로도 더 낫게 행동하게 할 수 있다.

해설 동사 cause는 목적격보어로 to부정사를 취하므로 behave를 to behave로 고쳐야 한다.

구문 Simply knowing // that they are being observed by an adult / can cause children to behave better.
　　　　　　S　　　　　　　　　　　　　　　　　　　　　　　V　　　O　　　　C

배점	채점 기준
2	틀린 부분을 바르게 고치지 못한 경우

13 did not[didn't] want guests (to be) bothered

> 해설 '성가시게 되는 것을 원하다'는 〈want + 목적어 + 목적격보어〉 구문을 활용한다. 이때 목적어인 guests는 '성가시게 되는' 대상이므로 목적격보어로 과거분사인 bothered를 쓴다. to부정사 형태인 to be bothered도 가능하다.

> 구문 Walt Disney did not want guests bothered / by stepping on gum (purchased in the park).
>   S   V   O   C
> • purchased in the park는 gum을 수식하는 과거분사구이다.

14 saw the two politicians debate[debating] the pros or cons of increasing taxes

> 해설 '그 두 정치인이 토론하는 것을 보다'는 〈see + 목적어 + 목적격보어〉 구문을 활용한다. 지각동사의 목적격보어는 원형부정사 debate를 쓰지만, 진행의 의미를 강조하는 현재분사인 debating도 가능하다.

15 He hopes to have the work completed

> 해설 '그 업무가 완료되게 하다'는 사역동사 have를 이용해 〈have + 목적어 + 목적격보어〉 구문으로 영작한다. 이때 업무(the work)는 '완료되는' 대상이므로 목적격보어로 과거분사인 completed를 쓴다.

16 him to keep his eyes closed

> 해설 동사 tell은 목적격보어로 to부정사를 취하므로, him 뒤에는 to keep으로 시작하는 to부정사구를 쓴다. 이때 keep의 목적어 his eyes는 '감기는' 대상이므로 목적격보어로 과거분사인 closed를 쓴다.

배점	채점 기준
4	어순은 올바르나 동사의 어형이 틀린 경우

UNIT 14 SV 뒤의 '명사'

01 ⓐ, 직독직해는 아래 [구문] 참고

구문 Teachers need strong interpersonal skills / in order to work collaboratively with students and parents.
　　　　S　　V　　　　O　　　　　　　　　　　　　to-v의 부사적 용법 ((목적))
교사들은 강력한 대인관계 기술이 필요하다 / 학생들 그리고 학부모들과 협력적으로 일하기 위해서.

02 ⓑ

구문 In my eyes, / he became an expert on almost everything, (like speaking foreign languages perfectly /
　　　　　　　　S　　V　　C
or solving math problems without any difficulty).
내가 보기에는, / 그는 거의 모든 것에 전문가가 되었다. (외국어를 완벽히 구사하는 것과 같은 /
혹은 아무 어려움 없이 수학 문제를 푸는 것과 같은).

03 ⓒ

구문 In the middle of the night, / she went downstairs along with her family / to check // who was knocking on their door.
　　　　부사구　　　　　　　　　　S　　V　　부사　　　　　　　　　　　　　to-v의 부사적 용법 ((목적))
한밤중에, / 그녀는 자신의 가족과 함께 아래층으로 내려갔다 / 확인하기 위해 // 누가 문을 두드리고 있는지를.

04 ⓐ

구문 Minorities [that are active and organized] / can create social conflict, doubt and uncertainty /
　　　　S　　　　　　　　　　　　　　V　　　　O
among members of the majority, // and this can lead to social change.
[활동적이고 조직화된] 소수자들은 / 사회적 갈등, 의혹 그리고 불안정을 만들 수 있다 /
다수 집단의 구성원들 사이에서, // 그리고 이는 사회 변화로 이어질 수 있다.

05 ⓑ

구문 The provision of timely, constructive feedback / to participants on performance / is an asset [that some competitions and
　　　　　　　　　　　　　　S　　　　　　　　　　　　　　　　　　　　　　　　V　　C
contests offer].
시기적절하고 건설적인 피드백의 제공은 / 참가자들에게 성과에 대한 / 이점이다 [일부 시합과 대회가 제공하는].

배점	채점 기준
5	문장 성분만 바르게 찾은 경우
5	직독직해만 바르게 한 경우

06 **땅속에서 자란다** | 나무의 뿌리는 보통 땅속에서 자란다.

해설 SV 문형에 쓰인 grow는 '자라다'라는 의미이다.

07 **그녀 자신의 채소를 길렀다** | 그녀는 자신의 채소를 기를 때 만족스러워 보였다.

해설 SVO 문형에 쓰인 grow는 '~을 기르다, 재배하다'라는 의미이다.

08 **언젠가 매우 중요할 것이다** | 기초 과학을 지원하는 것은 언젠가 매우 중요할 것이다.

해설 SV 문형에 쓰인 count는 '중요하다, 가치가 있다'라는 의미이다.

09 **칼로리를 계산한다** | 많은 사람들이 체중 감량을 위해 칼로리를 계산하지만, 그들은 균형 잡힌 영양을 섭취하는 것을 의식해야 한다.

해설 SVO 문형에 쓰인 count는 '계산하다; 세다'라는 의미이다.

10 **is a clean and renewable power source**

해설 주어가 단수명사 hydroelectric power이므로 단수동사 is를 쓰고, 뒤에 보어 역할을 하는 명사를 쓴다.

11 A chance to visit the wildlife sanctuary came last year

> 해설 주어 자리의 '~할 기회'는 A chance를 to부정사구가 수식하는 구조로 쓴다. 동사는 came이며, 그 뒤에 시간을 나타내는 부사가 사용되었다.

12 Tourists from different places can learn new tastes and ways of thinking

> 해설 주어 자리의 '각기 다른 지역에서 온 관광객들'은 Tourist를 전명구가 수식하는 구조로 쓴다. 뒤에는 동사 can learn과 명사구 형태의 목적어 new tastes and ways of thinking을 쓴다.

> 구문 Tourists (from different places) / can learn new tastes and ways of thinking, // which may lead to a better understanding
>   S   V   O
> among themselves.
> • which는 앞의 절 전체를 선행사로 하는 계속적 용법의 주격 관계대명사이다.

13 Teens who are confident have high self-esteem and become happy adults

> 해설 주어 자리의 '자신감이 있는 십 대'는 Teens를 who가 이끄는 관계대명사절이 수식하는 구조로 쓴다. 술부는 〈동사(have)+목적어(high self-esteem)〉와 〈동사(become)+보어(happy adults)〉가 접속사 and로 병렬 연결되도록 쓴다.

> 구문 Teens [who are confident] have high self-esteem and become happy adults.
>   S   V₁   O₁   V₂   C₂

배점	채점 기준
4	어순은 올바르나 동사의 어형이 틀린 경우

UNIT 15 SV 뒤의 '전명구'

01 ⓑ, 직독직해는 아래 [구문] 참고

> 구문 My older brother was out of mind with worry / because of the upcoming exam.
>   S   V   C
> 나의 오빠는 걱정으로 정신이 없었다 / 다가오는 시험 때문에.

02 ⓐ

> 구문 Traveling Jeju Island with my friends will forever remain / in my memory / as the best moment of my life.
>   S   V   부사구
> 친구들과의 제주도 여행은 영원히 남아 있을 것이다 / 내 기억 속에 / 인생 최고의 순간으로.

03 ⓑ

> 구문 Entering the old and gigantic concert hall / was like stepping into a splendid castle.
>   S   V   C
> 오래되고 거대한 콘서트홀에 입장하는 것은 / 화려한 성으로 발을 들이는 것과 같았다.

04 ⓐ

> 구문 A fast-moving landslide usually occurs / during periods of heavy rain.
>   S   V   부사구
> 속도가 빠른 산사태는 주로 일어난다 / 폭우 기간에.

05 ⓐ

> 구문 Alien plants compete with indigenous species for space, light, nutrients and water, //
>   S   V   부사구
> and the introduction of them can result in the disruption of natural plant communities.
> 외래(종) 식물은 공간, 햇빛, 영양분, 그리고 물을 두고 토착종과 경쟁한다. //
> 그리고 이것들의 도입은 천연 식물 군락의 붕괴를 낳을 수 있다.

배점	채점 기준
4	문장 성분만 바르게 찾은 경우
4	직독직해만 바르게 한 경우

06 ①, 문장 성분 표시는 아래 [구문] 참고 | 아이들은 할머니의 옥수수 수확을 돕기 위해 한 해의 이맘때에 항상 모였다.

[해설] The children은 주어, gathered는 동사, 이어지는 전명구는 동사를 수식하는 부사의 역할을 한다.

[구문] The children always gathered at this time of year / to assist with grandmother's corn harvest.
     S   V   부사구   to-v의 부사적 용법 ((목적))

07 ① | 갑작스런 천둥과 폭우로 인해, 우리는 근처의 건물로 빠르게 뛰어갔다.

[해설] we는 주어, ran은 동사, 이어지는 전명구는 동사를 수식하는 부사의 역할을 한다.

[구문] Because of the sudden thunder and heavy rain, / we quickly ran / to a nearby building.
        부사구   S   V   부사구

08 ② | 현재 진행 중인 수업에 더하여, 신입생을 위한 스페인어 수업과 새로운 과학 프로그램이 고려되고 있다.

[해설] 문장의 주어는 Spanish class ~ freshmen이고 동사는 are이다. 전명구 under consideration은 주어의 상태를 보충 설명하는 보어로 쓰였다.

[구문] In addition to the ongoing classes, / Spanish class and a new science program (for the freshmen) are under consideration.
       부사구   S   V   C

09 ② | 합리적인 문제들은 십자말풀이처럼, 단계적인 방식으로 해결될 수 있는 그런 것이다.

[해설] 전명구 of the kind는 주어의 성질을 보충 설명하는 보어이다.

[구문] Reasonable problems are of the kind [that can be solved in a step-by-step manner, (like a crossword puzzle)].
   S   V   C

---

10 was in the near future

[해설] '머지않아 있는'이라는 의미로 주어 Christmas를 보충 설명하는 in the near future를 동사 was 뒤 보어 자리에 쓴다.

11 The protesters remained out of control

[해설] 주어는 The protesters, 동사는 remained이며, 주어를 보충 설명하는 out of control을 보어 자리에 쓴다.

12 The company must stay on the cutting edge of its industry

[해설] 주어는 The company, 동사는 must stay이며, 동사를 수식하는 on the cutting ~ industry를 부사 자리에 쓴다.

13 The snake population has declined by 40 percent

[해설] 주어는 The snake population, 동사는 has declined이며, 동사를 수식하는 by 40 percent를 부사 자리에 쓴다.

14 The prize for winning the essay contest slipped out of the envelope

[해설] 주어는 The prize ~ contest, 동사는 slipped이며, 동사를 수식하는 out of the envelope를 부사 자리에 쓴다.

[구문] The prize (for winning the essay contest) / slipped out of the envelope, // and it was tickets to an amusement park.
   S   V   = the prize

UNIT 16 SVO 뒤의 '전명구'

01 (protects), 직독직해는 아래 [구문] 참고

[구문] To wear a mask protects oneself / from the worsening air quality and fine dust pollution.
     S   V   O

마스크를 착용하는 것은 자신을 보호한다 / 악화되고 있는 대기의 질과 미세 먼지 오염으로부터.

02 (observe)

[구문] People observe a leader's subtle expressions of emotion / through body language and facial expressions.
    S   V   O

사람들은 지도자의 미묘한 감정 표현을 관찰한다 / 몸짓 언어와 얼굴 표정을 통해.

03 (the foundations)

구문 Children learn the foundations (of the way [∨ the world works]) / relative to the consciousness and behaviors of their parents.
　　　S　　　V　　　　　　O

아이들은 기초를 배운다 (방식에 대한 [세상이 돌아가는]) / 자기 부모들의 인식과 행동에 비례하여.

• 선행사 the way와 관계부사 how는 함께 쓸 수 없으므로 ∨ 자리에는 관계부사가 생략되었다.

04 (can reduce)

구문 We can reduce the amount of new fiber [that must be obtained from wood] / by increasing paper recycling.
　　S　　V　　　　　　　O

우리는 새로운 섬유의 양을 줄일 수 있다 [나무에서 얻어야만 하는] / 종이 재활용을 늘림으로써.

05 (dominate)

구문 In many school physical education programs, / team sports dominate the curriculum /
　　　　　　　　　　　　　　　　　　　　　　　　　　S　　　　V　　　　O

at the expense of various individual and dual sports, (like tennis, swimming, badminton, and golf).

많은 학교 체육 프로그램에서, / 팀 운동은 교육 과정을 지배한다 /
다양한 개인 혹은 2인 운동을 희생하면서, (테니스, 수영, 배드민턴, 그리고 골프와 같은).

배점	채점 기준
4	수식받는 부분만 바르게 찾은 경우
4	직독직해만 바르게 한 경우

06 올림픽을 한 국가를 국제무대로 끌어올릴 행사로 간주한다 | 사람들은 올림픽을 한 국가를 국제무대로 끌어올릴 행사로 간주한다.

해설 regard A as B: A를 B로 간주하다

구문 People regard the Olympics / as an event [that will lift a country to the global stage].

• that 이하는 an event를 수식하는 주격 관계대명사절이다.

07 모든 것이 좋은 상태인 것을 확인했다 | 판매원은 나에게 내가 살 차의 상태를 살펴볼 것을 요청했고, 나는 모든 것이 좋은 상태인 것을 확인했다.

해설 전명구 in good condition은 목적어 everything을 부연 설명하는 목적격보어로 쓰였다.

08 내 발언을 함께 새 사업을 시작하자는 제안으로 간주했다 | 내 동료는 내 발언을 함께 새 사업을 시작하자는 제안으로 간주했다.

해설 look upon A as B: A를 B로 간주하다

구문 My co-worker looked upon my remark / as a proposal (to start a new business together).

• to부정사구 to start 이하는 a proposal을 수식한다.

09 I appreciate your effort in giving me a hand

해설 동사 appreciate, 목적어 your effort 다음의 목적어를 수식하는 '도움을 주는 데 (기울인)'는 전치사 in과 동명사구 giving me a hand로 영작한다.

10 will change you by making you enjoy progress

해설 동사 will change, 목적어 you 다음의 동사를 수식하는 전명구 by 이하를 영작한다. by 이하에는 〈make + 목적어 + 목적격보어 (～가 …하게 하다[만들다])〉 구문이 쓰였다.

11 treat the mobile phone as an essential necessity of life

해설 동사 treat, 목적어 the mobile phone 순으로 영작한 뒤, 목적어를 부연 설명하는 목적격보어로 as 이하를 쓴다.

12 Some people thought of democracy as something

해설 '생각하다'라는 뜻의 동사구 think of의 과거형인 thought of 뒤에 목적어 democracy와 목적어를 부연 설명하는 목적격보어로 as 이하를 쓴다.

13 water is vital to keeping your body and brain in good shape

해설 '～에 필수적이다'라는 뜻의 be vital to에서 to는 전치사이므로 목적어로 동명사 keeping이 온다. 동명사 뒤에는 목적어 your body and brain과 목적어를 부연 설명하는 목적격보어로 in good shape를 쓴다.

14 My father left me in disappointment

해설 '～를 실망감에 빠뜨리다'는 〈leave + 목적어 + 목적격보어(전명구)〉의 형태로 영작한다.

배점	채점 기준
4	어순은 올바르나 동사의 어형이 틀린 경우

UNIT 17 SV 뒤의 '명사¹ + 명사²'

01 C, 직독직해는 아래 [구문] 참고

해설 him = the most brilliant scholar ~의 관계가 성립하므로 목적격보어이다.

구문 The scholarship foundation named him / the most brilliant scholar of the year.
　　　　　　S　　　　　　　　V　　　O　　　　　C

장학 재단은 그를 지명했다 / 올해의 가장 뛰어난 학자로.

02 O

해설 여러분(you)에게 인명 구조 전문 지식(full life-saving expertise ~)을 준다는 의미이므로 간접목적어-직접목적어 관계이다.

구문 Our safety training offers you / full life-saving expertise [that you can then use / to deliver vital support in emergencies].
　　　S　　　　　　　V　　IO　　　　DO

저희 안전 교육은 여러분에게 제공합니다 / 모든 인명 구조 전문 지식을 [여러분이 나중에 사용할 수 있는 / 만일의 상황에 꼭 필요한 도움을 주는 데].

03 C

구문 The host declared the little boy [who survived to the last round] / the winner of the quiz show.
　　　S　　V　　　O　　　　　　　　　　　　　　　　　C

진행자는 어린 소년을 발표했다 [결승전까지 살아남은] / 퀴즈 쇼의 우승자로.

04 C

구문 If you are in pursuit of someone else's standards, // it may be time
　　　　　　　　　　　　　　　　　　　　　　　　　V　C

(to define your personal expectations for yourself / and make self-fulfillment your goal).
　V'₁　　　O'₁　　　　　　　　　　　V'₂　　　O'₂　　　C'₂

다른 사람의 기준을 추구하고 있다면, // ~할 때일지도 모른다
(당신을 위한 당신의 개인적인 기대를 정의하고 / 자기실현을 당신의 목표로 세울).

05 O

구문 Social relationships benefit / from people giving each other compliments now and again //
　　　S　　　　　　V　　　　의미상 주어　V'　　IO'　　　DO'

because people like to be liked / and like to receive compliments.
　　　S'　V'₁　O'₁　　　V'₂　　O'₂

사회적 관계는 이로움을 얻는다 / 때때로 사람들이 서로에게 칭찬을 해주는 것으로부터 //
왜냐하면 사람들이 사랑받기를 좋아하기 때문이다 / 그리고 칭찬받기를 좋아하기 (때문이다).

배점	채점 기준
4	O, C 표시만 바르게 한 경우
4	직독직해만 바르게 한 경우

06 ①, 문장 성분 표시는 아래 [구문] 참고 | 종이에 글을 씀으로써, 우리는 우리의 마음을 적어 누군가에게 보여줄 수 있다.

구문 By writing on a page, / we can show someone our heart.
　　　　　　　　　　　　　　S　　V　　O(= IO)　O(= DO)

07 ② | 학기 말에, 학생들은 그 전학생을 학생회장으로 선출했다.

구문 At the end of the semester, / the students elected the transfer student the president of student council.
　　　　　　　　　　　　　　S　　　V　　　O　　　　　　C

08 ① | 나는 지도 교수 중 한 명에게 논문 주제를 설명하는 이메일을 여러 개 보냈다.

구문 I sent one of my supervisors several emails [that explained the thesis topics].
　S　V　O(= IO)　　　　O(= DO)

09 ② | 사람들은 그의 뛰어난 공연 때문에, 처음에 그 남자를 전문적인 음악가로 생각했다.

구문 People thought the man a professional musician first, / because of his outstanding performance.
　　　S　　V　　O　　　　C　　　　부사　　　　　부사구

10 People in the court room supposed him the witness

해설 '그(A)를 목격자(B)로 생각하다'는 suppose A B 순으로 영작한다.

11 told us his new plans for the future

해설 우리(A)에게 그의 미래를 위한 새로운 계획들(B)을 told A B 순으로 영작한다.

12 we often consider the word "great" a positive adjective

해설 ''엄청난'이라는 단어(A)를 긍정적인 형용사(B)로 생각하다'는 consider A B 순으로 영작한다.

13 call English a world language because it is widely used

해설 '영어(A)를 세계 언어(B)라고 부르다'는 call A B 순으로 영작한다.

14 by giving the buyers a choice of colors, sizes, and styles

해설 '구매자들(A)에게 색깔, 크기, 그리고 스타일의 선택지(B)를 줌으로써'는 by giving A B 순으로 영작한다.

배점	채점 기준
4	어순은 올바르나 동사의 어형이 틀린 경우

UNIT 18 SVO 뒤의 'to-v'

01 ①, 직독직해는 아래 [구문] 참고

구문 To make plans for the future, / the brain must have the ability (to focus on the relevant parts of prior experiences).
부사구 ／ S V O
미래를 위한 계획을 하기 위해 / 뇌는 능력을 가지고 있어야 한다 (이전 경험의 관련된 부분에 집중할).

02 ②

구문 The performance-based benefits compelled / me to perform better at my work / and (to) contribute more to the company.
S V O C₁ C₂
성과를 기반으로 한 수당은 ~하게 만들었다 / 내가 업무를 더 잘 수행하고 / 회사에 더 기여하게.

03 ②

구문 Exercising leadership requires / you to venture beyond the boundaries of your current experience /
S V O C₁
and (to) explore new territory.
C₂
리더십을 발휘하는 것은 요구한다 / 당신이 현재 경험의 한계를 넘어 나아가고 /
새로운 영역을 개척하는 것을.

04 ①

구문 Charles Dickens used his desperate experience as a child laborer / to write his novel.
S V O to-v의 부사적 용법 ((목적))
Charles Dickens는 어린이 노동자로서의 자신의 절망적인 경험을 사용했다 / 그의 소설을 쓰기 위해.

05 ②

구문 The lack of real, direct experience in nature has caused / many children to regard the natural world / as a filmed place
S V O C
(filled with endangered rainforests).
자연 속에서의 실질적이고 직접적인 경험의 부족은 ~하게 했다 / 많은 어린이들이 자연의 세계를 간주하게 / (멸종 위기의 열대 우림으로 가득한) 촬영된 장소로.

배점	채점 기준
4	문장 형식만 바르게 고른 경우
5	직독직해만 바르게 한 경우

06 do → to do | 모든 성공적인 선수들은 자신들의 훈련을 지칠 줄 모르고 하는 신체적이고 정신적인 능력이 있다.

해설 목적어 the physical and mental ability를 수식하는 형용사적 용법의 to부정사구 to do로 고쳐야 한다.

07 meet → to meet | 미국 주식 시장을 관리하는 기관은 그들의 주식이 거래소에 오를[상장될] 수 있기 전에 회사들이 특정한 보도 요건을 충족하도록 강요한다.

해설 한 문장에 접속사 없이 두 개의 동사가 쓰일 수 없다. 〈force + 목적어 + 목적격보어(to-v)〉는 '~가 v하게 강요하다'라는 뜻이다. 따라서 meet을 to부정사 to meet으로 고쳐야 한다.

구문 The institution [that monitors American stock markets] forces firms to meet certain reporting requirements // before their
　　　　　S　　　　　　　　　　　　　　　　　　　　　　V　　O　　　C
stock can be listed on exchanges.

08 ✕ | 고인이 된 사진작가 Jim Marshall은 Grammy Trustees Award를 수상한 처음이자 유일한 사진작가라는 명예를 지닌다.

해설 the first and only photographer를 수식하는 형용사적 용법의 to부정사구 to be presented가 바르게 쓰였다.

구문 The late photographer Jim Marshall holds the distinction (of being the first and only photographer (to be presented with
　　　　　　　　　　　　　　　　　S　　　　　　　V　　　　O
the Grammy Trustees Award)).

• the distinction과 of 이하는 동격이다.

배점	채점 기준
2	틀린 부분을 바르게 고치지 못한 경우

09 asked my grandfather to control his blood pressure

해설 '~가 v할 것을 요청하다'는 〈ask + 목적어 + 보어(to-v)〉 구문을 활용한다.

10 established the foundation to promote the education of fine arts

해설 '미술 교육을 활성화하기 위해'는 목적을 나타내는 부사적 용법의 to부정사 to promote를 이용해 영작한다.

11 you should select the best website to advertise your business

해설 '당신의 사업을 광고할 가장 좋은 웹사이트'는 형용사적 용법의 to부정사 to advertise가 the best website를 수식하는 구조로 영작한다.

12 enable us to move our face into lots of different positions

해설 '~가 v할 수 있게 하다'는 〈enable + 목적어 + 보어(to-v)〉 구문을 활용한다.

13 were seeking new markets to sell their goods and (to) get cheaper natural resources

해설 '그들의 제품을 팔고 더 저렴한 천연자원을 얻을'은 new markets를 형용사적 용법의 to부정사 to sell과 to get이 접속사 and로 병렬 연결되어 수식하는 구조로 영작한다. 이때 뒤에 오는 to get의 to는 생략 가능하다.

배점	채점 기준
4	어순은 올바르나 동사의 어형이 틀린 경우

UNIT 19 SV 뒤의 '명사 + v-ing'

01 문장 성분 표시는 아래 [구문] 참고, ② | 아이들의 음악회 동안, 선생님은 아이들이 친구들과 춤추는 것을 시작하게 했다.

해설 the children과 dancing은 주어-술어 관계가 성립하는 목적어-목적격보어 관계로, 문장에서 dancing을 삭제하면 의미가 통하지 않는다.

구문 During the children's concert, / the teacher got the children dancing with their friends.
　　　　　　　　　　　　　　　　　　　　　　　S　　　　V　　　O　　　C

02 ② | 많은 청중 앞에서 말하는 것은 땀이 그녀의 얼굴과 목에 흘러내리기 시작하게 한다.

구문 Speaking before a large audience keeps the sweat starting to run down her face and neck.
　　　　　S　　　　　　　　　　　　　　V　　　　O　　　　　　　　C

03 ① | 이 상담 프로그램은 비디오 게임 중독의 치료법을 찾는 사람들을 지원할 것이다.

해설 seeking 이하는 people을 수식하는 현재분사구이며, 이를 삭제해도 문장의 의미가 통하므로 SVO 문형이다.

구문 This counseling program will support people (seeking treatment for video game addiction).
　　　　　S　　　　　　　　　　V　　　　O

04 ① | 인간은 그들을 다른 동물들과 구분하는 능력들, 다시 말해, 공감, 의사소통, 슬픔, 도구 만들기 능력 등을 가지고 있다.

구문 Humans have abilities (making them different from other animals) / — empathy, communication, grief, tool-making,
　　　　　S　　　V　　O

and so on.

　• 대시(—) 이하는 abilities를 보충 설명하는 삽입구이다.

05 ② | 이번 주 극심한 겨울 폭풍은 대부분의 거주민들이 안전하고 따뜻한 집을 향해 계속해서 재빨리 움직이게 했다.

해설 most residents는 동사 had의 목적어이고, scrambling for 이하는 목적어를 보충 설명하는 보어로 쓰인 현재분사구이다.

구문 This week's severe winter storm had most residents scrambling for the safety and warmth of their homes.
　　　　　S　　　　　　　　　　　　V　　　O　　　　　　　C

---

06 한 불쌍한 남자가 앉아있는 것을 보았다 | 어느 날 오후 내가 호텔 근처의 가게 주위를 돌아다니고 있을 때, 나는 한 불쌍한 남자가 지하철역 밖에 있는 보도에 앉아있는 것을 보았다.

해설 a poor man은 동사 saw의 목적어, sitting은 목적어를 부연 설명하는 목적격보어이므로 주술 관계로 해석하는 것이 자연스럽다.

07 그 피아니스트는 자신의 팬들이 빗속에 서 있는 것을 알아챘다 | 연주회 전에 차에서 기다리면서, 그 피아니스트는 자신의 팬들이 빗속에 서 있는 것을 알아챘다.

해설 〈notice + 목적어 + 목적격보어(v-ing)〉는 '~가 v하는 것을 알아채다'라는 의미로, 목적어인 his fans와 목적격보어 standing in the rain은 의미상 주술 관계로 해석한다.

구문 While waiting in his car before the concert, / the pianist noticed his fans standing in the rain.
　　　　　　　　　　　　　　　　　　　　　　　　　S　　　　V　　　O　　　　C

　• While waiting in his car before the concert는 접속사 while을 남긴 분사구문으로, While he(=the pianist) was waiting in his car before the concert의 의미이다.

08 부정적이거나 고통스러운 생각 또는 감정을 전달하는 단어들을 말하거나 듣다 | 우리가 부정적이거나 고통스러운 생각 또는 감정을 전달하는 단어들을 말하거나 들을 때, 우리의 뇌는 그 고통을 느끼도록 즉시 활성화된다.

해설 words는 동사 say or listen to의 목적어, conveying negative or painful thoughts or feelings는 목적어를 수식하는 현재분사로, 'v하는 (목적어)'로 해석한다.

09 우리는 사물이 더 매력적이라고 생각하는 경향이 있다 | 인간 심리의 흥미로운 양상은, 처음에 사물에 대한 모든 것이 명확하지 않으면, 우리가 사물이 더 매력적이라고 생각하는 경향이 있다는 것이다.

해설 〈find + 목적어 + 목적격보어(v-ing)〉는 '~를 v인 것으로 생각하다'라는 의미이다.

구문 An interesting aspect of human psychology is // **that** we tend to find things more appealing /
　　　　　S　　　　　　　　　　　　　　　　　V　　　　　　　　　V′　　O′　　　C′

if everything about those things is not obvious in the beginning.
　　　S″　　　　　　　　　　　V″　　C″

　• that 이하는 동사 is의 보어로 쓰인 명사절이다.

---

10 **I found myself becoming distracted**

해설 '나 자신이 산만해지는 것을 알게 되었다'는 〈find + 목적어 + 목적격보어(v-ing)〉 구문을 활용해 영작한다.

11 **The doctor wrote a book containing the secret of life and death**

해설 '비밀을 담고 있는 책'은 목적어 a book을 containing이 이끄는 현재분사구가 수식하는 구조로 영작한다.

12 visitors witnessed a large flock of birds flying over the river

해설 '새들의 큰 무리가 날아가는 것을 목격하다'는 〈witness + 목적어 + 목적격보어(v-ing)〉 구문을 활용해 영작한다.

13 appeared the first manuals teaching table manners

해설 '식탁 예절을 가르치는 설명서'는 manuals를 teaching이 이끄는 현재분사구가 수식하는 구조로 영작한다.

14 A pet's continuing affection is known to benefit people enduring hardship

해설 'v한다고 알려져 있다'는 〈be known to-v〉 구문을 활용한다. '고난을 견디는 사람들'은 people을 enduring이 이끄는 현재분사구가 수식하는 구조로 영작한다.

UNIT 20 주어의 위치 이동

01 I, (did), 직독직해는 아래 [구문] 참고

[구문] Little did I imagine // that the conference held in Chicago would change my life entirely.
부정어 S V

나는 상상조차 하지 못했다 // 시카고에서 열린 학회가 내 삶을 완전히 바꿔놓으리라고는.

02 rows of delicious-looking chocolate bars, (were)

[구문] Right in front of his eyes / were rows of delicious-looking chocolate bars.
부사구 V S

그의 눈 바로 앞에 / 여러 줄의 맛있어 보이는 초콜릿 바가 있었다.

03 he, (does)

[구문] Only when my brother is inclined to do so // does he allow me to use his tablet PC.
부사절 〈시간〉 V S O C

나의 오빠는 그러고 싶을 때만 // 그는 내가 그의 태블릿 PC를 사용하게 한다.

04 I, (did)

[구문] Not until I learned / about the behavior of fish // did I realize / that many fish have a sense of taste.
S' V' V S O

내가 배우고 나서야 / 물고기의 행동에 대해 // 나는 깨달았다 / 많은 물고기가 미각을 가지고 있음을.

05 the number of male athletes, (did)

[구문] The number of female athletes [who joined the Winter Olympic Games] / steadily increased, //
S₁ V₁

and so did the number of male athletes.
부사 V₂ S₂

여자 운동선수들의 수는 [동계 올림픽에 참가한] / 꾸준히 증가했다 //
그리고 남자 운동선수들의 수도 그러했다(증가했다).

· did는 앞에 나온 increased를 대신하는 동사로 쓰였다.

배점	채점 기준
2	도치된 주어를 바르게 찾은 경우
2	도치된 동사를 바르게 찾은 경우
5	직독직해만 바르게 한 경우

---

06 is an angry person reasonable, is a reasonable person angry | 화난 사람은 좀처럼 이성적이지 않고, 이성적인 사람은 좀처럼 화를 내지 않는다.

[해설] 부정어 Seldom이 문장 맨 앞에 쓰여 주어와 동사가 도치된다.

07 Never did I imagine | 그 12살 난 소년이 퀴즈쇼의 우승하리라고는 나는 결코 상상하지 못했다.

[해설] 부정어 Never가 강조를 위해 문장 맨 앞에 쓰이고, 문장의 동사가 과거시제의 일반동사일 때, 주어와 동사는 〈did + 주어(I) + 동사(imagine)〉 어순으로 도치된다.

08 had the congressman shown up | 국회의원은 7월 1일 아침에 좀처럼 나타나지 않았는데, 그때 인종 관련 안건이 제기되었다.

[해설] 부정어 Scarcely가 문장 맨 앞에 쓰이고, 문장의 동사가 과거완료시제일 때, 주어와 동사는 〈had + 주어(the congressman) + p.p.(shown up)〉 어순으로 도치된다.

09 X, is → are | 자신들이 발견한 것들을 종종 공유하고 전문가들을 돕는 많은 아마추어 천문학자들이 있다.

> **해설** 문장의 맨 앞에 부사 There가 쓰여 주어와 동사가 도치된 문장으로, 주어는 복수명사인 a large number of amateur astronomers이므로 동사는 복수동사 are로 고쳐야 한다.

10 ○ | 아이들이 움직일 수 있게 되면, 독립적인 탐색의 기회가 크게 증가하여, 아이들은 더는 자신들에게 가까운 장소에만 제한되지 않는다.

> **해설** 부정어를 포함한 어구 no longer가 문장 맨 앞에 쓰이면 주어와 동사는 도치되므로, no longer 뒤의 are they restricted의 어순은 적절하다.

배점	채점 기준
2	틀린 부분을 바르게 고치지 못한 경우

11 Among the most threatened marine life on Earth are

> **해설** 문장의 주어 coral reefs가 문장의 끝에 쓰인 것으로 보아, 부사구(among ~ on Earth)가 문장의 맨 앞에 오고 주어와 동사가 도치된 구조의 문장임을 알 수 있다. 따라서 among이 이끄는 부사구 뒤에 '~이다'라는 뜻의 동사 are가 오도록 영작한다.

12 Nor has she graduated from a prestigious university

> **해설** 부정어가 문장의 맨 앞으로 나가면 주어와 동사는 도치되므로 Nor has she graduated ~ 순으로 영작한다.

13 At no point in human history have carbon dioxide levels been this high

> **해설** 부정어를 포함한 어구(At no ~ history)가 문장의 앞에 나오므로, 주어와 동사(현재완료시제)는 〈have + 주어 + p.p.〉의 어순으로 영작한다.

UNIT 21 보어의 위치 이동

01 Surprising, 직독직해는 아래 [구문] 참고

> **구문** Surprising is // that the appearance of food can override taste and smell.
> 　　　　C　　　V　　　　　　　　　　　　　S
> 놀랍다 // 음식의 겉모습이 맛과 냄새보다 우선할 수 있다는 것은.

02 more helpful than words can express

> **구문** This scholarship is / to me / more helpful // than words can express.
> 　　　　S　　　　　　V　　M　　　　　　　　C
> 이 장학금은 ~이다 / 나에게 / 더 도움이 되는 // 말로 표현할 수 있는 것보다.

03 So disappointing

> **구문** So disappointing was the match // that many spectators decided / they'd better leave earlier.
> 　　　　C　　　　　　V　　S　　　　　　　S'　　　　V'　　　　O'
> 그 경기는 너무 실망스러워서 // 많은 관중은 결정했다 / 더 일찍 떠나는 편이 낫겠다고.

04 a huge success

> **구문** As the book is getting a lot of positive reviews on the Internet, // it has become, almost overnight, a huge success.
> 　　　　S'　　V'(현재진행)　　　　O'　　　　　　　　　　S　　V　　　M　　　　C
> 그 책이 인터넷에서 많은 긍정적인 평가를 받으면서 // 거의 하룻밤 사이에 큰 성공을 거뒀다.

05 comfortable with others

> **구문** Smiling makes you, (especially when meeting new people), comfortable with others.
> 　　　　S　　V　　O　　　　　　　M　　　　　　　　　C
> 웃는 것은 당신이, (특히 새로운 사람을 만날 때), 다른 사람에게 편안함을 느끼도록 한다.

배점	채점 기준
4	보어만 바르게 찾은 경우
4	직독직해만 바르게 한 경우

06 **Much less clear were his ideological and political views** | 그의 이념적이고 정치적인 견해는 훨씬 덜 명확했다.

> 해설 보어로 쓰인 much less clear가 문장의 맨 앞에 오면, 주어와 동사는 도치된다.

07 **Warm and inviting was a hug from her mother after a long trip** | 긴 여행 후에 그녀의 엄마가 꼭 껴안아 준 것은 따뜻하고 느낌이 좋았다.

> 해설 보어로 쓰인 warm and inviting이 문장의 맨 앞에 오면, 주어와 동사는 도치된다.

08 **Much rarer than we think are the chances of true self-awareness** | 진정한 자기 인식의 가능성은 우리가 생각하는 것보다 훨씬 더 드물다.

> 해설 보어로 쓰인 much rarer ~ think가 문장의 맨 앞에 오면, 주어와 동사는 도치된다.

---

09 **is** | 소화 체계를 건강하게 해주는 프로바이오틱스가 풍부한 식단을 먹는 것은 면역 체계에 중요하다.

> 해설 보어(important for immune systems)가 문장의 맨 앞으로 나와 주어와 동사가 도치된 문장으로, 문장의 주어는 동명사구 eating a diet이므로 단수동사 is가 알맞다.

> 구문 Important (for immune systems) is eating a diet (rich in probiotics [that keep$^{V'}$ the digestive system^O healthy^C]).
>   C   V   S
> - rich 이하는 a diet를 수식하는 형용사구이다.
> - that keep ~ healthy는 probiotics를 수식하는 주격 관계대명사절이다.

10 **are** | 인간의 반응은 너무 복잡해서, 과학자들조차도 그것들을 객관적으로 해석하는 데 어려움이 있다.

> 해설 〈주어 + 동사 + so + 형용사 + that ...〉에서 보어로 쓰인 so complex가 문장의 맨 앞으로 나와 주어와 동사가 도치된 문장으로, 주어는 복수형인 human reactions이므로 복수동사 are가 알맞다.

11 **were** | 난제에 직면했을 때, 삶이 그들에게만 잘못되는 것처럼 보이는 사람들은 융통성이 덜했다.

> 해설 보어인 less flexible이 문장의 맨 앞으로 나와 주어와 동사가 도치된 문장으로, 주어는 people이므로 동사는 복수동사 were가 알맞다.

> 구문 When faced with a challenge, // less flexible were people [whose life seemed to just go wrong / for them].
>   C   V   S
> - When ~ a challenge는 시간을 나타내는 부사로, When 뒤에는 〈주어 + 동사〉인 they were가 생략되어 있다.

12 **is** | 네안데르탈인들은 대낮에 문제에 직면했을 것이다. 그것은 빛의 질이 고도가 높은 곳에서 훨씬 더 나쁘다는 것이다.

> 해설 보어인 much poorer at high altitudes가 문장의 맨 앞에 나와 주어와 동사가 도치된 문장이다. 주어는 the light quality이므로 단수동사 is가 알맞다.

---

13 **are those who learn from the experience of others**

> 해설 문장의 보어 rare and wise가 문장의 맨 앞에 위치하므로, 주어와 동사가 도치된다. 이때 '~하는 사람들'은 those를 who가 이끄는 주격 관계대명사절이 수식하는 구조로 영작한다.

14 **complicated is the immune system that**

> 해설 문장 맨 앞에 주어진 So로 보아, '너무 ~해서 …하다'의 〈주어 + 동사 + so + 형용사/부사 + that...〉 구문에서 보어로 쓰인 〈so + 형용사/부사〉가 문장의 맨 앞에 온 문장임을 알 수 있다. 이때, 주어와 동사는 도치되므로 보어 complicated 뒤에 is the immune system의 어순으로 영작한다.

15 **is the evidence that this sort of talk actually works**

> 해설 문장의 보어 weak가 문장의 맨 앞에 위치하므로, 주어와 동사가 도치된다. 이때 '~라는 증거'는 the evidence 뒤에 동격의 that절이 오도록 영작한다.

배점	채점 기준
4	어순은 올바르나 동사의 어형이 틀린 경우

UNIT 22 목적어의 위치 이동

01 **What is hateful to you,** ● 위치는 아래 [구문] 참고

> 구문 What is hateful to you / do not do ● / to another.
> ⎯⎯⎯⎯⎯⎯⎯⎯⎯⎯ ⎯⎯⎯⎯⎯⎯⎯
>   O   V(명령문)
>
> 당신에게 혐오스러운 것을 / 하지 말아라 / 다른 사람에게.

02 **That room**

> 구문 That room / we didn't make use of ●, // so we've made it into a home office.
>   ⎯⎯⎯⎯ ⎯⎯ ⎯⎯⎯⎯⎯⎯⎯⎯
>   O₁   S₁   V₁
>
> 저 방을 / 우리는 이용하지 않았다 // 그래서 우리는 그것을 재택근무 사무실로 만들었다.

03 **much data on humidity, pressure, temperature, wind force, radiation, etc**

> 구문 Drones can collect ● / in meteorology / much data (on humidity, pressure, temperature, wind force, radiation, etc).
>   ⎯⎯⎯ ⎯⎯⎯⎯⎯⎯   ⎯⎯⎯⎯⎯⎯⎯⎯   ⎯⎯⎯⎯⎯⎯
>   S   V   M   O
>
> 드론은 수집할 수 있다 / 기상학 분야에서 / 많은 정보를 (습도, 압력, 기온, 풍력, 그리고 복사열 등에 대한).

04 **grasp of his habits and all the little peculiarities**

> 구문 His essay (published recently) / makes ● possible / grasp (of his habits and all the little peculiarities).
>   ⎯⎯⎯⎯   ⎯⎯⎯⎯ ⎯⎯⎯⎯⎯ ⎯⎯⎯⎯⎯
>   S   V   C   O
>
> (최근에 출판된) 그의 수필은 / 가능하게 한다 / 이해를 (그의 습관과 모든 사소한 특이점들에 대한).

05 **What we call green vegetables packed with vital nutrients**

> 구문 What we call green vegetables (packed with vital nutrients), / native people in Central America do not have a tradition
>   ⎯⎯⎯⎯⎯⎯⎯⎯   ⎯⎯⎯⎯⎯⎯⎯⎯⎯⎯ ⎯⎯⎯⎯⎯⎯ ⎯⎯⎯⎯⎯⎯
>   O'   S   V   O
> (of growing ●).
> ⎯⎯⎯⎯⎯
>   V'
>
> 우리가 (생명 유지에 필수적인 성분으로 가득 찬) 녹색 채소라고 부르는 것을, / 중앙아메리카의 토착인들은 (키우는) 전통을 가지고 있지 않다.
>
> • packed with vital nutrients는 green vegetables를 수식하는 과거분사구이다.

배점	채점 기준
4	목적어만 바르게 찾은 경우
3	● 표시만 바르게 한 경우

---

06 **it** | 아이들에게 미디어에 대한 경험을 안내하는 것은 그들이 비판적인 사고력과 미디어 정보를 읽고 쓰는 능력과 같은 중요한 21세기 역량을 발달시키는 것을 가능하게 한다.

> 해설 진목적어 to build 이하에 대한 가목적어가 필요하므로 it이 알맞다.

> 구문 Guiding children's media experiences makes it possible for them to build important 21st century skills, / such as critical
>   ⎯⎯⎯⎯⎯⎯⎯⎯⎯⎯⎯⎯⎯⎯ ⎯⎯⎯⎯ ⎯ ⎯⎯⎯⎯ ⎯⎯⎯⎯⎯ ⎯⎯⎯⎯⎯⎯⎯⎯⎯⎯⎯⎯⎯⎯
>   S   V 가목적어 C 의미상 주어   진목적어
> thinking and media literacy.

07 **to regret** | 절대로 후회하지 않고 절대로 뒤돌아보지 않는 것을 삶의 규칙으로 삼아라. 후회는 쓸데없는 기운의 낭비이다. 그것 위에는 아무것도 이룰 수 없다.

> 해설 동사 Make의 목적어 자리에 있는 가목적어 it에 대한 진목적어로 to부정사가 와야 한다. 따라서 to regret이 알맞다. 이 문장에서는 진목적어로 to 부정사의 부정형 두 개(never to regret과 never to look)가 접속사 and로 병렬 연결되었다.

08 **possible** | 나는 불가능하리라 생각했던 것을 가능하게 할 도전에 준비가 되어 있다.

> 해설 동사 make의 목적어인 what I thought impossible보다 의미상 중요한 '가능하게'가 목적어 앞에 있다. '~하게'라고 해석되지만, 목적어인 '불가능하리라 생각했던 것'을 보충 설명하는 보어 자리이므로, 형용사인 possible이 알맞다.

> 구문 I'm ready for the challenge (to make possible what I thought impossible).
>   ⎯⎯⎯ ⎯⎯⎯⎯⎯ ⎯⎯⎯⎯⎯⎯⎯⎯⎯⎯
>   V'   C'   O'

09 is | 얼마나 많은 원고가 지난 10년간 써졌는지를 출판과 관련된 업계에 있는 누구도 말할 수 없다.

> 해설 동사 tell의 목적어인 의문사절 How many ~ ten years가 문장의 맨 앞에 위치해 있다. 문장의 주어는 그 뒤의 nobody이므로 동사는 단수동사인 is가 알맞다.

> 구문 <u>How many manuscripts were written</u> / in the past ten years / <u>nobody (in the publishing related fields)</u> <u>is able to tell</u>.
>   O   S   V

10 <u>The number of books on classical literature the professor owned</u> | 그 교수가 소장했던 고전 문학에 관한 책의 수는 대중에게 전혀 알려져 있지 않다.

> 해설 명사구(The number ~ literature) 뒤의 〈주어 + 동사〉인 the professor owned는 books on classical literature를 수식하는 관계대명사절로 주부를 이루며 동사는 is unknown이다.

11 <u>manual laborers</u> | 매주 하루를 온전히 쉬는 것을 육체 노동자들은 더 생산적이라고 생각한다.

> 해설 동명사구(Taking one full day off every week) 뒤에 〈주어 + 동사〉인 manual laborers find가 이어지며, 동명사구는 문장의 목적어이다.

> 구문 <u>Taking one full day off every week,</u> / <u>manual laborers</u> <u>find</u> <u>more productive</u>.
>   O   S   V   C

12 <u>One of the reasons world-class golfers are head and shoulders above the other golfers of their era</u> | 세계적 수준인 골프 선수들이 그 시대의 다른 선수들과 비교했을 때 월등히 나은 이유 중 하나는 그들이 다른 이들보다 몸 상태가 훨씬 더 좋기 때문이다.

> 해설 문장의 주어는 One of the reasons이고, 동사는 is이다. world-class golfers ~ their era는 the reasons를 수식하는 관계부사절로 관계부사 why가 생략된 형태이다.

13 You will find it hard to describe the inner thoughts of your friend

> 해설 '친구의 속마음을 묘사하는 것이 어렵다는 것을 알게 되다'에서 목적어 부분이 길기 때문에, 〈find + 가목적어 it + 보어 + 진목적어 to-v〉의 구조로 영작한다.

14 the rich believed it natural to donate some of their fortunes to society

> 해설 '재산을 사회에 기부하는 것이 당연하다고 믿었다'에서 목적어 부분이 길기 때문에, 〈believe + 가목적어 it + 보어 + 진목적어 to-v〉의 구조로 영작한다.

> 구문 In the early Roman Empire, / <u>the rich</u> <u>believed</u> <u>it</u> <u>natural</u> / <u>to donate some of their fortunes to society</u>
>   S   V   가목적어 C   진목적어
>   [and] (to) look after the less privileged.

15 Nutritionists think it necessary that kids should be educated about nutrition

> 해설 '아이들이 영양에 대해 교육을 받아야 하는 것이 필요하다고 생각한다'에서 목적어 부분이 길기 때문에, 〈think + 가목적어 it + 보어 + 진목적어 that 절〉의 구조로 영작한다.

배점	채점 기준
4	어순은 올바르나 동사의 어형이 틀린 경우

UNIT 23 생략구문

01 ~ usually (a natural light), 직독직해는 아래 [구문] 참고

> 해설 앞에 나온 반복어구를 생략할 수 있다.

> 구문 An aurora is a natural light (displayed in the sky), / usually **(a natural light)** of greenish color but sometimes red or blue.
> 오로라는 (하늘에 나타나는) 자연광이다, / 보통 녹색을 띠지만 때때로 붉은빛이나 푸른빛을 띠는 (자연광).

02 (paying attention to us)

> 해설 be동사 뒤의 반복되는 어구를 생략할 수 있다.

구문 Why do we often feel // that others are paying more attention to us / than they really are **(paying attention to us)**?

우리는 왜 종종 느끼는가 // 다른 사람들이 우리에게 관심을 더 기울이고 있다고 / 그들이 정말로 우리에게 관심을 기울이는 것보다?

03 ~ allowed to (talk)

해설 반복되는 to-v의 to 뒤를 생략할 수 있다.

구문 The lawyer and the accused tried to talk / before the trial, // but they were not allowed to **(talk)**.

변호사와 피고는 이야기를 나누려고 애썼다 / 재판 전에. // 하지만 그들은 이야기하도록 허용되지 않았다.

04 (they are)

해설 부사절과 주절의 주어가 같은 경우 부사절에서 〈주어 + be동사〉를 생략할 수 있다.

구문 Designers draw on their experience of design // when **(they are)** approaching a new project.

디자이너들은 그들의 디자인 경험에 의지한다 // 그들이 새로운 프로젝트에 접근할 때.

05 (contributes to) transport-related ~

해설 공통되는 contributes to를 생략하고 그 자리를 콤마(,)가 대신하도록 한다.

구문 Dependence on automobile travel / contributes to insufficient physical activity; //
S_1 V_1

traffic congestion, / **(contributes to)** transport-related carbon dioxide emissions.
S_2 V_2

자동차를 통한 이동에 의존하는 것은 / 부족한 신체 활동의 한 원인이 된다 //
교통 혼잡은, / 교통 관련 이산화탄소 배출의 한 원인이 된다.

배점	채점 기준
5	생략 가능한 어구만 바르게 찾은 경우
5	직독직해만 바르게 한 경우

06 ~ while V, he was | 그는 집 앞 계단에 앉아있는 동안 그 편지를 꼼꼼히 읽었다.

해설 while이 이끄는 시간의 부사절에 주절의 주어와 같은 주어와 be동사인 he was가 생략되어 있다.

07 ~ do not V, have the same eye color | 일란성 쌍둥이는 거의 항상 눈 색깔이 똑같지만, 이란성 쌍둥이는 종종 그렇지 않다.

해설 do not 뒤에 반복되는 앞의 절의 어구인 have the same eye color가 생략되어 있다.

08 ~ the largest V, man-made lake | Elephant Butte Reservoir는 미국에서 84번째로 큰 인공호수이며, New Mexico 지역에서 전체 표면적이 가장 큰 인공호수이다.

해설 the largest 뒤에 반복되는 앞의 명사 man-made lake가 생략되어 있다.

09 ~ want to V, discuss political issues over dinner | 당신은 사람들이 저녁 식사 중에 정치적 문제에 관해 토론하는 것을 좋아한다고 생각할지 모르지만, 우리 중 일부는 정말로 원하지 않는다는 것이 사실이다.

해설 want to 뒤에 반복되는 앞의 어구인 discuss political issues over dinner가 생략되어 있다.

10 If you plan to, let me know

해설 '그럴 계획이면'은 앞에 나온 동사구인 drop by ~ home이 뒤에 생략된 if you plan to로 영작한다. '나에게 알려줘'는 〈사역동사(let) + 목적어 + 동사원형〉으로 표현한다.

11 indirect harmful effects as expected

해설 '예상되듯이'는 as it is expected인데, 부사절에서 주절의 주어와 같은 주어와 be동사는 생략 가능하므로, as expected로 표현한다.

12 though considered to be truly global

해설 '진정 세계적인 것으로 여겨지지만'은 though it is considered to be truly global인데, 부사절에서 주절의 주어와 같은 주어와 be동사는 생략 가능하므로 though considered to be truly global로 표현한다.

13 if they chose to eat immediately but two cookies

해설 '기다리면 두 개를 먹을 수 있다'는 they could have two cookies if they waited인데, 앞에 나온 반복되는 어구 they could have는 생략하여 표현한다.

UNIT 24 삽입구문

01 (if ever), 직독직해는 아래 [구문] 참고

구문 The two politicians seldom (if ever) are in any discussion of the tax cut issue during the forum.

　　　　　　S　　　　　삽입어구　V

그 두 명의 정치인은 포럼에서 (설사 한다 해도) 좀처럼 세금 감면에 대해 어떠한 논의도 하지 않는다.

02 (if not advantageous)

구문 Lying could be morally right, (if not advantageous), / in a particular case.

　　　S　　V　　　　C　　　　　　삽입어구

거짓말은 도덕적으로 옳을 수 있다. (이득이 되는 것까지는 아니더라도), / 특수한 경우에.

03 (especially an adjective or adverb)

구문 A modifier is a word or phrase, (especially an adjective or adverb), / [that modifies the meaning of another word or phrase].

　　　S　　V　　　C　　　　　　삽입어구　　　　　　　　　　V´　　　　　　　O´

수식어는 단어나 구이다. (특히 형용사나 부사), / [다른 단어나 구의 의미를 수식하는].

- 관계사 that의 선행사는 삽입어구 앞의 a word or phrase이다.

04 (— consciously or subconsciously —)

구문 Instead of music reviews (guiding popular opinion toward art in pre-Internet times), /

music reviews began to reflect / (— consciously or subconsciously —) public opinion.

　　　S　　　V　　　　　　　　　삽입어구

음악 평론 대신에 (인터넷 이전 시대에 예술에 대한 여론을 이끈), /
음악 평론은 (의식적으로든 잠재의식적으로든) 여론을 반영하기 시작했다.

05 (if any), (long before the experiment has begun)

구문 Unfortunately / few, (if any), scientists are truly objective // as they have often decided,

　　　　　　　　　　　　삽입어구　　S　V　　　C　　　　S´　　　　V´

(long before the experiment has begun), what they would like the result to be.

　　　삽입어구　　　　　　　　　　　　　　O´

불행히도 / 과학자들은, (있다 하더라도), 진정으로 객관적이지 않다 // 그들이 종종 결정하기 때문이다.
(실험이 시작되기 오래전에), 그들이 결과가 그랬으면 하고 바라는 것을.

배점	채점 기준
5	삽입어구만 바르게 찾은 경우
5	직독직해만 바르게 한 경우

---

06 was | 한 이집트의 최고 경영자는 캐나다 손님들을 접대한 후에 그들에게 새로운 벤처 사업에 대한 공동 파트너십을 제안하기로 되어 있었다.

해설 문장의 주어는 An Egyptian CEO로 단수명사이므로, 단수동사 was가 알맞다. after ~ guests는 삽입어구이다.

07 seem | 올해 토너먼트 전에는 아무도 알아보지 못했던 Andrew와 Jake는 결승전에 진출할 것처럼 보인다.

해설 문장의 주어는 Andrew and Jake로 복수명사이므로, 복수동사 seem이 알맞다. whom ~ this year는 주어를 보충 설명하는 삽입어구이다.

08 distracts | 지도자가 이메일, 회의, 그리고 전화를 통한 정보로 압도되는 정보 과다는 그들의 생각을 혼란스럽게 한다.

해설 문장의 주어는 관계부사절(where ~ inputs)의 수식을 받는 Information overload로 단수명사이므로 단수동사는 distracts가 알맞다. 대시(—) 안의 via ~ phone calls는 삽입어구이다.

---

09 however slight their popularity may have been initially

해설 술부의 의미를 더해주는 '초반에는 인기가 적었을지라도'는 콤마를 이용한 삽입어구로 표현한다. '아무리 ~하더라도'라는 의미의 복합관계부사 however는 〈however + 형용사/부사 + 주어 + 동사〉 어순으로 쓴다.

10 — whether they are paintings, sculptures, or whatever —

해설 문장의 주어인 '문화적 산물'에 의미를 더해주는 어구로, 대시를 이용해 표현한다. 'A이든 B이든'은 〈whether A or B〉 구문을 활용해 영작한다.

11 there is little, if any, chance for meaningful achievement

해설 '있더라도'는 if any로 표현하며, 콤마 사이에 삽입어구로 표현한다.

12 most, if not all, other small gatherings among families

해설 '모두는 아니더라도'는 if not all로 표현하며, 콤마 사이에 삽입어구로 표현한다.

UNIT 25 동격구문

01 Aesthetics, the science of beauty, 직독직해는 아래 [구문] 참고

구문 Aesthetics, (the science of beauty), has gained immense popularity over recent years.
　　　 S └─＝─┘　　　　　　　　　　　 V　　　　 O

미학은 (즉, 아름다움의 학문) 최근 몇 해 동안 엄청난 인기를 얻었다.

02 Our request, to build a dam to prevent floods

구문 Our request (to build a dam to prevent floods) / takes precedence / over bringing in new business in our city.
　　　 S └─＝─┘　　　　　　　　　　　　　　 V　　　 O

(홍수를 막기 위해 댐을 짓자는) 우리의 요청은 / 우선한다 / 우리 도시에 새로운 사업을 유치하는 것보다.

03 the common practice, pretending to know more than you do

구문 It would not be helpful / for you / to employ the common practice (of pretending to know more // than you do).
　　　　　　　　　　　　　　　　　　　　　　　　　　　 └─＝─┘

도움이 되지 않을 것이다 / 너에게 / 흔한 관행을 이용하는 것은 (더 많이 아는 척하는 // 네가 아는 것보다).

04 astronomy, the scientific study of objects in the universe

구문 One (of the most popular subjects at our university) / is astronomy, (or the scientific study of objects in the universe).
　　　　　　　　　　　　　　　　　　　　　　　　　　　　 └─＝─┘

하나는 (우리 대학에서 가장 인기 있는 과목 중의) / 천문학이다. (즉 우주의 물체에 관한 과학적인 학문인).

05 the chance, that nonsmokers have heart disease

구문 Exposure to other people's smoke increases the chance [that nonsmokers have heart disease].
　　　　　　　　　　　　　　　　　　　　　　　　　 └─＝─┘

다른 사람들의 흡연에 노출되는 것은 가능성을 증가시킨다 [비흡연자가 심장 질환이 생길].

배점	채점 기준
5	동격 관계인 어구만 바르게 찾은 경우
5	직독직해만 바르게 한 경우

06 ✕, have → has | 영국 신문 〈The Sunday Times〉는 1994년 이래로 온라인 판본을 출판해왔다.

해설 주어는 *The Sunday Times*와 동격을 이루는 The UK's newspaper로 단수명사이므로, 동사는 has published가 되어야 한다.

07 ✕, make → makes | 더 많은 이민자를 받아들이지 않겠다는 결정은 그 정치인을 매우 흥분하게 한다.

해설 주어인 The decision과 not to take in more immigrants는 동격 관계이므로, 동사는 단수동사 makes가 되어야 한다.

08 ✕, that → of | 필기를 비교하고, 공통된 평가 계획을 세우고, 우리가 잘한 것을 공유하기 위해 규칙적으로 만난다는 아이디어가 교사들에게 떠올랐다.

해설 The idea와 동명사구 meeting ~ what we did well이 동격 관계이므로, that을 전치사 of로 고쳐야 한다. that은 〈주어 + 동사 ~〉로 이루어진 동격절을 이끈다.

구문 The idea of meeting regularly / to compare notes, plan common assessments, [and] share // what we did well /
　　　 S └─＝─┘
occurred to teachers.
　　 V

• 목적을 나타내는 부사적 용법으로 쓰인 세 개의 to부정사구가 등위접속사 and로 병렬 연결되었다. plan과 share는 앞에 to가 생략된 형태이다.

배점	채점 기준
2	틀린 부분을 바르게 고치지 못한 경우

09 the judgment that something is more important than fear

해설 '판단'과 '무언가가 두려움보다 더 중요하다는 것'이 동격 관계로, the judgment 뒤의 동격어구는 〈주어＋동사〉의 절이므로 접속사 that으로 연결한다.

10 opportunities to experience various future jobs

해설 '기회'와 '다양한 미래 직업을 경험하는 것'은 동격 관계로, opportunities 뒤의 동격어구는 to부정사 형태로 연결한다. 'A에게 B를 제공하다'는 〈provide A with B〉로 영작한다.

11 our most valuable natural resource, should be conserved

해설 '물'과 '우리의 가장 소중한 천연자원'은 동격 관계로, our most valuable natural resource를 콤마를 이용해 연결한다. '물'은 '보존되어야 하는' 것이므로 동사로는 수동형이 쓰인다.

12 Existing evidence raised doubt whether the suspect was at the crime scene or not

해설 '용의자가 범죄 현장에 있었는지 아닌지'는 접속사 〈whether ~ or not〉으로 표현하며, 이는 '의문'에 해당하는 doubt와 동격 관계이므로 바로 뒤에 연결한다.

배점	채점 기준
4	어순은 올바르나 동사의 어형이 틀린 경우

UNIT 26　현재(진행)시제와 시간

01 ⓓ, 직독직해는 아래 [구문] 참고

> **구문** Please excuse me for a moment. My phone **is ringing** now // and it must be an important call.
> 잠시만 실례하겠습니다. 지금 제 전화가 울리고 있는데 ((**현재 진행 중인 동작**)) // 중요한 전화임이 틀림없어요.

02 ⓒ

> **구문** Rather than moving in a perfect circle, / the Earth **moves** around the Sun in an oval pattern.
> 완벽한 원으로 움직이기보다는, / 지구는 타원 형태로 태양 주위를 돈다. ((**진리, 일반적 사실**))

03 ⓑ

> **구문** Getting up early, / my mother **meditates** / and **writes** her affirmations in her journal / every morning.
> S　　V₁　　　　V₂
> 일찍 일어나서, / 나의 어머니는 명상하고 / 어머니의 일기에 긍정의 말들을 쓴다 / 매일 아침. ((**습관, 반복적 행동**))

04 ⓔ

> **구문** Steve **is running for** student president next semester, // and he thinks /
> S₁　　V₁　　　　　　　　　　　　　　S₂　V₂
> it will be a great experience for him.
> O₂
> Steve는 다음 학기에 학생회장에 입후보할 예정이다. ((**미래**)) // 그리고 그는 생각한다 /
> 그것은 그에게 좋은 경험이 될 것이라고.

05 ⓐ

> **구문** While there has been progress (against indoor air pollution), // high levels of outdoor air pollution
> S
> **remain** a problem across many countries.
> V
> 진척이 있었지만 (실내 공기 오염에 대비하여), // 높은 수준의 외부 대기 오염은
> 많은 나라에 문제로 남아있다. ((**현재 상태**))

배점	채점 기준
4	동사 의미만 바르게 고른 경우
4	직독직해만 바르게 한 경우

06 ○ | 당신이 극심한 다이어트를 그만두자마자, 몸무게는 바로 돌아올 것이다. 이것이 이른바 요요 효과이다.

> **해설** As soon as가 이끄는 시간의 부사절에서는 현재시제가 미래시제를 대신하므로, 부사절에 현재시제 stop이 적절하게 쓰였다.

07 ✕, will identify → identify | 만약 우리가 상황의 맥락을 확인하지 않는다면, 우리는 너무 성급하게 판단하고 반응할 것이다.

> **해설** Unless가 이끄는 조건의 부사절에서는 현재시제가 미래시제를 대신하므로, 미래시제 will identify를 현재시제 identify로 고쳐야 한다.

08 ○ | 일단 사람들이 직면한 정보의 양에 압도되고 나면, 그들은 무엇에 집중해야 하는지 인지하는 데 어려움을 겪을 것이다.

> **해설** Once가 이끄는 조건의 부사절에서는 현재시제가 미래시제를 대신하므로, 부사절에 현재시제 are overwhelmed가 적절하게 쓰였다.

> **구문** Once people are overwhelmed / with the volume of information (confronting them), //
> S′　　　　V′
> they will have difficulty knowing / what to focus on.
> S　　V

- 현재분사구 confronting them은 명사구 the volume of information을 수식한다.
- what to focus on은 '무엇에 집중해야 하는지'라는 의미의 〈의문사 + to-v〉 구문으로 knowing의 목적어 역할을 한다.

09 ×, will visit → visit | 그 극장은 좌석 사이의 간격을 상당히 벌렸다. 당신이 다음에 방문할 때 그것을 경험하게 될 것이다.

해설 when이 이끄는 시간의 부사절에서는 현재시제가 미래시제를 대신하므로, 미래시제 will visit를 현재시제 visit로 고쳐야 한다.

배점	채점 기준
2	틀린 부분을 바르게 고치지 못한 경우

10 when the time comes for action

해설 when이 이끄는 시간의 부사절은 문맥상 미래의 일을 나타내고 있지만, 시간의 부사절에서는 현재시제가 미래시제를 대신하므로, 현재시제 comes를 쓴다.

11 we are moving the date for the conference

해설 현재진행시제 are moving을 사용하여 가까운 미래에 일어날 일을 나타낸다.

12 The agency is hosting a photo contest for local high school students

해설 가까운 미래(this Friday)를 나타내고 있으므로, 현재진행시제 is hosting으로 표현한다.

13 temperatures rise further, regions such as Africa will face declining crop yields

해설 As가 이끄는 시간의 부사절은 문맥상 미래의 일을 나타내고 있지만, 시간의 부사절에서는 현재시제가 미래시제를 대신하므로, 현재시제 rise를 쓴다. 주절은 문장의 시점에 맞게 미래시제 will face를 쓴다.

14 you register for our program, we will match you with the perfect tutor

해설 By the time이 이끄는 시간의 부사절은 문맥상 미래의 일을 나타내고 있지만, 시간의 부사절에서는 현재시제가 미래시제를 대신하므로, 현재시제 register를 쓴다. 주절은 문장의 시점에 맞게 미래시제 will match를 쓴다.

배점	채점 기준
4	어순은 올바르나 동사의 어형이 틀린 경우

UNIT 27 현재완료시제와 시간

01 ⓒ, 직독직해는 아래 [구문] 참고

구문 The global annual death rate (from weather-related natural disasters) / **has declined** remarkably since the 1920s.
　　 S　　　　　　　　　　　　　　　　　　　　　　　　　　　　　　　V

전 세계 연간 사망률은 (날씨 관련 자연재해로 인한) / 1920년대 이후 현저히 감소해왔다. **((계속))**

02 ⓑ

구문 My brother **has appeared** on TV before, // but it was only for a few seconds.
　　　　　　　　　　V

나의 형제는 이전에 TV에 출연한 적이 있다 **((경험))** // 그러나 몇 초뿐이었다.

03 ⓓ

구문 Driven by large human population, / the Asian elephant, (an endangered animal), /
　　　　　　　　　　　　　　　　　　　　　　　　　　S　　└──────=──────┘

has lost its habitat.
　　V　　　　O

많은 인구에 몰려, / 아시아 코끼리는 (멸종 위기에 처한 동물인) /
서식지를 잃었다. **((결과))**

04 ⓑ

구문 People [who **have done** you a kindness once] / will be more ready to do you another.
　　　　S　　　　　　　　　　　　　　　　　V

사람은 [네게 언젠가 친절을 베푼 적이 있는] ((경험)) / 네게 또 다른 친절을 베풀 준비가 더 되어 있을 것이다.

05 ⓐ

구문 Scientists recently **have identified** / a specific region of the brain
　　　S　　　　　　　V　　　　　　　　　O

[that is responsible for immediate reactions (including fear and aggressive behavior)].

과학자들은 최근에 확인했다 ((완료)) / 뇌의 특정한 부분을
[즉각적인 반응을 담당하는 (공포와 공격적인 행동을 포함하는)].

배점	채점 기준
4	동사 의미만 바르게 고른 경우
4	직독직해만 바르게 한 경우

---

06 ○ | 사업과 무역에서, 지금까지 시장은 지금까지 '승자독식'으로 더욱더 기울어지는 경향이 있게 되어왔다.

해설 부사구 so far와 함께 쓰여 과거부터 현재까지 지속되고 있는 상태를 의미하므로 '계속'을 나타내는 현재완료시제 have become이 적절하게 쓰였다.

07 ✕, have studied → studied | 내가 중학생이었을 때, 우리는 지리학 수업에서 경도와 위도를 공부했다.

해설 정확한 과거의 시점을 나타내는 부사절(When I was ~ school)이 쓰였으므로 현재완료시제는 과거시제인 studied로 고쳐야 한다.

08 ○ | Katie와 Jeff는 10일이 넘는 기간 동안 중요한 과학 수업 발표 과제에 노력을 들이고 있다.

해설 부사구 for more than 10 days와 함께 쓰여 과거부터 현재까지 지속되고 있는 상태를 의미하므로 '계속'을 나타내는 현재완료진행시제 have been working이 적절하게 쓰였다.

09 ✕, has presented → was presented | 그의 자애로운 노력은 의료 서비스와 재난 구호물자를 제공해 왔고, 그는 아동 교육을 지원한 것으로 2011년에 유네스코 상 중 하나를 받았다.

해설 정확한 과거의 시점을 나타내는 부사구(in 2011)가 쓰였으므로 현재완료시제 has presented를 과거시제 was presented로 고쳐야 한다. 그가 상을 '받은' 수동의 의미이므로 수동형으로 쓴다.

구문 Khan's benevolent endeavors have provided / healthcare and disaster relief, //
　　　　　　　　S₁　　　　　　　　V₁　　　　　　O₁

and he was presented with one of UNESCO's awards in 2011 / for his support (of children's education).
　　S₂　　V₂

배점	채점 기준
2	틀린 부분을 바르게 고치지 못한 경우

---

10 have expressed | 부모들은 오늘날까지 아이들의 안전에 대해 더한 우려를 표현해왔다.

해설 부사구 to this day와 함께 쓰여 과거부터 현재까지 지속되고 있는 상태를 의미하므로 현재완료시제 have expressed가 알맞다.

11 is | 많은 학생은 목성이 태양계에서 가장 큰 행성이라는 것을 배웠다.

해설 '목성이 태양계에서 가장 큰 행성이다'라는 변하지 않는 진리를 나타내므로 현재시제 is가 알맞다.

12 alerted | 일본에서의 심각한 수은 중독 사건은 1950년대에 전 세계가 물고기 내의 수은에 대한 잠재적 문제를 의식하게 했다.

해설 정확한 과거의 시점을 나타내는 부사구(in the 1950s)가 쓰였으므로 과거시제 alerted가 알맞다.

13 have pushed | 최근의 엄청난 연방 재정 적자는 연방 채무를 제2차 세계 대전 직후의 시절들 이래로 가장 높은 수준까지 끌어올렸다.

해설 〈since + 특정 과거 시점〉과 함께 쓰여 과거부터 현재까지 지속되고 있는 상태를 의미하므로 현재완료시제 have pushed가 알맞다.

---

14 **I was in charge of the operations of the election campaign**

해설 정확한 과거의 시점을 나타내는 부사구(In 1996)가 쓰였으므로 과거시제 was를 사용하여 영작한다.

15 he has experienced the home run ball coming toward him

> 해설 과거부터 현재까지 경험한 일을 나타내므로 '경험'을 나타내는 현재완료시제 has experienced를 사용하여 영작한다.

16 have just read on the website of the art museum

> 해설 과거에 막 끝난 일을 의미하고 있으므로, 주절은 부사 just와 함께 현재완료시제 have just read를 사용하여 영작한다.

UNIT 28 과거[미래]완료시제와 시간

01 ⓐ, 직독직해는 아래 [구문] 참고

> 구문 Jake **had** recently **attended** the automobile show // when I asked him to go there together.
> Jake는 최근에 자동차 박람회에 참석했다 ((완료)) // 내가 그에게 거기에 함께 가자고 요청했을 때.

02 ⓓ

> 구문 Many years **had gone by** / since the accident happened, // and I could not remember it.
> 수년이 지나갔다 ((결과)) / 그 사고가 일어난 지, // 그리고 나는 그것을 기억해낼 수 없었다.

03 ⓑ

> 구문 Experts point out // that persons (caught driving drunk for the first time)
>   ――
>   S′
> **had** probably **done** so dozens of times before without incident.
> └――――V′――――┘
> 전문가들은 지적한다 // 사람들은 (처음으로 음주 운전으로 적발된)
> 아마 사고 없이 수십 번 그렇게 한 적이 있을 거라고. ((경험))

04 ⓒ

> 구문 Women were excluded from voting / in ancient Greece and ancient Rome, /
> [as well as] in the few democracies [that **had emerged** in Europe / by the end of the 18th century].
> 여성들은 투표에서 제외되었다 / 고대 그리스와 로마에서, /
> 몇몇 민주주의 국가들에서뿐만 아니라 [유럽에서 출현해온 ((계속)) / 18세기 말까지].
> • B as well as A: A뿐만 아니라 B도

배점	채점 기준
5	동사 의미만 바르게 고른 경우
5	직독직해만 바르게 한 경우

---

05 **had made** | 그 환자는 괜찮아질 것이라고 스스로가 믿게 했고, 이는 정말로 그 싸움의 절반 이상(가장 힘든 고비를 넘긴 것)에 해당했다.

> 해설 and 이하 절의 동사가 was로 문맥상 과거에 벌어진 일을 이야기하고 있으며, 환자가 괜찮을 것이라고 스스로가 믿게 한 그 결과 그러한 상태가 지속되고 있음을 나타내므로 '결과'를 나타내는 과거완료시제 had made가 알맞다.

06 **will have frozen** | 내일 정오까지, 모든 젖은 지면은 몹시 낮은 기온 때문에 얼게 될 것이다.

> 해설 미래의 어떤 때(By midday tomorrow)를 기준으로 더 일찍 얼기 시작한 지면이 미래의 그 시점에 완전히 얼게 되리라는 것을 의미하므로, '완료'를 나타내는 미래완료시제 will have frozen이 알맞다.

07 **had rained** | 그 주 초반부터 비가 내렸다. 그것 때문에, 며칠 뒤에 강은 여전히 갈색빛이었고 물이 범람했다.

> 해설 강이 갈색빛이며 물이 범람했던 과거 시점인 어제보다, 비가 내렸던 시점이 더 앞서므로 대과거를 나타내는 과거완료시제 had rained가 알맞다.

---

08 **had left** | 공항에 도착하자마자, 나는 내 방에 여권을 두고 온 것을 깨달았다.

> 해설 여권을 두고 온 것은 공항에 도착한 것(arrived)보다 이전의 일이므로 과거완료시제 had left가 알맞다.

09 **will have been struggling** | 그의 형이 저녁을 먹으러 돌아올 때쯤이면, 그는 8시간 동안 그의 글쓰기 과제로 애쓰고 있을 것이다.

해설 By the time(~인 때) 다음에 현재시제(comes)가 오므로 그가 미래의 어떤 때까지 과제로 애쓰고 있을 것, 즉 미래완료진행시제(will have been struggling)가 알맞다.

10 **had been practicing** | Joe와 그의 아버지는 그들의 밴드가 연습하고 있었던 노래를 흥얼거리면서 집으로 돌아갔다.

해설 밴드가 노래를 연습하던 중이었던 시점이 Joe와 그의 아버지가 집에 돌아온 시점보다 이전이므로 과거완료진행시제 had been practicing이 알맞다.

구문 Joe and his father returned home, / humming the melody [that their band had been practicing].

- humming 이하는 동시동작을 나타내는 분사구문이며, that their band had been practicing은 앞의 명사 the melody를 수식하는 목적격 관계대명사절이다.

- -

11 **had been writing his book when I visited him**

해설 과거의 어느 때(when I visited him)를 기준으로 그가 책을 쓰는 중이었음을 나타내므로, 과거에 벌어진 일이 '계속' 진행 중이었음을 강조하는 과거완료진행시제(had been writing)를 사용하여 영작한다.

12 **the amount of travel by public transport will have doubled**

해설 미래의 어떤 때(By the end of next year)를 기준으로 그 시점까지의 동작의 '완료'를 나타내는 미래완료시제(will have doubled)를 사용하여 영작한다.

구문 By the end of next year, / the amount of travel (by public transport) will have doubled /
　　　　　　　부사구　　　　　　　　　S　　　　　　　　　　　　　　　V
because of the city's policy (encouraging use of buses).

- 현재분사구 encouraging use of buses는 앞의 명사 the city's policy를 수식한다.

13 **When I learned that Linda had won the piano contest**

해설 문맥상 Linda가 피아노 경연 대회에서 우승했던 것은 내가 그것을 알게 된 시점 이전의 일이므로, 내가 알게 된 시점은 과거시제(learned)를, Linda가 피아노 경연 대회에서 우승했던 시점은 과거완료시제(had won)를 사용하여 영작한다.

UNIT 29 가정법 과거시제와 시간

01 **would, 직독직해는 아래 [구문] 참고**

해설 if절에 동사의 과거형이 있고 문맥상 현재나 미래의 실현 가능성이 희박한 일에 대한 가정·상상을 나타내고 있으므로 가정법 과거이다. 따라서 의문문인 주절의 동사로는 〈조동사의 과거형 + 주어 + 동사원형〉의 형태인 would가 알맞다.

구문 If you were the president, // would you be more focused on economic issues or climate change?
만약 당신이 대통령이라면 // 당신은 경제 문제에 더 집중하겠는가 아니면 기후 변화에 더 집중하겠는가?

02 **were**

해설 〈S + wish 가정법〉은 소망하는 때와 소망 내용의 때가 일치할 때 종속절의 동사로 과거시제를 쓴다. 문맥상 소망하는 때(wish)와 소망 내용(특별 강연을 해주는 것을 기꺼이 여기는 것)의 시점이 일치하므로 종속절의 동사는 과거형 were가 알맞다.

구문 I wish // you were willing to give a special lecture to my students / and ∨ share stories about your travels.
　　　　　S'　　V'₁　　　　　　　　　　　　　　　　　　　　　　　　　　V'₂
나는 바란다 // 네가 나의 반 학생들에게 기꺼이 특별 강연을 해주기를 / 그리고 너의 여행에 대한 이야기를 공유해주기를.

- ∨ 자리에는 were willing to가 반복되어 생략되었다.

03 **should**

해설 문맥상 '신분증을 잃어버리면 새로운 신분증이 발부될 것이다'라는 것이 적절하므로 긍정형인 should가 알맞다. 가정법에서 if절에 should를 쓰면 어떤 일이 일어날 가능성이 더 희박하다는 느낌을 준다.

구문 If you should lose your identification card, // a new ID card would be issued.
　　　　S'　　V'　　O'　　　　　　　　　　　　　　　S　　　　　　V
혹시라도 당신이 신분증을 잃어버리면, // 새로운 신분증이 발부될 것이다.

04 **were**

> 해설 '네가 되기를 원했던 사람인 것처럼' 행동하라는 문맥이므로 긍정형인 were가 알맞다. as if[though] 가정법은 주절과 같은 때를 가정하는 경우 종속절에 과거시제를 쓴다.

> 구문 Talk to yourself positively / and act // as though you were the person [that you wanted to be].
> V_1 V_2
>
> 스스로 긍정적으로 말하고 / 행동해라 // 마치 네가 [네가 되기를 원했던] 사람인 것처럼.

05 **were to change**

> 해설 〈if + 주어 + were to + 동사원형〉 형태의 were to를 사용한 가정법으로 미래에 실현 가능성이 희박한 일을 나타내므로 were to change가 알맞다.

> 구문 The brain is a slow-changing machine; // if your brain were to change completely overnight, //
>
> you would be unstable.
>
> 뇌는 천천히 변화하는 기계이다 // 만약 당신의 뇌가 하룻밤 사이에 완전히 바뀐다면, //
> 당신은 불안정해질지도 모른다.

배점	채점 기준
4	동사만 바르게 고른 경우
4	직독직해만 바르게 한 경우

---

06 ○ | 만약 네가 더 좋은 지도자라면, 너는 더 나아가고 혁신하기 위해 새로운 영역을 탐험하기를 시도할 텐데.

> 해설 주절의 동사가 〈조동사의 과거형 + 동사원형〉 형태인 would try이므로, 이 문장은 가정법 과거 구문이다. 따라서 if절의 동사 were는 적절하게 쓰였다.

07 ○ | 그녀는 더 빨리 운전하는 것이 그녀를 도착지로 더 빨리 데려다주길 바랐지만, 그것은 불가능했다.

> 해설 소망하는 때(wished)와 소망 내용의 때가 일치하면 종속절에 동사의 과거형을 쓸 수 있다. 따라서 종속절의 동사는 과거형 got이 적절하다.

08 ○ | 우리가 소프트웨어 부서를 위한 새 직원 몇 명을 모집해야 할 때이다.

> 해설 〈It's high time (that) + S + V〉는 '~해야 할 때다'라는 뜻으로 that절에는 '동사의 과거형' 또는 〈should + 동사원형〉이 온다. 따라서 주어 we 뒤에 온 동사의 과거형 recruited는 적절하다.

09 ×, → another world war happen | 혹시라도 또 다른 세계 대전이 발생하면, 인류 전체가 위기에 처할지도 모른다.

> 해설 가정법에서 if가 생략되었으므로, 주어와 조동사 should가 도치되어 〈(조)동사(Should) + 주어(another world war) + 동사(happen)〉의 어순이 되어야 한다.

> 구문 Should another world war happen, // the entirety of mankind / would be in jeopardy.
>   V′   S′   S   V

10 ×, → Were it not the case 또는 If it were not the case | 우리는 우리가 먹는 것을 항상 조정한다. 그렇지 않다면, 매년 새로운 제품을 출시하는 식품 회사는 그들의 돈을 낭비하게 될 것이다.

> 해설 가정법에서 if가 생략되었으므로, 주어와 동사는 〈(조)동사(Were) + 주어(it)〉의 어순이 되어야 한다. 또는 가정법 if를 넣어주는 것도 가능하다.

> 구문 We adjust what we eat all the time. Were it not the case, // the food companies [that launch new products each year] /
>   S   V   O   V′   S′   S
>
> would be wasting their money.
>   V   O
>
> • what we eat은 '우리가 먹는 것'이라는 뜻으로 관계대명사 what이 이끄는 명사절이다.
>
> • that launch new products each year는 주격 관계대명사절로 the food companies를 수식하고 있다.

배점	채점 기준
2	틀린 부분을 바르게 고치지 못한 경우

---

11 과거 | 나의 어린 시절에 자유 시간이 나면, 보통 숲을 탐험하거나 강에서 수영을 하곤 했다.

> 해설 문맥상 If절의 '나의 어린 시절에 자유 시간이 나면'은 과거의 조건을 나타내고 있음을 알 수 있다. 따라서 과거의 일을 나타내는 If 직설법이다.

12 현재 | 내 친구가 가까이에 산다면, 그 친구와 크리스마스를 보낼 텐데 그녀가 공부를 위해 지금 외국에 살고 있어서 유감이다.

> 해설 그녀가 지금 해외에서 산다고 했으므로 동사 lived가 포함된 if절 '내 친구가 가까이에 산다면'은 현재 사실을 반대로 가정하고 있음을 알 수 있다.

13 **as if he sent all his money**

해설 '그는 상당한 양의 돈을 보내는 것처럼 보인다'는 주절과 같은 때를 가정하므로 〈as if + 가정법 과거〉를 사용하여 영작한다.

14 **If you had infinite time, you could read a page a day**

해설 현재의 사실을 반대로 가정·상상하고 있으므로 가정법 과거(If + S′ + 동사의 과거형 ~, S + 조동사의 과거형 + 동사원형 ~)를 사용하여 영작한다.

15 **She wishes she could travel to Europe with her family**

해설 '그녀는 가족들과 함께 유럽으로 여행 가기를 바란다'는 소망 시점과 소망 내용의 시점이 일치하므로 〈S + wish 가정법 과거〉를 사용하여 영작한다.

16 **If humans were to live on Mars, we would need houses**

해설 현재의 사실을 반대로 가정·상상하거나 미래에 실현 가능성이 희박한 일을 가정·상상하므로 가정법 과거를 사용하여 영작한다. if절에 were to를 사용하면 실현 가능성이 적은 일을 나타낸다.

배점	채점 기준
4	어순은 올바르나 동사의 어형이 틀린 경우

UNIT 30 가정법 과거완료시제와 시간

01 **have made, 직독직해는 아래 [구문] 참고**

해설 if절에 〈had + p.p.〉가 있고 문맥상 과거 사실에 반대되는 일을 가정하고 있으므로 가정법 과거완료이다. 따라서 주절의 조동사 뒤에 have p.p.가 와야 한다.

구문 If I had been more intelligent and had made more effort, // I wouldn't have made such a mess of my exams.
만약 내가 더 똑똑하고 더 노력했더라면, // 나는 시험을 그렇게 망치지 않았을 것이다.

02 **had**

해설 주절에 〈조동사 + have p.p.〉가 있고 문맥상 과거 사실에 반대되는 일을 가정하고 있으므로 가정법 과거완료이다. 따라서 if절에는 had p.p.가 와야 한다.

구문 Their argument probably would have become more violent // if there had not been any intervention.
　　　　　　　　　　　S　　　　　　　　　V　　　　　　　　　　　　　　　　V′
그들의 논쟁은 아마도 더 격렬해졌을 것이다 // 만약 어떠한 중재도 없었더라면.

03 **Had he**

해설 주절에 〈조동사 + have p.p.〉가 있고 문맥상 과거 사실에 반대되는 일을 가정하고 있으므로 가정법 과거완료이다. if절의 if가 생략되어 〈had + S′ + p.p.〉 순으로 도치된 문장이 와야 하므로 Had he가 와야 한다.

구문 　　V′
Had he worked more on sophisticated theories (of language and communication), //
　　　S′

he would have had great effects on the world.
　S　　　　V
만약 그가 복잡한 이론들을 더 연구했더라면 (언어와 의사소통의), //
그는 세상에 엄청난 영향력을 미쳤을 텐데.

04 **had received**

해설 문맥상 소망하는 시점(wish)보다 소망하는 내용의 시점이 앞서므로 S + wish 가정법 과거완료이다. 따라서 종속절에는 had p.p.가 와야 한다.

구문 I wish // in my youth / I had received wise advice from those (with more life experience // than I had).
나는 바란다 // 나의 어린 시절에 / 사람들로부터 현명한 조언을 받았더라면 하고 (더 많은 인생 경험이 있는 // 내가 가졌던 것보다).

05 **had visited**

해설 주절은 과거시제(looked)이고 as if 뒤는 더 이전의 과거(for years)에 대한 일을 가정하고 있으므로 as if 가정법 과거완료이다. 따라서 종속절에는 had p.p.가 와야 한다.

구문 The house looked / as if no one had visited it for years, // because all the furniture was covered with dust.

그 집은 보였다 / 수년간 아무도 방문하지 않았었던 것처럼 // 모든 가구들이 먼지로 덮여있었기 때문에.

배점	채점 기준
4	동사만 바르게 고른 경우
4	직독직해만 바르게 한 경우

---

06 현재 | 만약 네가 미래를 안다면, 그것은 네가 삶에서 얻는 모든 놀라움, 경이, 그리고 긴장감을 없앨 것이다.

해설 가정법 과거가 사용되어, 현재 사실에 대한 가정·상상을 표현하는 문장이다.

07 과거 | 그 기자는 만약 거기에 표지판이 없었더라면, 그 사고로 인한 피해가 훨씬 더 컸을 것이라고 말했다.

해설 가정법 과거완료가 사용되어, 과거 사실과 반대되는 가정·상상을 표현하는 문장이다.

08 현재 | 만약 그녀가 가장 좋아하는 하키 팀의 패배에 관해 알게 된다면, 그녀는 매우 실망할 텐데.

해설 가정법 과거가 사용되어, 현재 사실에 대한 가정·상상을 표현하는 문장이다.

09 과거 | 망원경의 기술적인 발전이 먼저 이루어지지 않았더라면 천문학자들의 발견은 일어나지 않았을 것이다.

해설 가정법 과거완료가 사용되어, 과거 사실에 대해 반대되는 가정·상상을 표현하는 문장이다.

---

10 had distrusted | 만약 그녀가 자신을 불신했다면, 그녀는 어떠한 기록도 세우지 못했을 것이다.

해설 주절은 〈S + 조동사의 과거형 + have p.p. ~〉의 구조를 취하고 있으며 문맥상 과거 사실과 반대되는 일을 가정·상상하고 있으므로 가정법 과거완료 구문임을 알 수 있다. 따라서 if절의 동사를 had p.p.로 써야 한다.

11 be | 만약 거짓말이 더는 가능하지 않다면, 정직은 최선의 방책일 뿐만 아니라, 유일한 방책일 것이다.

해설 if절의 동사가 과거형(were)이며 문맥상 현재 사실과 반대되는 일을 가정·상상하고 있으므로 가정법 과거 구문임을 알 수 있다. 따라서 주절의 동사를 〈조동사의 과거형 + 동사원형〉으로 써야 한다.

12 have had | 나의 여행에서, 내가 패키지여행을 했다면 나는 나의 삶을 풍요롭게 한 놀라운 경험을 하지 못했을 것이다.

해설 종속절의 if가 생략되어 주어(I)와 조동사(had)의 어순이 도치된 문장이다. if절의 동사가 과거완료형(had taken)이고 문맥상 과거의 사실과 반대되는 일을 가정·상상하는 가정법 과거완료 구문이므로, 주절의 동사를 〈조동사의 과거형 + have p.p.〉로 써야 한다.

---

13 was discouraged as if he had received a letter of rejection

해설 '(그전에) 마치 ~였던 것처럼 (그때) …했다'라는 의미이므로 as if 가정법 과거완료로 영작한다. 주절의 동사에 과거형 was discouraged, as if절에는 과거완료 had received를 쓴다.

14 If the medical team had not made a huge effort, he could not have recovered

해설 과거 사실을 반대로 가정·상상하거나 과거에 있을 법하지 않은 일을 나타내는 가정법 과거완료로 영작한다. 종속절의 동사는 had not made로, 주절의 동사는 could not have recovered로 쓴다.

15 Her parents wished she had been offered wide exposure to different ideas

해설 '(그전에) ~였다면 (그때) 좋았을 텐데'라는 의미이므로 S + wished 가정법 과거완료로 영작한다. 주절의 동사에는 과거형 wished, 종속절에는 과거완료 had been offered로 쓴다.

배점	채점 기준
4	어순은 올바르나 동사의 어형이 틀린 경우

01 if it were not for | 나는 항상 긍정적인 기운을 발산하는 그가 없다면, 그 파티는 그리 재밌지 않을 것으로 생각한다.

> **해설** 앞 절의 동사는 〈조동사의 과거형 + 동사원형〉이고, 문맥상 가정법 과거 구문임을 알 수 있다. 가정법 문장의 without은 '(그때) ~이 없었다면'의 의미인 if it were not for로 바꾸어 쓴다.

02 If we did not[didn't] help | 우리가 청년들이 국제 사회에 책임감을 느끼는 윤리적인 어른으로 성숙하도록 돕지 않는다면, 많은 사람은 탐욕에 굴복할 것이다.

> **해설** Otherwise는 '만약 그렇지 않다면'이라는 의미로 if ~ not 형태로 바꾸어 쓸 수 있다. 주절에 〈조동사의 과거형 + 동사원형〉이 쓰였으며 문맥상 가정법 과거 구문이므로, 동사의 과거형을 이용하여 if절을 완성한다.

03 If it had not[hadn't] been for | 고대 언어 전문가가 없었다면, 고고학자들은 그들이 발굴한 서기 11세기 난파선에서 찾은 모든 발견을 완전히 이해하지 못했을 것이다.

> **해설** But for는 '~이 없다면'의 의미로 가정법을 대신한다. 주절에 〈조동사 + have p.p.〉가 쓰였으며, 가정법 과거완료 구문이므로 동사의 과거완료형을 이용하여 if절을 완성한다.

> **구문** If it had not been for the ancient languages expert, // the archaeologists would never have fully understood all the finds (from an eleventh-century AD wreck) [they discovered].
>
> • they discovered는 목적격 관계대명사가 생략된 관계사절로, 전명구 from ~ wreck의 수식을 받는 all the finds를 선행사로 수식한다.

---

04 나에게 고마워할 필요는 없다. 누구라도 똑같이 했을 것이다.

> **해설** 주어 Anyone은 '누구라도'라는 의미로 가정의 의미가 포함되어 있다.

05 정오에 출발하는 기차를 타려면, 일찍 퇴근해서 역으로 뛰어가야만 할 것이다.

> **해설** to부정사구인 To catch the train leaving at noon은 '정오에 출발하는 기차를 타려면'이라는 의미로 가정의 의미가 포함되어 있다.

06 제대로 활용되었다면, 소비자에 대한 데이터는 고객들의 행동과 사업 트렌드를 예측하는 능력을 제공했을 것이다.

> **해설** 분사구문 Exploited properly는 '제대로 활용되었다면'이라는 의미로 가정의 의미가 포함되어 있다.

07 네가 지도에 무작위로 많은 다트를 던진다고 가정해보자. 너는 지도상에 고르게 퍼져 있는 구멍을 발견할 것이다.

> **해설** Suppose는 '만약 ~라면'이라는 의미로 가정의 의미가 포함되어 있다.

---

08 Providing that the weather is fine

> **해설** '만약 ~라면'이라는 의미로 가정의 의미를 나타내는 Providing that을 사용하여 영작한다.

09 Without[But for] a proper self-disclosure, we could not have had an opportunity

> **해설** 먼저 '~이 없었다면'의 의미의 if절 대용어구 without 또는 but for를 사용하여 가정의 의미를 담은 전명구를 만든다. 그리고 이 문장은 문맥상 과거 사실과 반대되는 일을 가정·상상하는 가정법 과거완료 구문이므로, 주절의 동사를 〈조동사의 과거형 + have p.p.〉로 만들어 영작한다.

10 Without[But for] the support of my parents, I would not have

> **해설** 먼저 '~이 없다면'의 의미의 if절 대용어구 without 또는 but for를 사용하여 가정의 의미를 담은 전명구를 만든다. 그리고 이 문장은 문맥상 현재 사실과 반대되는 일을 가정·상상하는 가정법 과거 구문이므로, 주절의 동사를 〈조동사의 과거형 + 동사원형〉으로 만들어 영작한다.

11 Otherwise, she would have lived the rest of her life as an unknown painter

> **해설** '그렇지 않았다면'이라는 의미로 가정의 의미를 포함하는 otherwise를 사용하여 영작한다. 문맥상 과거 사실과 반대되는 일을 가정·상상하는 가정법 과거완료 구문이므로, 동사를 〈조동사의 과거형 + have p.p.〉로 쓴다.

배점	채점 기준
5	〈보기〉의 표현을 바르게 고르고 어순도 올바르나, 동사의 어형이 틀린 경우

UNIT 32 부정사/동명사가 나타내는 때

01 ⓐ, ⓒ, ⓓ

ⓐ 한밤중에, Jake는 도서관에 그의 핸드폰을 두고 왔음을 마침내 기억해냈다.

[해설] 동명사의 형태가 having p.p.인 것으로 보아 동명사 having left가 문장의 동사 remembered보다 앞선 때를 나타낸다.

ⓑ 그 선생님은 학기 말에 그녀의 학생들을 위한 놀랄만한 일을 준비하는 것을 좋아한다.

[해설] 동명사의 형태가 v-ing인 것으로 보아 동명사 preparing이 문장의 동사 likes와 시점이 같다.

ⓒ 고대 그리스는 서구 문명의 토대를 쌓았다고 말해진다.

[해설] 부정사의 형태가 to have p.p.인 것으로 보아 부정사 to have laid가 문장의 동사 is said보다 앞선 때를 나타낸다.

ⓓ 나는 네가 너의 말로 다른 이들의 기분을 상하게 한 것을 부끄럽게 여겨야 한다고 생각한다.

[해설] 동명사의 형태가 having p.p.인 것으로 보아 동명사 having hurt가 문장의 동사 should be ashamed보다 앞선 때를 나타낸다.

---

02 experience | 개발도상국들은 지구 온난화로 인해 더 부정적인 영향력을 경험할 가능성이 크다.

[해설] '경험하다(experience)'의 시점이 '~할 가능성이 있다(are likely)'의 시점과 같으므로, 준동사의 기본형 to-v(to experience)의 형태로 동사와 준동사 사이의 시점 일치를 나타낸다.

03 have reconstructed | 그 용의자는 자신의 범죄를 부인하는 방향으로 그의 주장을 재구성했던 것처럼 보인다.

[해설] '재구성했다(reconstructed)'의 시점이 '~처럼 보인다(seems)'의 시점보다 앞서므로, to부정사의 완료형 to have p.p.(to have reconstructed)의 형태로 동사와 준동사 사이의 시점 차이를 나타낸다.

04 have composed | 사람들은 그 유명한 작곡가가 70편이 넘는 곡을 작곡했다고 믿고 있지만, 오늘날 오직 10편의 곡만이 남아있다.

[해설] 문맥상 '작곡했다(composed)'의 시점이 '믿고 있다(believe)'의 시점보다 앞서므로, to부정사의 완료형 to have p.p.(to have composed)의 형태로 동사와 준동사 사이의 시점 차이를 나타낸다.

---

05 ×, → having won | 그는 그가 어렸을 때 마라톤 대회에서 우승했던 것을 자랑스럽게 여긴다.

[해설] 문맥상 동명사(마라톤 대회에서 우승했다)의 시점이 동사의 시점(자랑스럽게 여기다)보다 앞서므로 동명사의 완료형(having p.p.)이 알맞다. 따라서 winning을 having won으로 고쳐야 한다.

06 ×, → to be | 자동차 소음은 귀를 먹먹하게 만들고 있다. 나는 보통 시골에 거주하기 때문에, 이곳의 교통은 더 시끄러운 것 같다.

[해설] 문맥상 to부정사(더 시끄럽다)의 시점과 동사의 시점(~인 것 같다)이 일치하므로 to-v의 형태가 알맞다. 따라서 to have been을 to be로 고쳐야 한다.

07 ○ | 많은 사람은 그가 그 사건을 작년에 극복했다고 생각하지만, 그는 여전히 그것으로 인해 고통받고 있다.

[해설] 문맥상 to부정사(극복했다)의 시점이 동사의 시점(생각한다)보다 앞서므로 부정사는 완료형(to have p.p.)이 알맞다.

08 ×, → buying | 우리 주변 어느 곳에서나 우리는 더 큰 집과 두 번째 차를 구매함으로써 삶의 질을 향상시키려는 유혹을 목격한다.

[해설] 문맥상 동명사(구매하다)의 시점과 동사의 시점(목격하다)이 일치하므로 v-ing의 형태가 알맞다. 따라서 having bought를 buying으로 고쳐야 한다.

[구문] Everywhere around us / we see the temptation (to improve the quality of our lives /
　　　　　부사구　　　　　　　S　V　　O
by buying a larger house and a second car).

---

09 Despite having said yes to his offer

[해설] 문맥상 후회하는 것(regret)보다 승낙했던 것이 시간상 앞서므로 동명사의 완료형 having said yes로 영작한다.

10 to have gotten the winnings unfairly

[해설] 문맥상 밝혀진 것(turns out)보다 부당하게 상금을 탄 것이 시간상 앞서므로 to부정사의 완료형 to have gotten으로 영작한다.

11 He is delighted to have raised funds for charities

해설 문맥상 기뻐하는 것(is delighted)보다 기금을 마련했던 것이 시간상 앞서므로 to부정사의 완료형 to have raised로 영작한다.

12 Some members in our club complain about having paid for uniforms

해설 문맥상 불평하는 것(complain)보다 유니폼 비용을 지불했던 것이 시간상 앞서므로 동명사의 완료형 having paid로 영작한다.

배점	채점 기준
6	어순은 올바르나 동사의 어형이 틀린 경우

UNIT 33 주어가 동작을 하는가, 받는가

01 occurs, 직독직해는 아래 [구문] 참고

[해설] occur는 자동사이므로 수동태로 쓸 수 없다. 따라서 능동형 occurs가 알맞다.

[구문] Desertification occurs // because warmer temperature draws moisture out of the soil.
사막화는 발생한다 // 더 따뜻한 온도가 토양으로부터 수분을 끌어내기 때문에.

02 has gone

[해설] 온도가 '올라가는' 주체이므로 능동형 has gone이 알맞다.

[구문] Turn on the air conditioner, // and about 30 minutes later see / if the temperature has gone up.
에어컨을 켜라, // 그리고 대략 30분 후에 확인해라 / 온도가 올라갔는지 아닌지.

03 is known

[해설] 마그마가 '알려진' 것이므로 수동형 is known이 알맞다.

[구문] Magma is the hot liquid rock (under the surface of the Earth) // and it is known as lava / after it comes out of a volcano.
마그마는 뜨거운 액체 상태의 돌이다 (지구 표면의 아래에 있는) // 그리고 그것(= 마그마)은 용암이라고 알려져 있다 / 화산에서 분출된 후에는.

04 have been used

[해설] 돌이 인간에 의해 '사용되어 온' 것이므로 수동형 have been used가 알맞다.

[구문] Rocks have been used by humans for millions of years, / from early tools and weapons to various construction materials.
돌은 수백만 년 동안 인간에 의해 사용되어 왔다 / 초기의 도구와 무기에서부터 다양한 건축 자재까지.

05 was contributing

[해설] contribute가 '~의 원인이 되다'의 의미일 때는 자동사이므로 수동태로 쓸 수 없다. 따라서 능동형 was contributing이 알맞다.

[구문] The father was contributing to his son's attitude (of hating to lose at games) / by always letting him win intentionally //

when they played games together.
아버지는 (게임에서 지는 것을 싫어하는) 아들의 태도의 원인이 되고 있었다 / 의도적으로 그가 항상 이기게 함으로써 //
그들이 함께 게임을 할 때.
• let(letting)은 SVOC 문형으로 쓰이며, 목적격보어로 동사원형(win)이 온다.

배점	채점 기준
4	동사만 바르게 고른 경우
4	직독직해만 바르게 한 경우

---

06 is often thought of as an individual characteristic | 건강은 물려받은 조건에서 시작하는 개인적인 특성으로 종종 생각된다.

[해설] 〈think of A as B (A를 B로 생각하다)〉에서 A 자리에 있는 health가 문장의 주어로 쓰였다. 구동사를 수동태로 바꿀 때는 동사와 전치사가 함께 움직이므로 A be thought of as B 형태로 쓴다.

07 is known that, is known to be | 변화를 받아들이는 것은 그것(=변화)을 피하려고 시도하는 것보다 더 낫다고 알려져 있다.

[해설] 첫 번째의 경우, 주어가 된 that절을 문장의 뒤로 보내고 문장 맨 앞에 가주어 It을 사용한 것으로, 빈칸에는 is known that을 쓴다. 두 번째의 경우, that절의 주어를 문장의 주어로 하고 that절의 동사를 to부정사로 바꾼 것으로, 빈칸에는 is known to be를 쓴다. 두 경우 모두 능동태의 주어 People은 생략되었다.

배점	채점 기준
3	한 문장만 바르게 쓴 경우

08 **are given perspective, problem-solving skills, and creative strengths** | 너는 균형 잡힌 관점, 문제 해결 능력과 창의적인 힘을 교양 과목을 통해 부여받는다.

> 해설 변형 전 능동태 문장은 SVOO 문형이다. 수동태 문장에서 능동태의 간접목적어 you가 주어가 되고, 동사 gives는 주어의 수와 시제를 고려하여 are given으로 쓴다. 능동태의 직접목적어(perspective, ~ creative strengths)는 동사 뒤에 이어서 쓴다.

> 구문 A liberal arts education gives you perspective, problem-solving skills, and creative strengths.
>   S   V   IO   DO

---

09 **✕, made → was made** | 1990년대에, 온라인 콘텐츠를 만드는 업무는 소프트웨어의 발달에 의해 더 빨라지고 더 저렴해지게 되었다.

> 해설 소프트웨어의 발달에 의해 '업무가 ~되었다'라는 의미이므로 수동태를 사용해야 한다. 따라서 made를 주어의 수와 시제를 고려하여 was made로 고친다.

10 **○** | 더 어린 학생들은 학습하는 데 매우 긍정적인 태도를 지닌 것으로 보였지만 대인관계 능력은 부족했다.

> 해설 '~로 보였다'라는 의미이므로 수동태를 사용해야 한다. SVOC 문형에서 목적격보어가 원형부정사인 경우, 수동태에서 to부정사가 되므로 were seen to have가 바르게 쓰였다.

11 **✕, were used → have been used** | 일찍이 1948년 이래로, 동물들은 장기간 무중력 상태의 영향과 같은 우주여행의 측면들을 시험하는 데 미국 우주 프로그램에 의해 사용되어 왔다.

> 해설 '동물들은 사용되어 왔다'라는 의미이므로 수동태가 쓰였다. 그런데 부사구(Since as early as 1948)가 과거의 특정 시점 이래로 행동·상태가 지속되어 왔음을 나타내므로 시제를 고려하여 were used를 현재완료 수동형 have been used로 고친다.

배점	채점 기준
2	틀린 부분을 바르게 고치지 못한 경우

---

12 **Some companies have been forced to respond**

> 해설 '몇몇 기업은 강요받아 왔다'라는 의미이므로 동사 force는 현재완료 수동형으로 바꾸어 Some companies have been forced를 완성한다. 능동태 SVOC 문형의 목적격보어인 to부정사구는 그대로 이어서 쓴다.

13 **The product or service is being produced**

> 해설 '제품이나 서비스는 만들어지고 있다'라는 의미이므로 동사 produce는 진행 수동형으로 바꾸어 is being produced로 쓴다.

14 **were given the rule to ask at least one question**

> 해설 '우리에게 부여되었다'라는 의미이므로 동사 give는 수동형으로 바꾸어 we were given을 완성한다. 능동태 SVOO 문형의 직접목적어 the rule 과 이를 수식하는 to부정사구를 이어서 쓴다.

배점	채점 기준
4	어순은 올바르나 동사의 어형이 틀린 경우

UNIT 34 의미상 주어가 동작을 하는가, 받는가

01 (he), 직독직해는 아래 [구문] 참고

> 구문 In front of his peers, / he was ashamed of having been caught / copying the answers of his classmate
>   having been caught의 의미상의 주어
> in the math exam.
> 그의 반 친구들 앞에서, / 그는 적발된 것을 부끄러워했다 / 수학 시험에서 그의 반 친구의 정답을 베낀 것을.

02 (animals) 또는 (They)

> 구문 For animals, / quick movements and loud noises are particularly stressful. They tend to be disturbed /
>   to be disturbed의 의미상의 주어   to be disturbed의 의미상의 주어
> by unexpected and unpredictable events.
> 동물들에게, / 빠른 움직임과 시끄러운 소음은 특히나 스트레스를 준다. 그것들(= 동물들)은 불안하게 되는 경향이 있다 /
> 예기치 않고 예측할 수 없는 사건들에 의해.

03 the importance of protective wear

구문 Among the lab researchers, / the importance of protective wear is thought to have been emphasized / before the accident.

to have been emphasized의 의미상의 주어

실험실 연구원들 사이에서, / 보호복의 중요성은 강조되어 왔다고 생각된다 / 사고 이전부터.

- 보호복의 중요성이 강조된 것이 생각된 시점보다 앞서며 수동의 의미이므로 부정사의 수동 완료형 to have been p.p.(to have been emphasized)가 쓰였다.

04 Sense and Sensibility

구문 Jane Austen didn't use her real name from the beginning. Instead, / *Sense and Sensibility* was described /

being written의 의미상의 주어

as being written "By a Lady."

제인 오스틴은 처음부터 자신의 진짜 이름을 사용하지 않았다. 대신에, / 〈이성과 감정〉은 말해졌다 / '여성에 의해' 쓰인 것으로.

05 the information

구문 There's a time lag (between the reflection of light and its reaching our eyes); //

every sensation [our body feels] has to wait / for the information to be carried to the brain.

to be carried의 의미상의 주어

시간상의 차이가 있다 (빛의 반사와 빛이 우리 눈에 도달하는 것 사이의) //
[우리의 몸이 느끼는] 모든 감각은 기다려야 한다 / 그 정보가 뇌에 전달되기까지.

배점	채점 기준
4	의미상의 주어만 바르게 찾은 경우
4	직독직해만 바르게 한 경우

---

06 helping | 꿀벌은 씨앗을 만들어내는 것을 도움으로써 식물의 번식 과정에서 중요한 역할을 수행한다.

해설 동명사의 의미상의 주어는 문장의 주어인 Honeybees이다. 의미상의 주어와 동명사가 '꿀벌'이 '씨앗을 만들어내는 것을 돕는' 능동 관계이므로 helping이 알맞다.

07 having broken | 용의자는 휴가철 동안 이웃집에 침입한 것을 부인했다.

해설 동명사의 의미상의 주어는 문장의 주어인 The suspect이다. 의미상의 주어와 동명사가 '용의자'가 '침입한' 능동 관계이며, 주절의 동사 denied보다 동명사의 시점이 앞서기 때문에 동명사는 완료형으로 쓴다. 따라서 having broken이 알맞다.

08 to have been displaced | 인공지능 때문에, 도매업과 소매업 분야에서 네 개 중 하나보다 많은 직업들이 대체되었다고 추정된다.

해설 to부정사의 의미상의 주어는 문장의 주어인 more than one in four jobs이다. 의미상의 주어와 to부정사가 '네 개 중 하나보다 많은 직업들'이 '대체된' 수동 관계이므로 to have been displaced가 알맞다.

09 to understand | 초등학교 선생님은 사전을 활용함으로써 학생들이 어려운 개념들을 이해하도록 돕고 있다.

해설 목적격보어로 쓰인 to부정사의 의미상의 주어는 목적어인 students이다. 의미상의 주어와 to부정사가 '학생들'이 '이해하는' 능동 관계이므로 to understand가 알맞다.

10 being overwhelmed | 그 연구는 '소셜 미디어 과부하'를 소셜 미디어 매체를 통해 이용 가능한 많은 양의 의사소통과 정보에 의해 압도되는 느낌으로 정의한다.

해설 동명사의 의미상의 주어는 일반적인 사람이며 생략되었다. 의미상의 주어와 동명사가 '사람들'이 '압도되는' 수동 관계이므로 being overwhelmed가 알맞다.

---

11 Young people are likely to be influenced by the Internet

해설 '젊은 사람들'이 '영향받을' 것이므로 to부정사는 수동형으로 써야 한다. 따라서 influence는 to be influenced로 바꿔 쓴다.

12 horrible disasters appear to have been avoided

해설 '끔찍한 재난'이 '방지되었던 것처럼 보이는' 것이므로 to부정사는 수동형으로 써야 하고, 동사 appear의 시점보다 to부정사의 시점이 앞서기 때문에 to부정사는 완료형으로 써야 한다. 따라서 avoid는 to have been avoided로 바꿔 쓴다.

13 The student is happy at having been told

해설 기뻐하는(is happy) 것보다 들었던 것의 시점이 앞서며, '들었다'라는 표현은 수동형 be told로 쓸 수 있다. 따라서 전치사 at의 목적어 역할을 하는 동명사를 having been p.p. 형태인 having been told로 쓴다.

14 having been denied access to public facilities

해설 '장애가 있는 몇몇 사람들'이 '거부당했던' 것이므로 동명사는 수동형으로 써야 하고, 동사 complain의 시점보다 동명사의 시점이 앞서기 때문에 동명사는 완료형으로 써야 한다. 따라서 be denied는 having been denied로 바꿔 쓴다.

배점	채점 기준
5	어순은 올바르나 동사의 어형이 틀린 경우

UNIT 35 가능성, 추측의 의미를 더하는 조동사 I

01 직독직해 아래 [구문] 참고

구문 Whether you are neat or messy, // your workspace **might** reveal a lot (about your personality).

　　　　　　　　　　　　　　　　　　　 S　　　　　　 V

네가 깔끔하든지 지저분하든지 간에, // 너의 작업 공간은 (너의 성격에 대해) 많은 것을 드러낼**지도 모른다**.

02 구문 Leaving little time for ourselves **would** lead / to unmanaged stress, frustration, fatigue or health issues.

　　　 S　　　　　　　　　　　　　 V

스스로를 위한 시간을 거의 남겨두지 않는 것은 이어**질 것이다** / 통제되지 않는 스트레스, 불만, 피로 또는 건강 문제로.

03 구문 I saw an "Under Construction" sign on the road this morning, // so the news [that the road construction is completed]

　　　　　　　　　　　　　　　　　　　　　　　　　　　　　　　　　　　　　 S

can't be true.

　V

나는 오늘 아침에 도로에 있는 '공사 중' 표지판을 보았다. // 그래서 뉴스는 [도로 공사가 완료되었다는]
사실**일 리가 없다**.

• that 이하는 the news를 보충 설명하는 동격절이다.

04 구문 The educational program **will** provide opportunities (for students to take on challenges /

　　　　　 S　　　　　　　　　　　 V　　　　　　　　　　　 의미상의 주어
in diverse areas (such as academics, sports, arts, and computers)).

교육 프로그램은 기회를 제공**할 것이다** (학생들이 도전을 하는[떠맡는] /
(학문, 스포츠, 예술, 그리고 컴퓨터와 같은) 다양한 영역에서).

05 구문 He just finished his second half marathon, / and made a better personal record than before.

He **must** be proud of himself.

　S　　　　 V

그는 방금 그의 두 번째 하프마라톤을 마쳤고, / 전보다 더 좋은 개인 기록을 달성했다.
그는 스스로가 자랑스러움**이 틀림없다**.

06 가능 | 나는 100m를 15초 이내에 뛸 수 있었지만 지금 그 기록은 현저히 더 낮다.

해설 문맥상 could는 '~할 수 있었다'로 해석되므로 가능의 의미를 나타낸다.

07 의무 | 의사들은 질병 그 자체에 관한 관심을 기울이는 것만큼이나 환자의 안락함과 행복에 많은 관심을 기울여야 한다.

해설 문맥상 should는 '~해야 한다'로 해석되므로 의무의 의미를 나타낸다.

구문 Physicians should pay as much attention / to the comfort and welfare (of the patient) //
as they do / to the disease itself.

• 'A는 B만큼 …하다'라는 의미의 원급 구문 〈A as … B〉가 쓰였다.

08 추측 | 게를 먹은 후에 두드러기가 났기 때문에 그녀는 해산물 알레르기가 있음이 틀림없다.

[해설] 문맥상 must는 '~임이 틀림없다'로 해석되므로 강한 추측의 의미를 나타낸다.

09 추측 | 당신이 친구와 처음 싸웠을 때 화해를 위한 행동을 하지 않는다면, 그 관계에 손상을 입힐 수도 있다.

[해설] 문맥상 could는 '~일 수도 있다'로 해석되므로 추측의 의미를 나타낸다.

- -

10 He can't be disappointed at being defeated

[해설] '~일 리는 없다'라는 강한 부정의 추측을 나타내는 can't를 사용하여 영작한다.

11 If you always walk on the same trail, might miss a world of beauty

[해설] '~일지도 모른다'라는 약한 추측을 나타내는 might를 사용하여 영작한다.

12 must facilitate remote work in different places

[해설] '~임이 틀림없다'라는 강한 추측을 나타내는 must를 사용하여 영작한다.

UNIT 36 가능성, 추측의 의미를 더하는 조동사 II

01 ⓑ, 직독직해는 아래 [구문] 참고

[구문] My brother moved abroad last year, // so you **can't have seen** him in town.

내 형은 작년에 외국으로 이주했으므로, // 네가 그를 동네에서 **봤을 리가 없다**.

02 ⓒ

[구문] Dropping a bottle (containing chemicals) / **might have led** to a serious accident, //
　　　　S₁　　　　　　　　　　　　　　　　　　V₁
but fortunately nobody was hurt.
　　　　　　　　S₂　　　V₂
(화학 물질을 담고 있는) 병을 떨어뜨리는 것은 / 심각한 사고로 **이어졌을지도 모른다**. //
그러나 다행스럽게도 아무도 다치지 않았다.

03 ⓐ

[구문] A 100 years ago, / the ecological effects (of the reduction in elephant population / caused by excessive hunting) /
　　　　　　　　　　　　　　　　　S
must have been substantial, / but are little known.
　　　　V₁　　　　　　　　　　└─V₂─┘
100년 전에 / 생태학적인 영향은 (코끼리 수의 감소의 / 과도한 사냥으로 인한) /
상당했음이 틀림없다. / 하지만 거의 알려져 있지 않다.

04 ⓒ

[구문] Our past ancestors **may** always **have carried** water in some manner / by using folded leaves.
　　　　　S　　　　　　└──V──┘
과거 우리의 조상들은 어떤 방식으로 물을 항상 **가지고 다녔을지도 모른다** / 접은 나뭇잎을 사용함으로써.

05 ⓓ

[구문] The current issue of bribery and corruption (involving the National Assembly) /
　　　　　　　　　　　　　　　　　S
should not have happened // as they are supposed to be working for the people.
　　　　V
뇌물 수수와 부정부패에 관한 현재의 논란은 (국회와 연관된) /
발생하지 않았어야 한다 // 그들은 국민을 위해 일할 의무가 있기 때문에.

배점	채점 기준
4	해석만 바르게 고른 경우
4	직독직해만 바르게 한 경우

06 should | 날씨 예보는 다음 주에 눈보라가 있을 것이라고 말했는데, 우리는 스노타이어가 하나도 없다. 우리는 작년에 몇 개를 샀어야 했다.

> **해설** 문맥상 '~했어야 하는데 (하지 않았다)'의 의미를 나타내는 should have p.p.가 사용되어야 하므로 should가 알맞다. must have p.p.는 '~했음이 틀림없다'라는 의미이다.

07 cannot | 회사가 파산 직전에 있다는 소문이 있었다. 수익은 그 분기에 기대한 것보다 높았으니, 그 소문은 사실이었을 리가 없다.

> **해설** 문맥상 '~했을 리가 없다'의 의미를 나타내는 cannot have p.p.가 사용되어야 하므로 cannot이 알맞다. may have p.p.는 '~했을지도 모른다'라는 의미이다.

08 may | 네가 저녁으로 먹었던 기름진 음식은 소화되는 데 긴 시간이 걸리기 때문에 수면의 질에 해를 끼쳤을지도 모른다.

> **해설** 문맥상 '~했을지도 모른다'의 의미를 나타내는 may have p.p.가 사용되어야 하므로 may가 알맞다. cannot have p.p.는 '~했을 리가 없다'라는 의미이다.

09 should have been | 시험을 준비하는 데 시간을 보내야 했던 때에 그 학생은 시험을 걱정하는 데 하루를 전부 보냈다.

> **해설** 문맥상 '~했어야 하는데 (하지 않았다)'의 의미를 나타내는 should have p.p.가 사용되어야 하므로 should have been이 알맞다. shouldn't have been은 '~하지 않았어야 하는데 (했다)'라는 의미이다.

---

10 I should not have eaten so much

> **해설** 과거에 대한 후회·유감을 나타내는 표현으로 '~하지 않았어야 하는데'라는 의미는 should not have p.p.로 나타낸다.

11 The team should have spent more effort in building team work

> **해설** '~했어야 하는데'라는 의미는 should have p.p.로 나타낸다. '~하는 데 시간/돈/노력을 기울이다'는 〈spend + O + (in) + v-ing〉로 나타낼 수 있다. 따라서 전치사 in 뒤에 동명사 building을 쓴다.

12 He can't have taken leave or looked after himself

> **해설** '~했을 리가 없다'라는 의미는 can't have p.p.로 나타낸다. 따라서 can't have taken과 반복되는 can't have를 생략한 looked after로 영작한다.

13 Collecting the information about the new virus must have taken a long time

> **해설** 주어인 '새로운 바이러스에 대한 정보를 모으는 것'은 동명사구 Collecting the information about the new virus으로 영작한다. '~했음이 틀림없다'라는 의미는 must have p.p.로 나타낸다.

14 Detailed feedback on students' performance might have been better

> **해설** '~했을지도 모른다'라는 의미는 might have p.p.로 나타낸다. might have p.p.는 may have p.p.보다 더 불확실한 가능성·추측을 나타낸다.

배점	채점 기준
4	어순은 올바르나 〈보기〉의 조동사를 알맞게 사용하지 않은 경우

UNIT 37 should의 특별한 쓰임

01 직독직해 아래 [구문] 참고

> **해설** '제안'을 나타내는 명사 suggestion과 뒤의 that절 동사로 〈should + 동사원형〉이 함께 쓰여 '마땅히 그래야 한다'는 당위성을 나타낸다.

> **구문** My **suggestion** is // that we **should have** regular meetings on a monthly basis / to discuss the new product.
>   S′   V′
> 나의 **제안**은 ~이다 // 우리가 월 단위로 정기적인 회의를 **해야 한다는** 것 / 새 제품에 대해 논의하기 위해.

02 > **해설** '감정'을 나타내는 형용사 strange와 that절 동사로 〈should + 동사원형〉이 함께 쓰여, that절은 '~하다니'라는 의미를 나타낸다.

> **구문** It is **strange** // that all telephone and Internet services **should be** down / because of the slight rainfall last night.
>   S′   V′
> (~하다니) **이상하다** // 모든 전화와 인터넷 서비스가 먹통이 **되다니** / 어젯밤의 약한 비 때문에.

03 [해설] '필요, 명령'을 나타내는 명사 recommendation과 뒤의 that절 동사로 〈should + 동사원형〉이 함께 쓰여 '마땅히 그래야 한다'는 당위성을 나타낸다.

[구문] The school **recommends** // that the teachers **should give** their students clues / rather than providing them with the solutions to problems.

학교는 **권고한다** // 선생님들이 그들의 학생들에게 단서를 **줘야 한다**고 / 그들에게 문제에 대한 해결책을 제공하기보다는.

04 [해설] '요구, 주장'을 나타내는 명사 wish와 뒤의 that절 동사로 〈should + 동사원형〉이 함께 쓰여 '마땅히 그래야 한다'는 당위성을 나타낸다.

[구문] It is my **wish** // that all the donations [we've collected] **should be** spent / to help the poor artists around the world.

나의 **소원**이다 // [우리가 모아온] 모든 기부금이 **쓰여야 한다**는 것은 / 전 세계에 있는 가난한 예술가들을 돕기 위해.

05 [해설] '요구, 주장'을 나타내는 형용사 important와 뒤의 that절 동사로 〈should + 동사원형〉이 함께 쓰여 '마땅히 그래야 한다'는 당위성을 나타낸다.

[구문] It is **important** // that we **should include** multicultural materials in the classroom /

to ensure / that all children are exposed to the heritage of other cultures.

중요하다 // 우리가 교실에 다문화 자료를 **포함해야 한다**는 것은 /
확실하게 하려고 / 모든 아이가 다른 문화의 유산에 노출되는 것을.

---

06 ⓑ take place → took place, ⓔ be → will be

ⓐ 많은 학자는 정체성 형성에 관한 연구가 아동기의 발달 단계에서 행해질 것을 요청한다.

[해설] 요구를 나타내는 동사 require 뒤의 that절은 '마땅히 그래야 한다'라는 당위성을 의미할 때 동사 자리에 〈(should +)동사원형〉을 쓴다.

ⓑ 많은 목격자는 그 교통사고가 오후 1시쯤에 발생했다고 주장했다.

[해설] 동사 insisted 뒤의 that절은 문맥상 당위성(사고가 발생해야 한다)이 아니라, 과거에 발생한 사실을 말하고 있으므로 that절의 동사는 과거시제로 써야 한다. 따라서 take place는 took place로 고친다.

ⓒ 어떠한 운동이나 근력 운동 프로그램을 시작하기 전에 개인 트레이너와 상담하는 것이 바람직하다.

[해설] 제안을 나타내는 형용사 desirable 뒤의 that절은 '마땅히 그래야 한다'라는 당위성을 의미할 때 동사 자리에 〈(should +)동사원형〉을 쓰는데, 이 문장에서는 should를 생략하고 동사원형 consult만 쓰였다.

ⓓ 프로젝트의 마감 시간을 지키는 것은 절대적으로 필수적이다.

[해설] 필요를 나타내는 형용사 essential 뒤의 that절은 '마땅히 그래야 한다'라는 당위성을 의미할 때 동사 자리에 〈(should +)동사원형〉을 쓰는데, 이 문장에서는 should를 생략하고 동사원형 meet만 쓰였다.

ⓔ 최근 연구는 낮은 수질이 미래에 큰 문제가 될 것임을 시사한다.

[해설] 동사 suggest 뒤의 that절은 문맥상 당위성(낮은 수질이 미래에 큰 문제가 되어야 한다)이 아니라, 미래(in the future)에 발생할 사실을 말하고 있으므로 that절의 동사는 미래시제로 써야 한다. 따라서 be는 will be로 고친다.

ⓕ 사람들은 천연두와 소아마비가 서반구에서 근절되었다고 주장했다.

[해설] 동사 argued 뒤의 that절은 과거의 사실을 말하고 있으므로 that절의 동사는 과거시제로 were eliminated가 알맞게 쓰였다.

배점	채점 기준
5	한 개만 바르게 찾아 고친 경우

---

07 The doctor ordered that nurses should measure and record

[해설] 명령을 나타내는 동사 ordered 뒤에 '마땅히 그래야 한다'라는 당위성을 의미하는 that절의 동사는 〈(should +)동사원형〉으로 영작한다.

08 It is essential that teachers should include interesting activities

[해설] 필요를 나타내는 형용사 essential 뒤에 '마땅히 그래야 한다'라는 당위성을 의미하는 that절의 동사는 〈(should +)동사원형〉으로 영작한다. 가주어 It, 진주어 that절 구조로 쓴다.

---

09 A human rights group requested that more people be given

[해설] 요구를 나타내는 동사 requested 뒤에 '마땅히 그래야 한다'라는 당위성을 의미하는 that절의 동사는 〈(should +)동사원형〉으로 영작한다. 주어진 어구에 should가 없으므로, should를 생략한 동사원형 be만 쓴다.

10 The new report proposes that the response time to any fires be seven minutes

[해설] 제안을 나타내는 동사 proposes 뒤에 '마땅히 그래야 한다'라는 당위성을 의미하는 that절의 동사는 《(should +)동사원형》으로 영작한다. 주어진 어구에 should가 없으므로, should를 생략한 동사원형 be만 쓴다.

배점	채점 기준
5	어순은 올바르나 동사의 어형이 틀린 경우

UNIT 38 구를 이루는 조동사들의 의미

01 **직독직해** 아래 [구문] 참고

[해설] may as well ~ as ...: (…하느니) ~하는 게 더 낫다

[구문] You **may as well** buy a new drying machine / **as** hang the laundry out to dry every day.

너는 새 건조기를 사는 **게 더 낫다** / 매일 말리기 위해 빨래를 밖에 너는 것**보다**.

02 [해설] would rather ~ (than ...): (…하느니) 차라리 ~하고 싶다

[구문] I **would rather** learn by experience / **than** by reading or hearing about a subject.

나는 **차라리** 경험으로 배우고 **싶다** / 주제에 관해 읽거나 듣는 것**보다는**.

03 [해설] cannot (help) but + 동사원형: v하지 않을 수 없다 (= cannot help v-ing)

[구문] At the buffet, / she **couldn't but spend** lots of time tasting everything // because there were so many delicious foods.

뷔페에서, / 그녀는 모든 것을 맛보는 데에 많은 시간을 **쓰지 않을 수 없었다** // 맛있는 음식이 너무 많았기 때문에.

04 [해설] cannot ~ too + 형용사/부사: 아무리 ~해도 지나치지 않다

[구문] Even though scientists are still unsure / what specific dangers microplastics may pose to our health, //
$$\underset{S'}{\text{microplastics}} \quad \underset{V'}{\text{may pose}}$$

we **cannot** be **too** careful about our health.

비록 과학자들은 여전히 확신할 수 없지만 / 미세 플라스틱 조각이 우리의 건강에 어떤 특정 위험을 일으킬지, //
우리는 건강에 대해 **아무리** 걱정**해도 지나치지 않다**.

· what specific ~ to our health는 의문사 what이 이끄는 명사절이다.

05 [해설] may well ~: ((추측)) 아마 …일 것이다 (= be likely to-v); ~하는 것도 당연하다

[구문] According to the research, / those (with the highest levels of education) / **may well** have the lowest exposure /
$$\underset{S}{\text{those (with the highest levels of education)}} \quad \underset{V}{\text{may well have}}$$

to people with conflicting points of view; // they talk to people [they already agree with].

그 연구에 따르면 / 사람들은 (가장 높은 수준의 교육을 받은) / **아마** 가장 적게 노출되었을 **것이다** /
모순되는 관점을 가진 사람들에게 // 그들은 사람들에게 말한다 [그들과 이미 의견이 맞는].

---

06 ✕, → **used to enjoy** | 나는 육식을 즐기곤 했는데 지금은 체중 감량을 위해 채식을 하고 있다.

[해설] 문맥상 '~하곤 했다'라는 의미의 조동사 표현 used to를 써야 한다.

07 ✕, → **will be used to support** | 그 행사에서 모금된 모든 자금은 우리 지역 사회의 청소년들을 위한 방과 후 교육 프로그램을 지원하는 데 사용될 것이다.

[해설] 문맥상 '~하는 데 사용되다'라는 의미의 표현 be used to-v를 써야 한다.

[구문] All the funds (raised from the event) will be used to support after-school education programs (for the youth in our community).
$$\underset{S}{\text{All the funds (raised from the event)}} \quad \underset{V}{\text{will be used}}$$

08 ✕, → **are used to preparing** | 주방장과 그의 직원들은 식당에서 10년 동안 함께 일해 왔기 때문에 50명에서 100명에 이르는 단체를 위한 음식을 준비하는 데 익숙하다.

[해설] 주방장과 그의 직원들이 준비하는 데 사용된다는 문맥은 어색하다. '~하는 데 익숙하다'라는 의미의 표현 be used to v-ing를 써야 한다.

---

09 I cannot help examining the copies

해설 'v하지 않을 수 없다'라는 의미인 〈cannot help v-ing〉를 사용하여 영작한다.

10 you may as well begin now as later

해설 '…하느니 ~하는 게 더 낫다'라는 의미인 〈may as well ~ as …〉를 사용하여 영작한다. 두 번째 as 뒤에는 중복되는 동사 begin이 생략되었다.

11 the picture may well lose some of its energy

해설 '~하는 것도 당연하다'라는 의미인 〈may well ~〉을 사용하여 영작한다.

12 I cannot thank him too much

해설 '아무리 ~해도 지나치지 않다'라는 의미인 〈cannot ~ too …〉를 사용하여 영작한다.

13 I would rather use a rough figure than use numbers in a precise way

해설 '…하느니 차라리 ~하고 싶다'라는 의미인 〈would rather ~ than …〉을 사용하여 영작한다.

배점	채점 기준
4	주어진 표현을 바르게 골랐으나 어순이 틀린 경우

UNIT 39 명사를 뒤에서 수식하는 형용사(구)

01 (through working harder and longer), 직독직해는 아래 [구문] 참고

구문 The productivity gains (through working harder and longer) / have a limit and a human toll.
　　　　　S　　　　　　　　　　　　　　　　전치사구　　　　　　　V　　　O

(더 열심히 그리고 더 오래 일하는 것을 통한) 생산성 증진에는 / 한계와 사람들의 희생이 있다.

02 (to support original thought and creative strong incentive)

구문 A requirement for the nurturing of science is /
　　　　　　　　　S　　　　　　　　　　　V

a large competitive community (to support original thought and create strong incentive).
　　　　　O　　　　　　　　　　　　to부정사구(형용사적 용법)

과학 육성의 요건은 ~이다 /
경쟁에 기반한 큰 공동체 (독창적인 생각을 지지하고 강한 동기를 만들어 내는).

03 (visible in the Grand Canyon)

구문 The different types of rock (visible in the Grand Canyon) / make it an important site (for geological research).
　　　　　S　　　　　　　　　　　형용사구　　　　　　　　V　O　　C　　　　　전치사구

(그랜드 캐니언에서 보이는) 서로 다른 종류의 바위는 / 그곳을 (지질학 연구를 위한) 중요한 장소로 만든다.

04 (present)

구문 I suggest // everyone (present) should write their name on each copy of the handout / to ensure / they don't lose it.
　　　　　　S´　　형용사구　V´

나는 제안한다 // (참석한) 모든 사람이 유인물의 각 사본에 이름을 적어야 한다는 것을 / 확실히 하기 위해 / 그들이 그것을 잃어버리지 않는 것을.

05 (available in the factory where it was made)

구문 When bubble gum was first invented, // it was pink /

because that was the only food dye (available in the factory [where it was made]).
　　　　　S´　V´　　　　　C´

풍선껌이 처음 발명되었을 때 // 그것은 핑크색이었다 /
왜냐하면 그것이 유일한 식용 색소였기 때문에 ([그것이 만들어진] 공장에서 이용 가능한).

배점	채점 기준
4	형용사구의 범위만 바르게 찾은 경우
4	직독직해만 바르게 한 경우

06 O | 나는 이번 주말에 친구들을 집에 초대할 것이고, 그래서 여러 사람과 함께 식사할 수 있는 큰 테이블이 필요하다.

해설 to eat은 a large table을 수식하는 형용사적 용법의 to부정사로, '큰 테이블에서' 먹는 것이므로 to부정사 뒤에 전치사 at과 함께 적절히 쓰였다.

07 X, reliable and trustworthy somebody → somebody reliable and trustworthy | 우리는 우리가 집에 없는 동안 우리의 어린 아들을 돌보아 줄 믿을만하고 신뢰할 수 있는 누군가를 구하고 있다.

해설 -body로 끝나는 명사는 형용사가 뒤에서 수식한다.

08 O | 경제적, 사회적 발전은 가능한 모든 기술과 자본을 어떻게 사용할지를 파악해 내는 것에 관한 것이다.

해설 all이 포함된 명사구와 possible이 함께 쓰일 때는 possible이 뒤에서 수식한다.

09 X, makes → to make | 소비자들이 정보에 근거한 구매를 하기 위한 적절한 정보가 없을 때, 정부가 자주 개입해 회사가 제품에 관한 더 많은 세부정보를 제공할 것을 요구한다.

해설 When이 이끄는 절의 동사는 lack이므로 makes는 앞의 adequate information을 수식하는 형용사적 용법의 to부정사로 쓴다. 따라서 to make로 고친다.

구문 When consumers lack adequate information (to make informed purchases), //
　　　　　　 S′　　 V′　　　 O′　　　↑———————　형용사적 용법
governments frequently step in to require / that firms ∨ provide more details about products.
　　 S　　　　　　　　 V　　　　　　　　　　 부사적 용법 〈목적〉
　• ∨ 자리에는 당위성을 나타내는 조동사 should가 생략되었다.

배점	채점 기준
2	틀린 부분을 바르게 고치지 못한 경우

---

10 ⓐ | 우리의 견해가 아무리 비대중적이거나 논쟁의 여지가 있을지라도, 우리는 그것을 표현할 자유가 있다.

해설 앞의 명사 the right를 수식하는 형용사적 용법의 to부정사구이다.

11 ⓑ | '듣고 반복하기'를 '듣고 대답하기'로 대체하라. 화자가 말하는 단어 혹은 구를 아무 생각 없이 앵무새처럼 따라 하기보다는, 여러분은 영어 실력을 향상시키기 위해서, 질문에 대답해야 한다.

해설 '~하기 위해서'라는 목적의 의미를 나타내는 부사적 용법의 to부정사구이다.

12 ⓑ | 인터넷은 어떠한 쟁점에도 이용 가능한 너무 많은 공짜 정보를 만들어 내서, 우리는 결정을 내리기 위해서 그 모든 것을 고려해야 한다고 생각한다.

해설 '~하기 위해서'라는 목적의 의미를 나타내는 부사적 용법의 to부정사구이다.

구문 The Internet has made [so] much free information (available on any issue) // [that] we think / we have to consider all of it / to make a decision.
　• 〈so + 형용사[부사] (+ a/an 명사) + that …〉는 '너무 ~해서 …하다'의 의미이다.

---

13 the flexibility to work from different spaces or while in transit

해설 'A에게 B를 제공하다'는 〈provide A with B〉 구문을 이용하므로, B 자리에 다양한 공간에서 혹은 이동 중에 '작업할 수 있는 유동성'을 영작해야 한다. the flexibility를 형용사적 용법의 to부정사구가 수식하는 구조로 쓴다.

14 some of the most accomplished artists of the period were working

해설 '당대의 예술가'는 artists를 전치사구인 of the period가 수식하는 구조로, '가장 뛰어난 예술가 중 몇몇'은 some을 전치사구인 of the most accomplished artists가 수식하는 구조로 영작한다.

15 Language offers something more valuable than mere information exchange

해설 -thing으로 끝나는 명사는 형용사가 뒤에서 수식한다. 따라서 '더 가치 있는 것'은 명사 something을 형용사 more valuable이 뒤에서 수식하는 구조로 영작한다.

UNIT 40 형용사 역할을 하는 v-ing/p.p.

01 (judging), 직독직해는 아래 [구문] 참고

구문 In the science invention contest, / (judging) criteria are creativity and utility of the invention.
　　　　　　　　　　　　　　　　　 현재분사└─↑S　　 V　　　　　　 C
과학 발명 대회에서, / (심사하는) 기준은 그 발명품의 창의성과 유용성이다.

02 (tending to decrease with age)

구문 We can say // that useful attributes (tending to decrease with age) include /
S′ 현재분사 V′
ambition, desire to compete, physical strength and endurance.
O′

우리는 말할 수 있다 // (나이가 들면서 감소하는 경향이 있는) 유용한 자질은 포함한다고 /
야망, 경쟁 욕구, 체력 그리고 인내를.

03 (leaving from L.A. Airport)

구문 If a pilot (leaving from L.A. Airport) adjusts the heading 3.5 degrees south, //
S′ 현재분사 V′ O′ 부사구
they will land in Washington D.C., instead of New York.

만약 (L.A. 공항에서 출발하는) 비행기 조종사가 (비행) 방향을 3.5도 남쪽으로 조정한다면, //
그들은 뉴욕 대신에 워싱턴 D.C.에 도착할 것이다.

04 (chosen), (run by the volunteer coordinator)

구문 Before beginning the assignment, / the (chosen) volunteers will participate / in a 2-day training session (run by the volunteer
과거분사 S V 과거분사구
coordinator).

임무를 시작하기 전에 / (선발된) 자원봉사자들은 참여할 것이다 / 이틀간의 교육 활동에 (자원봉사 진행자에 의해 진행되는).

05 (used for household purposes)

구문 For the disposal of electronic products (used for household purposes), /
과거분사구
you should separate reusable parts / in accordance with the recycling policies.

(가정용으로 사용된) 전자제품의 처분을 위해서, /
당신은 재사용할 수 있는 부분을 분리해야 한다 / 재활용 정책에 따라.

배점	채점 기준
4	형용사구의 범위만 바르게 찾은 경우
4	직독직해만 바르게 한 경우

---

06 calming | 아이들이 평온한 환경에 있으면, 그들은 더 오래 공부하는 것과 더 많은 책을 읽는 것 둘 다에 집중할 수 있다.

해설 environment를 수식하는 분사로, 환경이 '평온함을 주는' 능동 관계이므로 현재분사 calming이 알맞다.

07 frustrated | 그녀는 부상 때문에 경주를 포기하는 것에 몹시 좌절했다.

해설 그녀가 '좌절하게 된' 수동 관계이므로 과거분사 frustrated가 알맞다.

08 enduring | 다른 사람의 정신적인 지지는 고난을 견디어 내는 사람들에게 결정적으로 중요해지는데, 이는 그들이 사랑받는다고 안심시켜주기 때문이다.

해설 those(사람들)를 수식하는 분사로, 사람들이 고난을 '견디어 내는' 능동 관계이므로 현재분사 enduring이 알맞다.

구문 Moral support from other people becomes crucially important for those enduring hardship //
because **it** reassures **them** that they are loved.
S′ V′ IO′ DO′

• it은 Moral support from other people, them은 those enduring hardship을 대신하는 대명사이다.

09 produced | GDP(국내 총생산)는 특정 기간, 대개 1년간 생산된 모든 재화와 용역의 통화 가치로 경제의 총생산을 평가한다.

해설 all goods and services를 수식하는 분사로, 재화와 용역이 '생산된' 수동 관계이므로 과거분사 produced가 알맞다.

구문 GDP (— Gross Domestic Product —) measures the total production of an economy as the monetary
S V O
value (of all goods and services (produced during a specific period, mostly one year)).

• 전치사 as의 목적어는 이는 전명구 of 이하의 수식을 받는 the monetary value이다.

• all goods, services가 전치사 of의 목적어로 병렬을 이루며 produced 이하가 all goods and services를 수식하는 구조이다.

---

10 동명사 | 새로운 세탁기는 자체적으로 세탁물의 무게를 감지해, 물과 세제의 적당한 양을 조절한다.

해설 '세탁하기 위한 기계'라는 의미로 washing이 이어지는 machine의 용도를 설명하고 있으므로 동명사이다.

11 **현재분사** | 접근하는 토네이도나 허리케인의 발생하는 경우에, 사람들은 드론에 의해 수집되는 정보의 도움으로 그들의 도시 주변의 안전지대를 찾을 수 있다.

> 해설 '접근하는 토네이도나 허리케인'이라는 의미로 nearing이 이어지는 tornados or hurricanes를 수식하고 있으므로 현재분사이다.

12 **동명사** | 한 자문 회사에 따르면, 지식 근로자는 정보를 찾고 다른 사람들과 협력하는 데 자신의 시간 중 60%를 사용한다.

> 해설 '자문하기 위한 회사'라는 의미로 consulting이 이어지는 firm의 목적을 설명하고 있으므로 동명사이다.

---

13 The immune system recognizes damaged cells, begins the healing process

> 해설 동사 recognizes의 목적어인 '손상된 세포'는 수동의 의미를 갖는 과거분사 damaged를 사용하여 damaged cells로 영작한다. 동사 begins의 목적어인 '치료하는 과정'은 능동의 의미를 갖는 현재분사 healing을 사용한 the healing process를 쓴다.

14 personality traits and characteristics commonly associated with entrepreneurs

> 해설 '사업가와 관련된'은 수동의 의미를 갖는 과거분사구 associated with entrepreneurs로 영작하며, 과거분사 뒤에 딸린 어구가 있으므로 명사구 뒤에 쓴다.

15 a system designed to prove if their ideas are true or false

> 해설 '그들의 생각이 사실인지 거짓인지를 증명하도록 만들어진'은 a system이 '만들어진' 수동의 관계이므로, 과거분사구 designed ~ or false로 영작한다. 과거분사 뒤에 딸린 어구가 있으므로 a system 뒤에 쓴다.

배점	채점 기준
4	어순은 올바르나 동사의 어형이 틀린 경우

UNIT 41 명사를 수식하는 관계대명사절 I

01 those, [who drink more water], 직독직해는 아래 [구문] 참고

> 구문 Some studies show // that those [who drink more water] have more healthy skin.
> S´ V´ O´
>
> 일부 연구는 보여 준다 // [물을 더 많이 마시는] 사람들은 더 건강한 피부를 갖는다는 것을.

02 a word, [that comes very close to expressing the basic characteristic of Egyptian art]

> 구문 "Monumental" is a word [that comes very close / to expressing the basic characteristic of Egyptian art].
>
> '기념비적'이라는 말은 단어이다 [매우 근접한 / 이집트 예술의 기본적인 특징을 표현하는 데].

03 the song, [which the older male birds are singing]

> 구문 Younger male birds will try to challenge the older ones / by mimicking the song [which the older male birds are singing].
>
> 어린 수컷 새들은 나이가 더 많은 수컷 새들에게 도전하려 할 것이다 / 노래를 흉내 냄으로써 [나이가 더 많은 수컷 새들이 부르는].

04 individuals, [who are consistently negative], people, [who initially behave positively and then switch to negative behavior]

> 구문 People are more attracted to individuals [who are consistently negative] /
>
> than to people [who initially behave positively / and then switch to negative behavior].
>
> 사람들은 [일관적으로 부정적인] 사람들에게 더 많이 끌린다 /
> 사람들보다 [처음에 긍정적으로 행동하는 / 그리고 나서 부정적인 행동으로 전환하는].

05 **another person, [whose opinion is not agreeable]**

구문 An introvert is far less likely to make a mistake in a social situation, /

such as inadvertently insulting another person [whose opinion is not agreeable].

내성적인 사람은 사회적 상황에서 실수할 가능성이 훨씬 더 적다. /
무심코 [찬성할 수 없는 의견을 가진] 다른 사람을 모욕하는 것과 같은.

배점	채점 기준
2	선행사만 바르게 찾은 경우
2	관계대명사절만 바르게 찾은 경우
4	직독직해만 바르게 한 경우

---

06 **whose hair was pink** | 어젯밤 집에 가는 중에, 나는 지하철에서 핑크색 머리의 한 남자를 보았다.

해설 두 번째 문장의 His hair는 첫 번째 문장 a guy의 소유격을 나타내므로 소유격 관계대명사 whose를 사용한다.

07 **Some people who[that] are opposed to drilling in Alaska** | 알래스카 석유 시추에 반대하는 일부 사람들은 환경에 악영향을 끼치면서 더 많은 석유를 보유하는 이익을 누리고 싶어 하지 않는다.

해설 두 번째 문장의 They가 첫 번째 문장의 Some people을 가리키고 문장에서 주어 역할을 하고 있으므로, 주격 관계대명사 who[that]를 사용한다.

08 **which[that] all students will need from elementary school** | 앉아서 조용히 글을 읽는 능력은 모든 학생이 초등학교 때부터 필요할 능력이다.

해설 두 번째 문장의 it이 첫 번째 문장의 a skill을 가리키고 문장에서 목적어 역할을 하고 있으므로, 목적격 관계대명사 which[that]를 사용한다.

---

09 **which** | 부정직한 행위를 하는 것은 이후에 더 큰 부정직한 행위로 이어지는 과정을 유발할 수도 있다.

해설 대명사 it은 절과 절을 연결할 수 없으므로, a process를 선행사로 하는 관계대명사 which가 알맞다.

10 **bring** | 대부분의 사람들은 밝은 햇빛 속에서 가장 행복하다. 이것은 아마 정서적인 행복감을 가져오는 체내의 화학 물질을 분비시킬 수 있다.

해설 that이 이끄는 주격 관계대명사절의 선행사는 복수명사 chemicals이므로, 관계사절에는 복수동사 bring이 알맞다.

11 **whose** | 만약 여러분이 마음과 몸이 혹사당해온 무수한 사람 중의 한 명이라면, 여러분에게는 더 긍정적이고 활기찬 생활을 제공해 줄 건강 관리 프로그램이 필요합니다.

해설 관계사절(mind and body have been overworked)에 빠진 주요 문장 성분이 없고, 선행사인 the countless people과 mind and body가 소유의 관계에 있으므로, 소유격 관계대명사 whose가 알맞다.

12 **that** | 수면이 부족한 직원들이 놓치는 아이러니는 그들이 충분한 수면을 취하지 않으면, 덜 생산적으로 일하고, 그래서 목표를 달성하기 위해 더 오랫동안 일해야 한다는 점이다.

해설 선행사 The irony가 관계사절 under-slept employees miss 내에서 목적어 역할을 하므로, 목적격 관계대명사 that이 알맞다.

---

13 **who[that] are engaged in service to others such as volunteering**

해설 '~하는 사람들'이라는 뜻의 those를 관계사절이 수식하는 구조로 영작한다. 이때 선행사인 those가 관계사절 내에서 주어 역할을 하므로 주격 관계대명사 who[that]를 사용하고, 관계사절의 동사는 선행사에 수 일치하여 복수형인 are engaged로 쓴다.

14 **inspiration that[which] leads to new ideas is sparked by others' creations**

해설 '새로운 아이디어로 이어지는 영감'은 문장의 주어인 inspiration을 관계사절이 수식하는 구조로 영작한다. 이때 선행사인 inspiration이 관계사절 내에서 주어 역할을 하므로, 주격 관계대명사 that[which]을 사용한다. 선행사이자 문장의 주어인 inspiration에 수 일치하여 관계사절의 동사는 단수형인 leads, 문장의 동사는 단수형인 is sparked로 쓴다.

15 **the basic needs of the nomadic tribes whose diet lacks vegetables**

해설 동사 supplements의 목적어인 '유목민 부족의 기본적인 필요'는 the basic needs of the nomadic tribes로 쓴다. '(그들의) 식단에 채소가 부족한'은 앞의 nomadic tribes와 소유의 관계에 있으므로 소유격 관계대명사 whose를 사용한다.

배점	채점 기준
4	어순은 올바르나 동사의 어형이 틀린 경우

01 ● 표시 아래 [구문] 참고 | 아무도 사회적으로 총명하게 태어나지 않는다. 그보다는 우리는 시간이 지남에 따라 우리가 배우는 일련의 기술을 얻는다.

[구문] No one is born socially intelligent. Instead, we acquire a set of skills [that we learn ● over time].
S   V   C   S   V   O

02 ● 표시 아래 [구문] 참고 | 그녀는 자신의 형제가 소셜 미디어에 비공개로 간직하고 싶었던 자신의 사진을 올렸을 때 정말로 화가 났다.

[구문] She was really angry // when her brother put a photo of her / on social media [which she wanted to keep ● private].

03 ● 표시 아래 [구문] 참고 | 재즈는 즉흥 연주가 일반적으로 중요한 부분인 음악의 일종이다.

[구문] Jazz is a kind of music [which improvisation is typically an important part of ●].

---

04 the key environmental sectors, [over which the future of nuclear power has been fought]

[구문] Radioactive waste disposal has become / one of the key environmental sectors [over which the future of nuclear power

has been fought].

방사성 폐기물 처리는 되었다 / 핵심적인 환경 관련 분야 중의 하나가 [원자력의 미래가 맞서 싸워 온].

05 the calculations, [which it can perform], the efficiency, [at which it does this]

[구문] The brain still exceeds any desktop computer / both in terms of the calculations [which it can perform] /

and the efficiency [at which it does this].

뇌는 어떤 데스크톱 컴퓨터보다도 여전히 우월하다 / ~의 측면에서 모두 계산 [그것이 수행할 수 있는] /
그리고 효율 [그것이 이를 수행하는].

06 tourists, [on whom they depended for much of their income]

[구문] Spain's restaurants in sightseeing spots face an existential threat /

due to the lack of tourists [on whom they depended for much of their income].

스페인의 관광지에 있는 식당들은 존재의 위험에 직면한다 /
관광객의 부족 때문에 [수입의 상당 부분으로 그들이 의존한].

배점	채점 기준
2	선행사만 바르게 찾은 경우
3	관계대명사절만 바르게 찾은 경우
5	직독직해만 바르게 한 경우

---

07 ○ | 표현주의는 예술가의 내적 감정이나 생각을 표현하도록 하기 위해서 현실의 이미지가 왜곡되는 예술을 일컫는다.

[해설] 선행사인 art는 관계사절 내에서 '예술에서'라는 의미로 전치사 in의 목적어 역할을 하며, 〈전치사 + 관계대명사〉인 in which 이하의 절이 완전하므로 옳은 문장이다.

[구문] Expressionism refers to art [in which the image of reality is distorted / in order to make^V it^O expressive of the artist's inner

feelings or ideas^C].

• it은 the image of reality를 가리키는 지시대명사이다.

08 ✕, remains → remain | 내가 지도 교수에게 제출할 예정이었던 논문은 교수가 늦은 제출을 받지 않기 때문에 내 가방 안에 있다.

[해설] 문장의 주어는 목적격 관계대명사절 that ~ my supervisor의 수식을 받는 The papers이므로, 단수동사 remains를 복수동사 remain으로 고쳐야 한다.

09 ✕, in which → which[that] | 대인관계에 관련된 능력을 향상하려면, 당신은 대화 상대에 관한 정보를 수집하는 데 집중하는 듣기에 관여할 것이 제안된다.

해설 in which 이하의 절이 주어가 없는 불완전한 절이므로 〈전치사 + 관계대명사〉절을 쓸 수 없다. 선행사는 listening이고 관계사절 내에서 주어 역할을 하므로 in which를 주격 관계대명사인 which[that]으로 고쳐야 한다.

배점	채점 기준
2	틀린 부분을 바르게 고치지 못한 경우

---

10 **plastic products that we throw away**

해설 '우리가 버리는 플라스틱 제품들'은 plastic products를 목적격 관계대명사절 that we throw away가 수식하는 구조로 영작한다. 이때 목적격 관계대명사 that이 관계사절 내에서 목적어 역할을 하므로, 주어진 단어 중 them은 사용하지 않는다.

11 **If you can convert the information that you want to remember**

해설 '당신이 기억하기를 원하는 정보'는 the information을 목적격 관계대명사절이 수식하는 구조로 영작한다. 이때 목적격 관계대명사 that이 관계사절 내에서 목적어 역할을 하므로, 주어진 단어 중 it은 사용하지 않는다.

구문 If you can convert the information [that you want to remember] into a rhyme, //

it will be more meaningful and therefore easier to remember.
- it은 the information을 가리키는 지시대명사이다.
- to remember는 앞에 나온 형용사 more meaningful and therefore easier를 수식하는 부사적 용법의 to부정사이다.

배점	채점 기준
5	어순은 올바르나 동사의 어형이 틀린 경우

---

12 **the interviewer asked questions to which I had to give long answers**

해설 '내가 긴 대답을 해야 하는 질문들'에서 선행사인 questions는 관계사절 내에서 전치사 to의 목적어 역할을 하므로, 〈전치사 + 관계대명사〉인 to which를 사용하여 영작한다.

배점	채점 기준
5	어순은 올바르나 동사의 어형이 틀린 경우

---

13 **The one area in which the Internet could be considered an aid to thinking**

해설 '인터넷이 도움이 되는 것으로 여겨질 수 있는 한 영역'에서 선행사인 The one area는 관계사절 내에서 전치사 in의 목적어 역할을 하므로, 〈전치사 + 관계대명사〉인 in which를 사용하여 영작한다.

UNIT 43 명사를 수식하는 관계부사절

01 **many years, [when snow and ice build up faster than they are removed], 직독직해는 아래 [구문] 참고**

구문 A glacier forms over many years [when snow and ice build up faster // than they are removed].
  S   V

빙하는 여러 해에 걸쳐서 형성된다 [눈과 얼음이 더 빠르게 축적되는 // 그것들이 없어지는 것보다 더 빠르게].

02 **an annual event, [where you can experience new wellness products]**

구문 The Fitness Expo is an annual event [where you can experience new wellness products].

Fitness Expo는 연례행사이다 [새로운 건강 제품을 체험할 수 있는].

03 **the personal and structural reasons, [why people resist]**

구문 Leaders must understand / the personal and structural reasons [why people resist].
  S   V   O

지도자들은 이해해야 한다 / 개인적, 구조적 이유들을 [사람들이 저항하는].

04 the way, [they are expecting their children to act]

구문 Parents can be the role models of their children / by acting in the way [they are expecting their children to act].

부모들은 자녀의 롤 모델이 될 수 있다 / [자신의 자녀가 행동하길 그들이 바라고 있는] 방식으로 행동함으로써.
  • the way 뒤에 관계부사 that이 생략된 형태이다.

05 the time, [when people enjoy activities that are relaxing and require little effort]

구문 Passive leisure, (such as watching TV or listening to music), is /
S   V
the time [when people enjoy activities [that are relaxing and require little effort]].

(TV를 시청하거나 음악을 듣는 것과 같은) 수동적인 여가는 ~이다 /
[사람들이 [편안하고 노력을 거의 요하지 않는] 활동을 즐기는] 때.

배점	채점 기준
2	선행사만 바르게 찾은 경우
2	관계부사절만 바르게 찾은 경우
5	직독직해만 바르게 한 경우

06 which | 도시는 귀중한 자원을 없애는 인공적이고 혼잡한 장소로서 생태 파괴의 주요 원인으로 비난받는다.

해설 관계사절 내에 주어가 없고, 선행사 artificial, crowded places는 관계사절 내에서 주어 역할을 하므로, 주격 관계대명사인 which가 알맞다.

07 whom | 그들은 성공적인 협상에 대한 그의 공헌에 그들이 감사를 표해야 하는 그 남성을 오늘 밤 방문하기로 했다.

해설 관계사절 내에 동사 thank의 목적어가 없고, 선행사 the man이 관계사절 내에서 목적어 역할을 하므로, 목적격 관계대명사 whom이 알맞다.

08 that | 우리는 수많은 방법으로 우리의 체온을 통제할 수 있다. 우리는 우리의 옷과, 우리가 행동하는 방식과, 우리가 얼마나 활동적인지를 바꿀 수 있다.

해설 선행사 the way와 관계부사 how는 함께 쓸 수 없다. 따라서 that이 알맞다.

구문 We can control our temperature in lots of ways: // we can change our clothing, the way [that we behave], and how active we are.

09 that | 회사 책상을 포함한 물리적 공간이 우리 성격에 대한 무언가를 드러낼 수 있는 이유는 그것들이 시간이 지남에 따라 많은 행동이 구체화된 것이기 때문이다.

해설 관계사절 내에 빠진 주요 문장 성분이 없고, 선행사가 The reason이므로, 관계부사 why를 대신하는 that이 알맞다.

구문 The reason [that physical spaces, (including our office desks), can be reveal^V something about our personalities]
S
is that they're the crystallization of a lot of behavior over time.
V   C

10 where | 'Humblebrag(은근한 자랑)'는 본인이 생각하기에 겸손한 발언의 맥락에서, 거의 무의식적으로 자신에 대해 자랑하는 자기 홍보의 한 형태이다.

해설 관계사절 내에 빠진 주요 문장 성분이 없고, 선행사가 추상적 공간 개념인 a form of self-promotion이므로, 관계부사 where가 알맞다.

구문 'Humblebrag' is a form of self-promotion [where (the promoter thinks) he is, (almost unconsciously), bragging about himself / in the context of a humble statement].
  • where가 이끄는 관계부사절 안에 〈S + V〉 형태인 the promoter thinks가 삽입된 형태이다.

11 should try to find happiness even in the time when we are in pain

해설 '우리가 고통받고 있는 시기'는 선행사 the time을 시간을 나타내는 관계부사 when이 이끄는 관계사절이 수식하는 구조로 영작한다.

12 another industry where lots of money is traditionally spent on advertising

해설 '많은 돈이 쓰이는 또 다른 산업'은 선행사 another industry를 장소를 나타내는 관계부사 where가 이끄는 관계사절이 수식하는 구조로 영작한다.

13 This is one of the reasons why we shouldn't feed wild animals

해설 '우리가 야생동물들에게 먹이를 주면 안 되는 이유'는 선행사 the reason을 이유를 나타내는 관계부사 why가 이끄는 관계사절이 수식하는 구조로 영작한다.

14 Some adolescents have difficulty in how they behave

해설 '행동하고, 문제를 해결하고, 의사를 결정하는 방식'은 관계부사 how를 이용하여 영작한다. 관계부사 how는 선행사 the way와 함께 쓸 수 없으므로, 주어진 how만 사용하며, '~하는 데 어려움을 겪다'는 have difficulty in으로 쓴다.

UNIT 44 관계대명사 what, whoever 등

01 whatever we need, 직독직해는 아래 [구문] 참고

구문 We live in a globalized world / and have access to whatever we need at our fingertips.
우리는 세계화된 세계에 산다 / 그리고 우리가 필요로 하는 무엇으로든 우리의 손가락 끝으로 쉽게 접근할 수 있다.

02 whichever language you want to use

구문 On this lecture video, / as subtitles / you are allowed to pick / whichever language you want to use.
이 강연 영상에서 / 자막으로 / 당신은 고르도록 허용된다 / 사용하고 싶은 어떤 언어든지.

03 whatever materials were available

구문 The painter grew up on a farm / and drew landscapes with whatever materials were available.
그 화가는 농장에서 자랐다 / 그리고 사용 가능한 어떤 재료든 가지고 풍경화를 그렸다.

04 Whoever wins the presidential election

구문 Whoever wins the presidential election should discuss international issues (related to nuclear weapons) /
                    S   V   O
with the leaders of neighboring countries.
대통령 선거에서 이기는 누구든지 (핵무기에 관련한) 국제적인 사안을 논의해야 한다 /
인접 국가의 지도자들과.

05 What differentiates the best musicians from lesser ones

구문 What differentiates the best musicians / from lesser ones / lies in the quality (of their practice methods).
                     S   V
최고의 음악가를 구분 짓는 것은 / 실력이 더 낮은 음악가들과 / (그들의 연습 방식의) 질에 있다.

배점	채점 기준
4	관계대명사절만 바르게 찾은 경우
5	직독직해만 바르게 한 경우

06 Whatever you learn in the midst of your biggest hardship, ① | 너의 가장 큰 고난 속에서 배우는 무엇이든지 너의 남은 삶 동안 원동력이 될 것이다.

해설 관계대명사 Whatever가 이끄는 절이 문장의 주어 역할을 하며, 문장의 동사는 will be이다.

07 what makes you healthier in the long term, ③ | 네가 가장 좋아하는 운동을 찾아라, 너는 아마 그 운동을 포기하지 않을 것이며, 그것이 장기적으로 봤을 때 너를 더 건강하게 만들어주는 것이기 때문이다.

해설 관계대명사 what이 이끄는 절이 동사 is의 보어 역할을 한다.

08 whatever you may feel necessary, ② | 햇볕에 심하게 타는 것을 예방하기 위해, 자외선 차단제같이 네게 필요하다고 느낄지도 모르는 것은 무엇이든지 챙기는 것을 잊지 마라.

해설 관계대명사 whatever가 이끄는 절이 준동사 to pack의 목적어로 쓰였다.

09 that | 거의 모든 지식이 공동체 속에서 공유될 때 가치 있다는 점을 우리는 이해하기 시작해야 한다.

해설 understanding의 목적어 역할을 하는 절에 빠진 문장 성분이 없으므로, 명사절을 이끄는 접속사 that이 알맞다.

10 what | 많은 전문가들은 아이들이 정말로 필요로 하는 것은 무조건적인 지지와 아무런 조건이 없는 사랑이라고 강조한다.

해설 동사 emphasize의 목적어 역할을 하는 절 내의 주어로, '~하는 것'의 의미를 가지는 선행사를 포함한 관계대명사 what이 알맞다.

구문 Many experts emphasize // what kids do need is unconditional support and love with no strings attached.
　　　　S　　　　V　　　　　S'　　　V'　　　　C'₁　　　　　　　　　　　　　　C'₂
　　　• do는 동사 need를 강조하는 조동사이다.

11 (A) What (B) that | 완벽주의를 그토록 유해하게 만드는 것은 완벽주의자들은 성공을 바라지만, 실패를 피하는 데 가장 집중하기에 그들의 성공은 부정적인 지향이라는 것이다.

해설 (A) 문장의 주어로 '~하는 것'의 의미를 가지는 선행사를 포함한 관계대명사 What이 알맞다.
(B) 이어지는 절에 빠진 문장 성분이 없으므로, 명사절을 이끄는 접속사 that이 알맞다.

구문 What^S makes^V perfectionism^O so toxic^C // is that while perfectionists desire success, /
　　　　　　　　　S　　　　　　　　　　　　　　V　　　　　　　　　C

they are most focused on avoiding failure, / so theirs is a negative orientation.

배점	채점 기준
[11번] 3	1개만 바르게 고른 경우

12 You can easily save whatever happens online

해설 '온라인에서 일어나는 무슨 일이든'은 복합관계사 whatever를 이용하여 영작하며, 관계사가 관계사절 내에서 주어 역할을 하므로 뒤에 동사 happens를 이어서 쓴다.

13 we are guided by what other people say about us

해설 '다른 사람들이 우리에 관해 말하는 것'은 선행사를 포함한 관계대명사 what을 이용하여 영작하며, 전치사 by 뒤에서 목적어 역할을 하도록 쓴다.

14 students are allowed to invite whomever they want

해설 '그들이 원하는 누구든'은 복합관계사 whomever를 이용하여 영작하며, 관계사가 관계사절 내에서 목적어 역할을 하므로, 뒤에 주어와 동사 they want를 이어서 쓴다.

UNIT 45 선행사를 보충 설명하는 관계사절

01 local farmers, 직독직해는 아래 [구문] 참고

구문 Consumers buy produce from *local farmers*, // who buy farm supplies from local businesses.
소비자는 지역 농민으로부터 농산물을 구매한다. // (그리고) 지역 농민들은 지역 업체에서 농업 자재를 구매한다.

02 around 60,000 pounds' worth of food

구문 In a lifetime, / the average person eats *around 60,000 pounds' worth of food*, // which is the equivalent of six elephants.
평생, / 보통 사람은 대략 6만 파운드에 달하는 음식물을 먹는다. // 이는 코끼리 6마리와 같은 것이다.

03 Loneliness can arise into your life as you get older

해설 which는 앞 절 내용 전체를 보충 설명한다.

구문 *Loneliness can arise into your life* / *as you get older*, // which is / why it's nice / to find some ways (not to be lonely).
　　　　　　　　　　　　　　　　　　　　　　　　　　　　　　　　　　　　　　S'(가주어)　　　　　　　S'(진주어)
외로움이 당신의 삶에 생길 수 있다 / 당신의 나이가 들어감에 따라서 // 그것은 ~이다 / (~이) 좋은 이유 / (외롭지 않기 위한) 몇몇 방법을 찾는 것이.

04 infancy

구문 Some experts explained // that friendship formation could be traced to *infancy*, /
where children acquired the values, beliefs, and attitudes.
몇몇 전문가들은 설명했다 // 우정 형성이 유아기로 거슬러 올라갈 수 있다고, /
그 시기에 아이들은 가치관, 신념, 그리고 태도를 습득했다.

05 **a time**

구문 For any organism or organization, there comes *a time*, // when it has to try something (completely different).

(V 밑줄 comes, S 밑줄 a time) = any organism or organization

모든 생물 혹은 조직체의 삶에, / ~할 때가 온다 // 그때 그것은 (완전히 다른) 무언가를 시도해야 한다.

배점	채점 기준
4	선행사만 바르게 찾은 경우
4	직독직해만 바르게 한 경우

06 **which → where** | 세탁기가 개발되기 전에, 사람들은 세탁물을 강둑과 개울에 가져가서, 바위에 대고 때리고 비벼댔다.

해설 관계사절 내에 빠진 주요 문장 성분이 없으므로, 관계대명사 which를 riverbanks and streams를 선행사로 하는 장소의 관계부사 where로 고쳐야 한다.

07 **that → which** | 카리브해 지역은 아프리카 문화의 영향을 크게 받았지만, 공은 인접 국가들에 돌아가야 하는데, 그 국가들이 지금의 카리브해 지역이 지니는 풍부한 문화에 기여했다.

해설 the neighboring countries를 선행사로 하는 보충 설명하는 관계대명사이면서, 관계사절 내에서 주어 역할을 하므로 that을 which로 고쳐야 한다. 관계대명사 that은 이 용법으로 쓰일 수 없다.

08 **see → who see 또는 and they see** | 사람들에게 기본적인 두 가지 성격 즉, 낙관론자와 비관론자가 있는데, 그들은 유리잔을 각각 반쯤 찬 것, 반쯤 빈 것으로 본다.

해설 절과 절은 관계사나 접속사가 연결하므로, see 앞에 optimists and pessimists를 보충 설명하는 관계대명사 who를 추가하거나, 접속사 and를 사용하여 and they를 추가한다.

09 **which → where 또는 at which** | 새롭게 연 식당은, 거기서 조식 뷔페를 즐길 수 있는데, 당신의 하루를 시작하기에 완벽한 장소이다.

해설 주어와 동사 사이의 보충 설명하는 관계사절이 주어와 동사를 갖춘 완전한 절이며, 장소를 나타내는 restaurant가 선행사이므로 관계대명사 which를 관계부사 where로 고쳐야 한다. 또는 〈전치사 + 관계대명사〉 형태인 at which도 가능하다.

배점	채점 기준
3	틀린 부분을 바르게 고치지 못한 경우

10 **, where it can be accessed anywhere**

해설 cloud storage를 보충 설명하는 계속적 용법의 관계부사절이 와야 한다. 선행사가 장소를 나타내므로 〈콤마(,) + where〉가 쓰인다.

11 **, when humans first began to switch from hunting and gathering**

해설 the Neolithic period를 보충 설명하는 계속적 용법의 관계부사절이 와야 한다. 선행사가 시간을 나타내므로 〈콤마(,) + when〉이 쓰인다.

12 **, which is better for saving the earth and reducing the threat of global warming**

해설 앞 절의 내용 전체(또는 Organic food)를 보충 설명하는 계속적 용법의 관계대명사절이 와야 하므로, 〈콤마(,) + which〉가 쓰인다.

13 **by her father, who worked overseas for many years**

해설 '그녀의 아버지'를 보충 설명하는 계속적 용법의 관계대명사절이 와야 한다. 선행사가 사람이므로, 〈콤마(,) + who〉가 쓰인다.

UNIT 46 관계사와 선행사의 생략

01 ∨ 위치 및 직독직해는 아래 [구문] 참고

구문 In most cases, / success depends on / one's perspective and *the length of time* [∨ one chooses to spend].

대부분의 경우, / 성공은 달려 있다 / 한 사람의 관점과 기간에 [[(한 사람이) 쓰기로 결정한].

• ∨ 자리에는 목적격 관계대명사 which[that]가 생략되었다.

02 **구문** The grocery store is / ∨ where you can find *all the ingredients* [∨ you need in your cooking].

식료품 가게는 ~이다 / 모든 재료를 구할 수 있는 곳 [여러분이 요리하는 데 필요한].

• 첫 번째 ∨ 자리에는 선행사 the place, 두 번째 ∨ 자리에는 목적격 관계대명사 that[which]가 생략되었다.

• 관계부사의 선행사가 생략된 where 이하의 절은 보어 역할을 하고 있다.

03 **구문** *The reason* [∨ most people never reach their goals] is // that they don't <u>define them</u>, [or] ever seriously consider them / <u>as believable or achievable.</u>

이유는 [대부분의 사람이 자신의 목표를 결코 달성하지 못하는] ~이다 // 그들은 그것(=목표)을 정의하지 않거나 절대 진지하게 간주하지 않는다는 것 / 그럴듯하거나 달성할만하다고.

• ∨ 자리에는 관계부사 why가 생략되었다.

04 **구문** We are born with *some knowledge* [that prepares us to deal with our environment]: // we like/dislike smells / *the first time* [∨ we experience them].

우리는 약간의 지식을 갖고 태어난다 [우리가 우리의 환경에 대처하도록 대비시키는] //
우리는 냄새를 좋아하거나 싫어한다 / 첫 순간에 [우리가 그것을 경험하는].

• ∨ 자리에는 관계부사 when이 생략되었다.

• the first time은 명사 형태의 부사구이다.

05 **구문** Asking *someone* [∨ you trust, admire and respect] / to counsel you on your career /
<u>　　　　　S</u>
can be an extremely effective way to learn.
<u>　V</u>

누군가에게 요청하는 것은 [네가 신뢰하고, 동경하고, 존경하는] / 당신에게 경력에 대해 조언할 것을 /
배우기에 매우 효과적인 방법일 수 있다.

• ∨ 자리에는 목적격 관계대명사 who(m)[that]가 생략되었다.

• 주부인 Asking someone ~ career에서, someone you ~ and respect는 asking의 목적어이고 to counsel ~ career는 목적격보어로 주술 관계가 성립한다.

배점	채점 기준
4	생략 표시만 바르게 한 경우
5	직독직해만 바르게 한 경우

06 ⓐ, ⓒ, ⓓ, ⓕ

ⓐ 성공하고 행복한 사람들은 대부분의 시간 동안 자신이 하고 싶고, 갖고 싶은 것들에 대해 생각하고 이야기한다.

해설 선행사 the things를 수식하는 목적격 관계대명사절을 이끌고 있으므로 생략 가능하다.

ⓑ 몇 시간의 노력 끝에, 나는 정보를 얻은 출처를 확인할 수 있었다.

해설 선행사 the source를 수식하는 목적격 관계대명사절을 이끌고 있으나, 〈전치사 + 관계대명사〉가 이끄는 절에서는 관계대명사를 생략할 수 없다.

ⓒ Mahatma Gandhi는 인도의 독립을 쟁취하는 데 그가 했던 중요한 역할로 유명하다.

해설 선행사 the important role을 수식하는 목적격 관계대명사절을 이끌고 있으므로 생략 가능하다.

ⓓ 주말 내내 비가 왔기 때문에, 그들은 옷을 말릴 기회를 잡을 수 있는 날을 기다렸다.

해설 the day와 같이 일반적인 의미의 선행사와 관계부사가 함께 올 때는 둘 중 하나가 생략 가능하다.

ⓔ 잘 구성된 방과 후 활동들이 참여를 원하는 사람들에게 이용 가능하다.

해설 선행사 those를 수식하는 주격 관계대명사절을 이끌고 있으므로 생략할 수 없다.

ⓕ 도서관은 이용객들에게 제공하고 있는 좌석 예약 서비스에 점점 더 관심을 기울이고 있다.

해설 선행사 the seat reservation services를 수식하는 목적격 관계대명사절을 이끌고 있으므로 생략 가능하다.

배점	채점 기준
4	2개만 바르게 찾은 경우

---

07 O | 우리가 일상생활에서 말하는 방식은 우리의 근본적인 성격적 특성에 관한 몇몇 중요한 정보를 드러낸다.

해설 문장의 주어는 관계부사절(we speak in everyday life)의 선행사 The way이므로, 단수동사 reveals는 알맞다.

08 O | 네가 매일 보는 텔레비전 광고와 지면 광고는 사람들이 광고되는 물건을 사도록 영향을 미치고 설득하는 마케팅 메시지를 개발하기 위해 심리학에 의존한다.

해설 문장의 주어는 목적격 관계대명사절(you see every day)의 선행사 The television ~ print ads이므로, 복수동사 rely on은 알맞다. 관계사 which[that]는 생략되어 있다.

구문 The television commercials and print ads [you see every day] rely on psychology /
　　　　　　　　　　　　　　　　　　　S　　　　　　　　　　　　　　　　　　　V
to develop marketing messages [that influence and persuade people to purchase the advertised products].
　　　　　　　　　　　　　　　　　　　　　V'　　　　　　　　　　O'　　　　　　　C'

09 ✕, → affect | 우리가 누군가에 대해 형성하는 첫인상들이 그 사람에 대한 차후 인식에 관한 우리의 인상에 자주 영향을 미친다.

해설 문장의 주어는 목적격 관계대명사절(we form about someone)의 선행사 First impressions이므로 affects를 복수동사 affect로 고쳐야 한다. 관계사 which[that]는 생략되어 있다.

배점	채점 기준
2	틀린 부분을 바르게 고치지 못한 경우

---

10 find the motivation you need to achieve them

해설 '그것을 성취하는 데 당신이 필요한 동기'는 선행사 the motivation을 목적격 관계대명사절이 수식하는 구조로 영작한다. 목적격 관계대명사 which[that]는 주어지지 않았으므로 생략한다.

11 The actor I like so much is preparing for a new musical

해설 '내가 아주 좋아하는 그 배우'는 선행사 The actor를 목적격 관계대명사절이 수식하는 구조로 영작한다. 목적격 관계대명사 who(m) 또는 that은 주어지지 않았으므로 생략한다.

12 Internet technologies transform the way we live

해설 '우리가 사는 방식'은 선행사 the way를 관계부사절이 수식하는 구조로 영작한다. 관계부사 how는 선행사 the way와 함께 쓰일 수 없으므로 생략되었다.

13 The boy wondered the reason his friend was absent from school

해설 '자신의 친구가 학교에 결석한 이유'는 선행사 the reason을 관계부사절이 수식하는 구조로 영작한다. 일반적 의미의 선행사 the reason은 관계부사 why를 생략하고 쓸 수 있다.

배점	채점 기준
4	어순은 올바르나 동사의 어형이 틀린 경우

UNIT 47 many of+관계대명사

01 20 elementary school students, 직독직해는 아래 [구문] 참고

> 구문 The measles outbreak involved *20 elementary school students*, //
>
> all of whom had histories of measles vaccination after 12 months of age.
>
> 홍역 발병은 20명의 초등학생에게 영향을 미쳤는데, //
>
> 이들 모두는 생후 12개월 이후에 홍역 백신 접종을 한 이력이 있었다.

02 multinational corporations

> 구문 Poor nations are particularly affected by *multinational corporations*, //
>
> many of which have the financial power (to exert enormous influence on them).
>
> 가난한 나라들은 특히나 다국적 기업에 영향을 받는데, //
>
> 대부분은 자금력을 가지고 있다 (그것들(=가난한 나라들)에 큰 영향을 가할).

03 elaborated greeting behaviors

> 구문 Elephant groups has evolved *elaborated greeting behaviors*, //
>
> the form of which reflects the strength (of the social bond (between the individuals)).
>
> 코끼리 집단은 정교한 인사 행동을 진화시켜 왔는데, //
>
> 그 형태는 강도를 나타낸다 (사회적 유대감의 (개체들 사이의)).

04 two candidates for the marketing position

> 구문 The interviewer will be interviewing *two candidates (for the marketing position)*, //
>
> both of whom have a distinguished career.
>
> 면접관은 (마케팅직의) 두 명의 지원자를 인터뷰할 것인데 //
>
> 그 둘 다 뛰어난 경력이 있다.

05 At least 50 computers

> 해설 most of ~는 '~ 중 대부분'이라는 의미로 바로 앞의 단수명사 a virus가 아닌 주어 At least 5 computers를 선행사로 한다.

> 구문 *At least 50 computers* are affected by a virus, // most of which are in our main office.
>
> 최소 50대의 컴퓨터가 바이러스에 감염되었는데, // 그것들 중 대부분은 우리 본사에 있다.

배점	채점 기준
4	선행사만 바르게 찾은 경우
4	직독직해만 바르게 한 경우

---

06 ×, → them | 온라인 학습은 여러 이점이 있고, 그것들 중 하나는 더 나은 시간 관리이다.

> 해설 등위접속사 and가 두 절을 연결하고 있으므로 and 뒤에 관계대명사 which는 필요하지 않다. 따라서 which를 them으로 고쳐야 한다.

07 ○ | 몇몇 발견은 무수한 단계와 발견자들을 수반하는데, 그중 어느 것도 결정적인 것으로 확인되지 않아 보인다.

> 해설 콤마 뒤의 none of which가 이끄는 관계대명사절이 선행사 numerous phases and discoverers를 수식하며 두 절을 연결하고 있다. 따라서 관계대명사 which는 알맞게 쓰였다.

08 ×, → of which | 벨기에는 유로 화폐를 사용하는데, 그것의 이름과 € 기호의 디자인은 벨기에 사람들에 의해 처음 제안되었다.

> 해설 관계대명사가 소유격 의미로 명사와 함께 올 때는 〈명사＋of＋관계대명사〉로 쓰인다. 선행사 the Euro currency의 소유격 의미로 '그것의 이름'이
>
> 되어야 하므로, which를 of which로 고쳐야 한다.

> 구문 Belgium uses the Euro currency, // the name of which and the design of the € symbol
>
> 〈명사+of+관계대명사〉   S′
>
> were first suggested by the Belgians.
>
> V′

09 **X, → which** | 35개가 넘는 고효율 변기 모델이 오늘날 미국 시장에 진출해 있는데, 그것들 중 일부는 물을 내릴 때마다 1.3갤런 미만을 사용한다.

〖해설〗 전치사(of) 뒤에 관계대명사 that은 사용할 수 없으므로, that을 which로 고쳐야 한다.

배점	채점 기준
2	틀린 부분을 바르게 고치지 못한 경우

---

10 **a few of whom showed up**

〖해설〗 many relatives를 선행사로 하는 '그중 몇 명'은 〈a few + of + 관계대명사〉를 사용하여 영작한다.

11 **both of whom will not take it**

〖해설〗 two patients를 선행사로 하는 '둘 다'는 〈both + of + 관계대명사〉를 사용하여 영작한다.

12 **most of which were handwritten and very expensive**

〖해설〗 books를 선행사로 하는 '그것들 중 대부분'은 〈most + of + 관계대명사〉를 사용하여 영작한다. 관계사절의 동사는 선행사 books에 수 일치하여 복수동사 were로 쓴다.

13 **half of which were cargo trucks**

〖해설〗 50 vehicles를 선행사로 하는 '그중 절반'은 〈half + of + 관계대명사〉를 사용하여 영작한다. 뒤에는 선행사에 수 일치한 복수동사를 사용하여 were cargo trucks로 쓴다.

14 **all of which help to make life more manageable**

〖해설〗 numerous benefits를 선행사로 하는 '이 모든 것들'은 〈all + of + 관계대명사〉를 사용하여 영작한다.

UNIT 48 명사 + 형용사구 + 관계사절

01 **(of natural communities), (by non-indigenous species), 직독직해는 아래 [구문] 참고**

〖구문〗 _Invasions_ (of natural communities) (by non-indigenous species) / are currently rated /
S   V
as one of the most important environmental problems.

침입은 (자연 공동체로의) (비토착종에 의한) / 현재 평가된다 / 가장 중대한 환경 문제 중의 하나로.

02 **(in our community), (unable to afford books)**

〖구문〗 Your donations will help support _children_ (in our community) (unable to afford books).

당신의 기부는 아이들을 지원하는 데에 도움이 될 것이다 (우리 지역 사회의) (책을 살 여유가 없는).

03 **(for tooth decay), (restoring a damaged tooth)**

〖구문〗 After a _treatment_ (for tooth decay) (restoring a damaged tooth), / the dentist showed the proper way (to brush teeth).

치료 후에 (충치에 대한) (손상된 치아를 복구하는), / 그 치과 의사는 (양치질하는) 올바른 방법을 보여주었다.

04 **(on the internet) [that is available upon payment]**

〖구문〗 _Encrypted digital content_ (on the internet) [that is available upon payment] / is gaining popularity in the publishing company.
S   V   O
암호화된 디지털 콘텐츠는 (인터넷에 있는) [지불을 통해 사용 가능한] / 출판사에서 인기를 얻고 있다.

05 **(made by the great composers), [that caused great wonder and admiration]**

〖구문〗 The orchestra will play _some of the pieces_ (made by the great composers) [that caused great wonder and admiration].

그 오케스트라는 몇 개의 작품을 연주할 것이다 (훌륭한 작곡가들이 만든) [커다란 경이감과 감탄을 불러일으켰던].

배점	채점 기준
4	수식어구만 바르게 찾은 경우
4	직독직해만 바르게 한 경우

06 ⓐ, ⓓ

ⓐ 전통은 무시될 수 없는 건축물 창조의 결정적인 요소이다.

해설 문맥상 밑줄 친 전명구와 관계사절 모두 a critical element를 수식한다.

ⓑ 저희는 등반을 위해 항상 가져갈 필요가 있을 모든 장비를 대여해줄 특별한 서비스를 제공합니다.

해설 문맥상 밑줄 친 첫 번째 관계사절은 바로 앞의 선행사 a special service를, 두 번째 관계사절은 바로 앞의 선행사 all the equipment를 수식한다.

ⓒ 그 도서관은 멕시코에서 출판되는 자료를 수집하는 오랜 전통을 가지고 있다.

해설 문맥상 밑줄 친 전명구는 바로 앞의 a long tradition을, 분사구는 바로 앞의 materials를 수식한다.

ⓓ 나는 통밀빵과 샐러드 재료로 만들어진 새로운 가게의 건강한 샌드위치를 먹었다.

해설 문맥상 밑줄 친 전명구와 과거분사구 모두 a healthy sandwich를 수식한다.

배점	채점 기준
4	1개만 바르게 찾은 경우

---

07 helps → help | 네가 더 빨리 필기하고 복습하도록 돕는 너의 기호와 약어 체계를 개발하라.

해설 문맥상 관계사절(that ~ review them)의 선행사는 of yours의 수식을 받는 signs and abbreviations systems이므로, 관계사절의 helps를 help로 고쳐야 한다.

08 designating → designated | 창고에 있는 기부용으로 지정된 그 음식은 배송 전에 알맞은 온도에서 보관되어야 한다.

해설 문맥상 분사구가 The food를 수식하고 있다. '음식'이 '지정된' 수동 관계이므로, designating을 과거분사 designated로 고쳐야 한다.

09 were → was | 지난 학회 기간에 질문할 기회는 모든 참가자에게 주어질 예정이었다.

해설 문장의 주어는 전명구(during the conference session)와 to부정사구(to ask questions)의 수식을 받는 An opportunity이므로, were를 단수동사 was로 고쳐야 한다.

10 have → has | 예술가의 작품에서 나타나는 독창성, 진정성의 정신은 언제나 예술가의 필수 자질을 결정해왔다.

해설 문장의 주어는 전명구(of originality and authenticity)와 관계사절(that arises from the work of artists)의 수식을 받는 The spirit이므로, have를 단수동사 has로 고쳐야 한다.

---

11 the harmful effects of artificial light on humans

해설 '인간에게 미치는 인공적인 빛의 해로운 영향'은 the harmful effects를 먼저 쓰고, the harmful effects를 수식하는 두 개의 전명구 of artificial light와 on humans를 차례대로 쓴다.

12 six minutes spent absorbed in reading a book during your busy schedule

해설 '당신의 바쁜 일정 동안 독서에 열중하여 보내는 6분'은 six minutes를 먼저 쓰고, six minutes에 이어지며 이를 수식하는 분사구 spent absorbed in reading a book과 전명구 during your busy schedule을 차례대로 쓴다.

13 the video of the teacher interview that you have been working on

해설 '당신이 작업해오고 있는 교사 인터뷰 영상'은 the video를 먼저 쓰고, the video를 수식하는 전명구 of the teacher interview와 관계사절 that you have been working on을 차례대로 쓴다.

UNIT 49 명사＋관계사절＋관계사절

01 (someone), 관계사절 밑줄과 직독직해는 아래 [구문] 참고

구문 You may work with *someone* [who is a great improviser] but [who doesn't have depth of knowledge].
너는 [즉흥성이 뛰어난 사람인] 하지만 [깊은 지식이 없는] 누군가와 함께 일할지도 모른다.

02 (a woman)

구문 He told a story of *a woman* [he met in Arizona] [who took pleasure in helping the poor].

그는 한 여자에 관한 이야기를 했다 [그가 애리조나주에서 만난] [가난한 이를 돕는 것에서 기쁨을 얻었던].

03 (a clause)

구문 A subordinate clause is *a clause* [which is dependent on another part of the sentence],
[and] [which could not stand alone as a complete sentence].

종속절은 절이다 [문장의 다른 부분에 달려 있는].
그리고 [완전한 문장으로 혼자 쓰일 수 없는].

04 (clothes)

구문 Moving is the perfect opportunity to get rid of *clothes* [that are out of style], [which you no longer wear].

이사는 [유행이 지난], [당신이 더는 입지 않는] 옷들을 없앨 완벽한 기회이다.

05 (inequality of well-being)

구문 We should eliminate *inequality of well-being* [that is not driven by an individual's responsibility],
[which prevents an individual from achieving // what he or she values].

우리는 행복의 불평등을 제거해야 한다 [개개인의 책임에 의해 만들어진 것이 아닌]
[개인이 성취하지 못하게 하는 // 자신이 중요하게 여기는 것을].

배점	채점 기준
4	선행사만 바르게 찾은 경우
4	직독직해만 바르게 한 경우

---

06 ⓐ, ⓒ, ⓓ

ⓐ 높은 폐활량을 가지고 정기적으로 운동하는 사람들은 그들의 몸 전반에 산소를 더 빨리 보낼 수 있다.

해설 문맥상 밑줄 친 두 개의 관계사절 모두 선행사 People을 수식하고 있다.

ⓑ 자기실현은 당신이 아이일 때 이후로 가지고 있던 잠재력을 실현함으로써 얻는 발전의 단계를 말한다.

해설 문맥상 밑줄 친 첫 번째 관계사절(that is ~ potential)은 선행사 the development를 수식하고 있고, 두 번째 관계사절(that you ~ child)은 the potential을 수식하고 있다.

ⓒ 다른 모든 이들이 얼굴에 큰 웃음을 띠고 있고 국민들이 그들 스스로가 대단히 행복하다고 생각하는 나라에서 우울해지는 것은 틀림없이 어려울 것이다.

해설 문맥상 밑줄 친 두 개의 관계사절 모두 선행사 countries를 수식하고 있다.

ⓓ 추상 예술은 시각적 현실 세계에 대한 명확한 묘사를 표현하려고 시도하는 것이 아니라 그것의 효과를 얻기 위해 모양, 색, 형태를 사용하는 예술이다.

해설 문맥상 밑줄 친 두 개의 관계사절 모두 선행사 art를 수식하고 있다.

배점	채점 기준
2	1개만 바르게 찾은 경우
4	2개만 바르게 찾은 경우

---

07 ✕, which → who | 혼자 자전거를 타면서, 나는 머리가 매우 긴, 내 뒤에서 몰래 자전거를 타고 있던 남자를 알아챘다.

해설 문맥상 콤마(,)로 연결된 두 번째 관계사절의 선행사는 바로 앞의 very long hair가 아니라 a man이다. 사람을 가리키는 관계사가 와야 하므로 which를 who로 고쳐야 한다.

08 ○ | 관심이 아이들의 성취에 너무 많이 집중되어 있고 참을성이 없는 부모는 아이들의 교육을 망친다.

해설 문맥상 등위접속사 and로 연결된 두 번째 관계사절의 선행사는 바로 앞의 their children's achievements가 아니라 Parents이다. 사람을 가리키는 관계사가 와야 하므로 who는 알맞게 쓰였다.

09 ✕, values → value | 고객들은 제품이 어떠한 윤리적인 문제에도 연관되지 않고, 인간과 자연의 공존을 가치 있게 생각하는 기업에서 구매할 것이다.

해설 등위접속사 and로 연결된 두 번째 관계사절(that values ~ and nature)의 선행사는 firms이다. 따라서 관계사절의 동사는 복수동사가 되어야 하므로, values를 value로 고쳐야 한다.

10 ○ | 전두 피질, 즉 사람들이 사고하는 데 사용하며, 우리가 행동하기 전에 생각하도록 돕는 뇌의 영역은 두려움을 포함한 본능적인 반응을 담당하는 영역보다 더 나중에 발달한다.

해설 주어는 The frontal cortex이므로, 단수동사 develops는 알맞게 쓰였다. 주어와 동사 사이에 콤마로 삽입된 어구에서 the area of the brain을 선행사로 하는 콤마(,)로 연결된 두 개의 관계사절도 알맞게 쓰였다.

구문 The frontal cortex, *the area of the brain* [which people use for reasoning], [that helps us think // before we act],
S   =
develops later / than the area [which is responsible for instinctual reactions (including fear)].
V

배점	채점 기준
3	틀린 부분을 바르게 고치지 못한 경우

11 that I can wear when I work out and that has a longer battery

해설 '운동할 때 찰 수 있고 배터리를 더 오래 쓸 수 있는 스마트워치'는 a smartwatch를 선행사로 하는 두 개의 관계사절을 차례대로 쓴다. 두 관계사절은 등위접속사 and로 연결한다.

12 mistakes you made that hurt the other person

해설 '당신이 저지른, 다른 사람에게 피해를 준 실수'는 mistakes를 먼저 쓰고, mistakes를 선행사로 하는 두 개의 관계사절을 차례대로 쓴다. 관계사가 하나만 주어졌으므로 먼저 쓰인 목적격 관계대명사절의 관계사는 생략한다.

13 something that is happening around the world, that can happen to anyone

해설 '전 세계에서 일어나고 있는 일이며, 누구에게나 일어날 수 있는 일'은 something을 먼저 쓰고, something을 선행사로 하는 두 개의 관계사절을 차례대로 쓴다. 두 관계사절은 콤마(,)로 연결한다.

UNIT 50 주어와 멀리 떨어진 주어 수식 형용사구 / 관계사절

01 [which caused the printing to stop], 직독직해는 아래 [구문] 참고

구문 An error has occurred [which caused the printing to stop].

오류가 발생했다 [인쇄를 멈추게 한].

02 [when you will want to look back on past days and wish that you had taken more photos]

구문 The day will come [when you will want to look back on past days / and wish that you had taken more photos].

날이 올 것이다 [네가 과거의 날들을 되돌아보기를 원하는 / 그리고 더 많은 사진을 찍었기를 소망하는].

03 (about a scientist who battled against prevailing theories of the time)

구문 A controversial biography was published (about *a scientist* [who battled against prevailing theories of the time]).

논쟁의 여지가 있는 전기가 출판되었다 ([당시의 우세한 이론에 맞서 싸웠던] 과학자에 관한).

04 [that generates new ideas]

구문 If a work environment is fostered [that generates new ideas], // there will be more innovations (based on the ideas).

근무 환경이 조성된다면 [새로운 아이디어를 만들어 내는] // 더 많은 혁신이 있을 것이다 (그 아이디어를 기반으로 한).

05 (to lead to a major change in competitive positions and to the growth of the market)

구문 In mature markets, / breakthroughs are rare (to lead to a major change in competitive positions /
and to the growth of the market).

성숙한 시장에서, / 큰 발전은 드물다 (경쟁력의 큰 변화로 이어지는 /
그리고 그 시장의 성장으로 (이어지는)).

배점	채점 기준
5	수식어구만 바르게 찾은 경우
5	직독직해만 바르게 한 경우

06 ⓑ, ⓒ

ⓐ 당신은 가장 폭넓은 음악 모음, 큰 할인, 그 외 여러 가지 유료 멤버십이 당신에게 제공하는 모든 혜택을 놓치면 안 됩니다!

해설 문맥상 밑줄 친 관계사절이 수식하는 선행사는 바로 앞의 all the benefits이다.

ⓑ 근로 시간을 제한하고 근로자들에게 휴가의 권리를 준 새 법안이 법원에서 통과되었다.

해설 문맥상 밑줄 친 관계사절이 수식하는 선행사는 주어 New laws이다.

ⓒ 영어를 함께 연습하기 위해 생각이 비슷한 사람들을 찾는 온라인 모임이 오늘날 생겨난다.

해설 문맥상 밑줄 친 to부정사구는 주어 Online clubs를 수식한다.

ⓓ 몇몇 사람들은 매우 잘할 능력과 지식을 갖췄음에도 불구하고, 지나친 걱정이 종종 그들의 성과를 떨어뜨린다.

해설 문맥상 밑줄 친 to부정사구는 바로 앞의 the skills and knowledge를 수식한다.

배점	채점 기준
4	1개만 바르게 찾은 경우

07 ○ | 맞춤 디자인과 특별한 천으로 만들어진 그 새 정장은 그녀에게 잘 맞는다.

해설 문맥상 전명구(with ~ fabrics)는 주어 The new suits를 수식하며 알맞게 쓰였다.

08 ○ | 500명이 넘는 승객을 운송할 수 있는 그 기차는 많은 지역을 통과한다.

해설 문맥상 관계사절(which is ~ 500 passengers)은 주어 The train을 수식하므로, 관계사절의 단수동사 is는 알맞게 쓰였다.

09 ✕, which → who | 가족의 경제적 어려움 때문에 공장에서 일하는 것이 종종 목격되는 몇몇 아이들이 전국에 걸쳐 있다.

해설 문맥상 관계사절은 주어 Some children을 수식한다. 따라서 which를 선행사가 사람일 때 쓰는 관계사 who로 고쳐야 한다.

구문 Some children are across the country [who are often seen working in factories / due to their family's financial difficulties].

배점	채점 기준
2	틀린 부분을 바르게 고치지 못한 경우

10 to choose and order a new car

해설 주어 '시기(the time)'를 수식하는 '새로운 자동차를 고르고 주문할'은 술부 comes 뒤에 이어지는 to부정사구의 형태로 영작한다.

11 which allows the sweat to evaporate faster

해설 주어 '기능성 옷(functional clothing)'을 수식하는 '땀이 더 빠르게 증발하도록 하는'은 술부 뒤에 관계사 which가 이끄는 관계사절의 형태로 영작한다. 관계사절의 동사는 선행사에 수 일치하여 단수형 allows로 쓴다.

12 whose purpose was the invention of a flying machine

해설 주어 '많은 연구 프로젝트(a number of research projects)'를 수식하는 '비행하는 기계의 발명을 목적으로 하는'은 관계사 whose가 이끄는 관계사절의 형태로 영작한다. 관계사절의 동사는 시제에 일치하여 과거형 was로 쓴다.

배점	채점 기준
4	어순은 올바르나 동사의 어형이 틀린 경우

UNIT 51 관계대명사 뒤의 I think류

01 (teachers believe), 직독직해는 아래 [구문] 참고

[구문] It is a good thing / for teachers to encourage and support *the students* [who **(teachers believe)** are interested in sports].

(~은) 좋은 일이다 / 선생님들이 자신의 학생들을 격려하고 지원하는 것은 [[**(선생님들이 믿기에)** 스포츠에 흥미가 있는].

02 (people say)

[구문] What **(people say)** serves as a barrier (to effective communication) / is the attitude of not listening closely.

(사람들이 말하기에) 장애물 역할을 하는 것은 (효과적인 의사소통에) / 주의하여 듣지 않는 태도이다.

03 (they think)

[구문] Many lawyers agree // that the worst part of their job / is having to bill clients for *services*
[which **(they think)** are a fundamental part of our society].

많은 변호사가 동의한다 // 자신들의 직업에서 가장 나쁜 부분은 / 고객들에게 서비스에 대해 청구해야 한다는 것이라고
[[**(그들이 생각하기에)** 우리의 사회에 필수적인 부분인].

04 (I'm sure)

[구문] You don't need to be discouraged by your failure to pass the interview, //
because there are *plenty of universities* [that **(I'm sure)** will accept you].

너는 인터뷰를 통과하지 못한 것에 낙담할 필요가 없다. //
많은 대학이 있기 때문에 [[**(내가 확신하기에)** 너를 받아줄].

05 (it seems)

[구문] *The habitat* [that **(it seems)** provides the best opportunity for survival] / may not be the same habitat /
  S   V
as *the one* [that provides for highest reproductive capacity].
  (= habitat)

서식지는 [[**(~인 것 같은)** 생존을 위한 최고의 기회를 제공하는] / 같은 서식지가 아닐 수도 있다 /
[최고의 생식 능력을 제공하는] 서식지와.

배점	채점 기준
4	삽입절만 바르게 찾은 경우
5	직독직해만 바르게 한 경우

---

06 a good reputation that[which] customers say | 회사는 고객들이 말하기에 그들이 제품을 사도록 하는 경향이 있는 좋은 평판을 쌓고 유지해야 한다.

[해설] 두 문장의 공통된 어구인 a good reputation을 선행사로 하고, 기존 문장의 주절인 Customers say를 관계대명사 that[which] 뒤의 삽입절로 쓴다.

07 Many parents who I'm certain | 내가 확신하기에 삶에서 개인적인 어려움을 경험해온 많은 부모는 아이들이 같은 불행한 경험들을 겪어야만 하는 것을 피하게 하길 바란다.

[해설] 두 번째 문장의 they는 Many parents를 가리키므로 이를 선행사로 하는 관계사절로 바꾼다. 기존 문장의 주절인 I'm certain을 관계대명사 who 뒤의 삽입절로 쓴다.

---

08 were | 내가 생각하기에 힘든 업무였던 그 프로젝트들은 순조롭게 끝났다.

[해설] 관계대명사절(that ~ tough work)의 선행사는 The projects이므로 복수동사 were가 알맞다. 관계대명사 that 뒤에는 I thought가 삽입되어 있다.

09 is | 내가 예상하기에 사람들이 종교를 형성하는 방식은 신화가 주는 경외감과 밀접하게 연관된다.

> 해설 관계부사가 생략된 관계사절의 수식을 받는 The way가 주어이므로 단수동사 is가 알맞다. 관계부사절 people formed religions 안에 I suppose가 삽입된 형태이다.

10 is | 일부 사람들은 외부인의 침입을 불쾌하게 여길지도 모르는데, 그들이 생각하기에 외부인은 그들과 다르다.

> 해설 관계대명사절(who ~ from them)의 선행사는 outsider이므로 단수동사 is가 알맞다. 관계대명사 who 뒤에는 they believe가 삽입되어 있다.

---

11 Scientists should identify what they think promotes energy efficiency

> 해설 '그들이 생각하기에'의 의미를 더하는 삽입절 they think를 관계대명사 what 뒤에 추가하여 what이 이끄는 관계대명사절을 영작한다.

12 that experts believe have few natural enemies

> 해설 '전문가들이 믿기에'의 의미를 더하는 삽입절 experts believe를 관계대명사 that 뒤에 추가하여 that이 이끄는 관계대명사절을 영작한다.

13 which some business leaders say would choke the economy

> 해설 '일부 기업가들이 말하길'의 의미를 더하는 삽입절 some business leaders say를 관계대명사 which 뒤에 추가하여 which가 이끄는 관계대명사절을 영작한다.

UNIT 52 부사적 to-v의 의미

01 ⓑ, 직독직해는 아래 [구문] 참고

[구문] We are very delighted **to announce** // that our store will open next week.

알려드리게 되어서 아주 기쁩니다 ((감정의 원인)) // 다음 주 저희 매장이 문을 연다는 것을.

02 ⓓ

[구문] Janet grew up **to be** a person [who was respectful, competent, and knowledgeable].

Janet은 자라서 [공손하고, 유능하고, 아는 것이 많은] 사람이 **되었다.** ((결과))

03 ⓒ

[구문] He was irresponsible / **to decline** to comment on the accident [he caused].

그는 무책임했다 / 그 [그가 일으킨] 사고에 대해 언급하기를 **거절하다니.** ((근거))

04 ⓐ

[구문] Coaches analyze the data [that has the movements of every sports player] / **to improve** their athletes' performance.
　　　　　S　　　V　　　　O

코치들은 데이터를 분석한다 [모든 운동선수들의 움직임을 담고 있는] / 그들의 선수들의 경기력을 **향상하기 위해서.** ((목적))

05 ⓔ

[구문] More and more people will have to wear glasses, // because always looking at computer monitors is likely **to cause** poor eyesight.

점점 더 많은 사람들이 안경을 써야 할 것이다 // 항상 컴퓨터 모니터를 보는 것이 좋지 않은 시력을 **야기할** ((형용사(likely) 수식)) 가능성이 있기 때문이다.

배점	채점 기준
4	to부정사의 의미만 바르게 찾은 경우
4	직독직해만 바르게 한 경우

---

06 ⓔ | 당신에게 기회를 건네줄 누군가를 기다리는 대신에 스스로 기회를 잡아라.

[해설] to hand는 앞의 대명사 someone을 수식하는 형용사적 용법의 to부정사이다.

07 ⓐ | 팁을 주는 것은 서비스에 대한 당신의 만족감을 표현하는 방법이다.

[해설] To give는 문장의 주어로 쓰인 to부정사이다.

08 ⓒ | 문법을 배우는 방법은 다양한 시제로 이야기되는 이야기들을 듣는 것이다.

[해설] to listen은 문장의 주격보어로 쓰인 to부정사이다.

09 ⓑ | 은행이 당신에게 연 2%의 이자율을 지급하기로 약속한다면, 일 년이 끝날 때쯤에 당신은 1,020달러를 받게 될 것이다.

[해설] to pay는 동사 promises의 목적어로 쓰인 to부정사이다.

[구문] If the bank promises to pay you a 2 percent annual interest rate, // you will have $1,020 at the end of the year.
　　　　　　　　　　　　　　V′　IO′　　DO′

10 ⓕ | 일단 너에게 영감을 주는 일에 네 시간과 에너지를 쏟을 준비가 되면, 너의 삶이 상상할 수 없을 정도로 풍부해진 것을 알게 될 것이다.

[해설] to devote는 앞에 나온 형용사 ready를 수식하는 부사적 용법의 to부정사이다.

11 **ⓓ** | 창의 아동 프로그램의 목표 중 하나는 어린아이들이 자신의 감정과 생각에 관해 자유롭게 말하는 능력을 발달시킬 수 있게 하는 것이다.

해설 to develop은 동사 enable의 목적격보어로 쓰인 to부정사이다.

구문 One (of the goals (of creative childhood programs)) is / to enable children to develop the ability

S　　　　　　　　　　　　　　　　　　　　　　　　V　　　V´　　　　O´　　　　　　C´

(to speak freely about their own feelings and ideas).

---

12 **목적** | 반 고흐 특별 전시회의 일일 방문객 수는 단지 혼잡을 피하기 위해 300명으로 제한된다.

해설 to avoid는 목적을 나타내는 to부정사로, 앞의 only는 목적을 강조하기 위해 사용되었다.

13 **결과** | 우리 중 많은 이들이 변화를 시도하지만, 한 번의 시도 후에 결국 포기하는 것이 안타깝다.

해설 to give up은 문맥상 실망의 '결과'를 나타내는 to부정사로 사용되었다.

구문 It's a pity // that many of us attempt to change, / only to give up after one try.

　　　　　　　　　　　S´　　　　V´　　　O´

---

14 **to make me sleepy during the day**

해설 '~하다니'는 판단의 근거를 나타내는 부사적 용법의 to부정사를 사용하며, '졸리게 하다'는 〈make + 목적어 + 형용사〉 구문을 이용해 영작한다.

15 **to celebrate the defeat of an invading army**

해설 '~하기 위해'는 목적을 나타내는 부사적 용법의 to부정사를 사용해 영작한다.

16 **was eager to achieve the outcomes**

해설 '~하기를 갈망했다'는 형용사 eager를 수식하는 부사적 용법의 to부정사를 사용해 영작한다.

17 **never to find any taxi to take me to my hotel**

해설 '(하지만) 결국 ~하지 못하다'는 결과를 나타내는 부사적 용법의 to부정사를 사용해 never to-v로 나타내고, '나를 호텔까지 데려다줄 택시'는 any taxi를 수식하는 형용사적 용법의 to부정사구 to take me to my hotel로 영작한다.

배점	채점 기준
4	어순은 올바르나 to부정사의 to를 추가하지 못한 경우

UNIT 53 부사적 to-v 구문

01 **너무 달라서 우리가 단 하나의 정의를 생각해 낼 수 없는[우리가 단 하나의 정의를 생각해 내기에는 너무 다른]** | 다양한 예술 형식은 너무 달라서 우리가 그것들의 다양성을 담아낼 수 있는 단 하나의 정의를 생각해 낼 수 없다.

해설 문맥상 〈too 형용사 to-v〉는 '너무 ~해서 v할 수 없는'이라는 '결과'의 의미로 해석한다. 또는 'v하기에는 너무 ~한'인 '정도'의 의미도 가능하다.

02 **그녀가 풀기에는 너무 까다로운** | 그 수학 문제는 그녀가 풀기에는 너무 까다로웠지만, 그녀는 오랜 시간 후에 마침내 그것을 풀어냈다.

해설 문맥상 〈too 형용사 to-v〉는 'v하기에는 너무 ~한'인 '정도'의 의미로 해석한다.

03 **대상을 탈 만큼 열심히** | Keith는 대회에서 대상을 탈 만큼 열심히 피아노를 연주했다.

해설 〈so ~ as to-v〉는 'v할 만큼 ~한', '매우 ~해서 v하는'으로 해석한다.

04 **아주 오류가 많아서 결과를 의미 없게 만드는[결과를 의미 없게 만들 만큼 아주 오류가 많은]** | 그 테스트는 아주 오류가 많아서 결과를 의미 없게 만들었다.

해설 〈so ~ as to-v〉는 'v할 만큼 ~한', '매우 ~해서 v하는'으로 해석한다.

05 **그 스스로 준비하기에 충분히 나이가 많은** | Brian의 어머니는 그가 학교 여행을 그 스스로 준비하기에 충분히 나이가 많다고 생각한다.

해설 〈형용사 enough to-v〉는 'v하기에 충분히 ~한', '충분히 ~하여 v한'이라는 의미로 해석한다.

06 **발달시키기에 충분히 도움이 되는[충분히 도움이 되어 발달시키는]** | 철학 토론 모임은 비판적인 사고력을 발달시키기에 충분한 도움이 되었다.

해설 〈형용사 enough to-v〉는 'v하기에 충분히 ~한', '충분히 ~하여 v한'이라는 의미로 해석한다.

07 **일상적인 곁들임 요리들은 말할 것도 없이** | 우리는 일상적인 곁들임 요리들은 말할 것도 없이, 맛있는 수프를 대접받았다.

해설 not to mention은 '~은 말할 것도 없이'라는 의미로 문장 전체를 수식하는 to부정사구이다.

---

08 **ⓐ**

ⓐ 그녀는 너무 늦게 와서 결혼식을 볼 수 없었지만, 최소한 결혼식 식사에는 참석했다.

해설 〈too 부사 to-v〉가 '너무 ~해서 v할 수 없는'인 '결과'의 의미로 사용되었다.

ⓑ 전문 용어는 학생들이 이해하기에 너무 어렵지만, 일부 학생들은 그것들에 숙달한다.

해설 〈too 형용사 to-v〉를 '너무 ~해서 v할 수 없는'으로 해석하면 의미가 어색하다. too가 뒤의 형용사 difficult를 수식하는 구조로 'v하기에 너무 ~한'으로 해석한다.

ⓒ 그의 목소리는 어떤 것을 말하기에도 너무 권위적이었지만, 나는 용기를 내어 의견을 말했다.

해설 〈too 형용사 to-v〉를 '너무 ~해서 v할 수 없는'으로 해석하면 의미가 어색하다. too가 뒤의 형용사 authoritative를 수식하는 구조로 'v하기에 너무 ~한'으로 해석한다. 두 번째 절의 to give는 형용사적 용법으로 앞의 a brave attempt를 수식한다.

---

09 **I was too frustrated and embarrassed to look at him**

해설 '너무 ~해서 v할 수 없는'은 〈too 형용사 to-v〉 구문을 이용해 영작한다. 동사는 과거형 was로 쓴다.

10 **are too emotionally devastating to become accustomed to**

해설 'v하기에는 너무 ~한'은 〈too 형용사 to-v〉 구문을 이용해 영작한다.

11 **the amount of them was large enough to spread disease**

해설 'v하기에 충분히 ~한'은 〈형용사 enough to-v〉 구문을 이용해 영작한다.

12 **so naive as to believe everything a stranger tells you**

해설 'v할 만큼 ~한'은 〈so 형용사 as to-v〉 구문을 이용해 영작한다. '낯선 사람이 너에게 말하는 모든 것'은 everything을 관계사 that이 생략된 목적격 관계대명사절이 수식하는 구조로 영작한다.

배점	채점 기준
4	어순은 올바르나 to부정사의 to를 추가하지 못한 경우

UNIT 54 여러 의미의 접속사

01 **ⓑ** | ⓐ 자외선이 눈에 반사될 **때** 자외선 노출은 거의 두 배가 될 수 있다.

ⓑ 그는 그 차를 쉽게 살 수 있**음에도 불구하고** 왜 훔쳤는가?

ⓒ 사막에서, 신기루는 지표면 가까이에 있는 공기가 더 높은 곳에 있는 공기보다 더 뜨거울 **때** 야기된다.

해설 ⓐ와 ⓒ는 '~할 때'의 의미이지만, ⓑ는 '~임에도 불구하고'의 의미이다.

02 **ⓐ** | ⓐ 인터넷을 검색하던 **동안에**, 그녀는 그 콘서트에 관한 후기를 우연히 발견했다.

ⓑ 적은 양의 멜라닌 색소는 결과적으로 밝은 피부가 되는 **반면에**, 많은 양은 어두운 피부가 된다.

ⓒ 수학자들은 증명을 이용하는 **반면에**, 과학자들은 실험을 이용한다는 점에서 과학자들과 수학자들은 다르다.

해설 ⓐ는 '~하는 동안에'의 의미이지만, ⓑ와 ⓒ는 '~인 반면에'의 의미이다.

03 **ⓑ** | ⓐ 내 아들은 어린아이일 **때부터**, 별들이 만드는 패턴을 추적하는 것을 즐겼다.

ⓑ 봄과 가을에 미세 먼지의 수치가 높기 **때문에**, 우리는 호흡기 질환으로부터 우리를 보호하는 법을 배워야 한다.

ⓒ 우리가 당신에게 이메일을 보낸 **이후로** 소식을 듣지 못한 것을 염려하고 있다.

해설 ⓐ와 ⓒ는 '~이후[부터]'의 의미이지만, ⓑ는 '~이기 때문에'의 의미이다.

04 ⓒ | ⓐ 제2차 세계대전 중에 그의 부모님들이 사망하셨기 **때문에**, 그는 친척들에 의해 길러졌다.

ⓑ 관객들은 일반적으로 개인적인 일화를 좋아하기 **때문에**, 재미있는 이야기를 통해 연설에서 대중들의 관심을 사로잡을 수 있다.

ⓒ 우리가 새로운 사실이나 기술을 배울 **때**, 우리의 신경 세포들은 연결된 정보망을 형성하기 위해 소통한다.

해설 ⓒ는 '~할 때'의 의미이지만, ⓐ와 ⓑ는 '~이기 때문에'의 의미이다.

---

05 While | 우리들의 뇌 모두는 같은 기본 구조를 가지고 있는 반면에, 우리의 신경망은 우리의 지문만큼이나 독특하다.

해설 문맥상 '~인 반면에'라는 뜻의 접속사 While이 알맞다.

06 Extreme hardships as | 비록 극심한 역경을 겪었지만, 그는 유능하고 자신감 있으며 배려하는 청년이 되었다.

해설 접속사 as가 '비록 ~이지만(양보)'의 뜻을 가질 때는, 〈형용사/부사/명사 + as + 주어 + 동사〉 어순으로 쓴다.

07 Successful | 비록 그가 자신의 직업에서 성공했지만, 그는 여전히 자신만의 사업을 시작하는 것을 꿈꾼다.

해설 접속사 as가 양보의 뜻을 가질 때는, 〈형용사[부사, 명사] + as + 주어 + 동사〉 어순으로 쓰는데, 부사절 he is in his career에 is의 보어 역할을 하는 형용사가 빠져 있으므로, 부사가 아닌 형용사 Successful이 알맞다.

---

08 when she heard birds singing

해설 '~할 때'는 접속사 when을 이용해 영작한다. '새가 지저귀는 소리를 듣다'는 〈hear + 목적어(birds) + 목적격보어(singing)〉로 표현한다.

09 While young animals are playing freely

해설 '~하는 동안'은 접속사 while을 이용해 영작한다.

10 While deep-sea fishes are generally cold-water species

해설 '~이긴 하지만'은 접속사 while을 이용해 영작한다.

11 As the simple method of repetition helps you memorize anything

해설 '~하듯이'는 접속사 as를 이용해 영작한다. '당신이 무엇이든 암기할 때 도움을 주다'는 〈help + 목적어(you) + 목적격보어(memorize anything)〉으로 표현한다.

12 Since fossilization is affected by environmental conditions

해설 '~이기 때문에'는 접속사 since를 이용해 영작한다. '~에 영향받다'는 수동태 is affected by의 구문을 활용한다.

UNIT 55 형태가 비슷한 접속사

01 ⓐ | ⓐ 우리는 인간의 권리와 환경의 권리 사이에 차이가 없도록 우리의 생각을 바꿔야 한다. ⓑ 목재는 습한 날씨에 썩기 쉬워서 비가 잦은 공원 길의 지면 자재로는 좋지 않다. ⓒ 누에르 족은 색상, 무늬, 그리고 뿔의 모양에 근거하여 수백 가지 유형의 소를 구별해야 해서, 소와 관련된 많은 특별한 용어들이 있다.

해설 ⓐ는 '~하도록'의 의미이지만, ⓑ와 ⓒ는 '그래서 ~하다'의 의미이다.

구문 ⓑ Wood is likely to rot in the wet weather, // so it's not good for the surface materials
= wood
(for public park trails [where rain is frequent]).

---

02 ⓑ | 우리는 우리가 직접 한 일에 아주 만족하지 못한다면, 결국 그것을 고칠 누군가를 고용해야 할 것이다.

해설 that we've done by ourselves는 the work를 수식하는 목적격 관계대명사절이다.

03 ⓐ | 위키피디아는 다른 어떤 것보다 훨씬 더 종합적이어서 가장 유용한 전문 사전으로 널리 여겨진다.

해설 문맥상 '아주 ~해서 …하다'라는 의미의 〈so + 형용사 + that ...〉 구문이다.

04 ⓑ | 우리는 많은 가족들이 우리에게 기부한 기부금에 대단히 감사하다.

해설 that lots of families have given to us는 the donations를 수식하는 목적격 관계대명사절이다.

---

05 powerless | 논쟁 후에, 그는 아주 무력감을 느껴서 다른 어떤 토론에도 관여하기를 주저했다.

해설 '아주 ~해서 …하다'라는 의미의 〈so + 형용사[부사] + that …〉 구문이다. felt의 보어 자리이므로 형용사 powerless가 알맞다.

06 such | 그 나라의 만성적인 실업 문제는 정부가 무시할 수 없을 정도로 아주 중요했다.

해설 '…할 정도로 ~하다'라는 의미를 가지면서 뒤에 명사 importance가 나오는 것으로 보아, 〈such + (a/an) + (형용사) + 명사 + that …〉 구문이다. 따라서 importance 앞에는 such가 알맞다.

07 even if | 당신이 열심히 일하면, 비록 많은 것을 가지 고 시작하지 않을지라도, 당신은 괜찮은 삶을 꾸릴 것이다.

해설 '비록 ~일지라도'라는 의미의 even if가 문맥상 알맞다.

---

08 so that they can do better than others

해설 '~하도록'이라는 목적의 의미는 so that을 이용해 영작한다.

09 so much that it is no longer high enough to exclude

해설 '아주 ~해서 …하다'라는 의미의 〈so + 형용사/부사 + that …〉 구문을 이용해 영작한다. 동사 falls를 수식하는 부사가 필요하므로 so 다음에는 부사 much를 쓴다.

10 such an attractive place that many artists have settled there

해설 '아주 ~해서 …하다'라는 의미의 〈such + (a/an) + (형용사) + 명사 + that …〉 구문을 이용해 영작한다.

11 Even though plants cannot run away from danger

해설 '비록 ~일지라도'는 접속사 even though를 이용해 영작한다.

배점	채점 기준
5	어순은 올바르나 동사의 어형이 틀린 경우

UNIT 56 특이한 형태의 접속사

01 Every time, 직독직해는 아래 [구문] 참고

구문 Every time he visited the USA, // he would document something (about culture, food, or place).
그가 미국을 방문했을 때마다, // 그는 (문화, 음식, 혹은 장소에 대한) 것들을 기록하곤 했다.

02 seeing that

구문 Ginger is an effective treatment for colds // seeing that it can offer relief / by making the body warmer.
생강은 감기에 효과적인 치료제이다 // 그것이 안정을 제공해줄 수 있다는 점에서 보면 / 몸을 더 따뜻하게 함으로써.

03 Once

구문 Once the Internet made music easily accessible, // availability of new music became democratized.
일단 인터넷이 음악을 쉽게 접할 수 있게 하자 // 신곡을 들을 수 있는 것은 대중화되었다.

04 Just the way

구문 Just the way we evaluate / how successful an individual student will be at solving a problem, //
　　　　　　　　　S'　V'　　　　　　　　　　　　　　　　O'
we can predict / how successful a group of people will be at solving problems.
　S　　V　　　　　O
우리가 평가하는 것과 마찬가지로 / 문제를 해결하는 데 각각의 학생이 얼마나 성공적일지를, //
우리는 예측할 수 있다 / 문제를 해결하는 데 사람들의 집단이 얼마나 성공적일지를.

05 In case that

구문 In case that you have the symptoms of a sore throat, // gargle with salt water.
This can reduce swelling in your throat and relieve you of the pain.

만약 네가 목감기 증상이 있는 경우에는 // 소금물로 입 안을 헹궈라.
이는 목구멍의 부기를 감소시켜 줄 수 있고, 네게 고통을 덜어줄 수 있다.

배점	채점 기준
4	접속사 역할을 하는 것만 바르게 찾은 경우
6	직독직해만 바르게 한 경우

---

06 ⓑ | 그는 학사 학위를 마치자마자, 수학 대학원 과정을 시작했고, 24살에 박사 학위를 받았다.

해설 as soon as는 '~하자마자'라는 뜻으로, the minute으로 바꾸어 쓸 수 있다.

구문 As soon as he completed his undergraduate degree, // he started graduate work in mathematics, / earning his doctorate at age twenty-four.

• earning 이하는 결과를 나타내는 분사구문이다.

07 ⓐ | 그들은 그들이 그곳에 없을 때마다, 시골 지역에 있는 그들의 집을 우리가 사용해도 좋다고 말했다.

해설 each time은 '~할 때마다'라는 뜻으로, whenever로 바꾸어 쓸 수 있다.

08 ⓒ | 끔찍하게 혐오스러운 농담은 사람의 잠재의식 속에 눈에 띄지 않고 남아, 그들의 자존감을 갉아먹거나 나중에 그것을 폭발시킬 수 있다는 점에서 시한폭탄일 수 있다.

해설 in that은 '~라는 점에서'라는 뜻으로, 문맥상 because로 바꾸어 쓸 수 있다.

구문 Terribly hateful jokes can be time bombs // in that they can linger unnoticed in a person's subconscious, / gnaw on their self-esteem / or explode it at a later time.

(S´ / V₁ for "they can linger"; V₂ for "gnaw"; V₃ for "explode")

---

09 The moment you decide to take control of your own life

해설 '~하자마자'는 the moment를 이용해 뒤에 〈주어 + 동사〉 구조로 영작한다.

10 Once this portable photo printer is fully charged

해설 '일단 ~하면'은 once를 이용해 뒤에 〈주어 + 동사〉 구조로 영작한다. 조건의 부사절이므로, 동사는 현재시제 is로 쓴다.

11 buy a certain brand of cereal every time they shop

해설 '~할 때마다'는 every time을 이용해 뒤에 〈주어 + 동사〉 구조로 영작한다.

12 by the time he came back from a month-long business trip

해설 '~할 때쯤'은 by the time을 이용해 뒤에 〈주어 + 동사〉 구조로 영작한다.

13 in case you are interested in including me

해설 '~할 경우에 대비하여'는 in case를 이용해 뒤에 〈주어 + 동사〉 구조로 영작한다. '포함시키는 데 관심이 있다'에서 be interested in의 목적어로는 동명사가 와야 하므로, including으로 쓴다.

배점	채점 기준
4	〈보기〉에서 알맞은 것을 고르고 어순도 올바르나, 동사의 어형이 틀린 경우

UNIT 57 해석에 주의할 접속사

01 ⓑ

해설 〈hardly ~ when ...〉은 '~하자마자 …하다'의 의미이다.

구문 Hardly did they leave the shopping mall // when the shop on the third floor caught fire.
- 부정의 의미를 포함한 어구 Hardly가 문장의 맨 앞으로 나가 〈조동사(did) + 주어(they) + 동사(leave)〉의 어순으로 도치되었다.

02 ⓑ

해설 〈not ~ just[only] because ...〉는 '…이라고 해서 ~은 아니다'의 의미이다.

구문 It is not impossible / to remember the names of the participants // just because you've met many people at the conference.
  S(가주어)　　　　　　　S'(진주어)

03 ⓐ

해설 〈not A until B〉는 'B할 때까지 A하지 않다', 'B하고 나서야 비로소 A하다'의 의미이다.

---

04 ✕, → it's | 전략적 비전은 그것이 효과적으로 하층의 관리자와 직원들에게 완전하게 전달되지 않으면 조직에 거의 가치가 없다.

해설 문맥상 부사절은 '~하지 않으면'의 의미가 되어야 하므로, unless 뒤의 부정부사 not을 삭제해야 한다.

05 ○ | 철학에 관한 Kant의 책은 그의 깊은 지식과 사상을 포함하고 있기 때문에 읽기에 많은 노력이 필요하다.

해설 '~하기 때문에'의 의미로 쓰인 접속사로 for는 알맞게 쓰였다.

06 ✕, → had he finished | 큰 공연장에서 차이코프스키 연주를 끝내자마자, 그는 이것이 그의 생애 최고의 공연이 되리라는 것을 깨달았다.

해설 부정의 의미를 포함한 어구 Scarcely가 문장의 맨 앞에 나왔으므로, 〈조동사(had) + 주어(he) + 동사(finished)〉의 어순으로 도치되어야 한다.
〈scarcely[hardly] ~ when ...〉 구문은 더 먼저 일어난 일의 시점 차이를 표현하기 위해 주절에 대개 과거완료가 온다.

07 ○ | 다른 생물들이 환경에 얼마나 잘 적응하는지에 따라 잘 자라거나 소멸하는 것처럼, 인간도 그러하다.

해설 〈(just) as ~, so ...〉는 '(꼭) ~인 것처럼 …하다'의 의미이며, so가 앞 문장의 내용을 받아 문장의 맨 앞에 오는 경우 주어와 동사가 도치되므로, do humans는 알맞게 쓰였다.

배점	채점 기준
2	틀린 부분을 바르게 고치지 못한 경우

---

08 wherever | 필기하기에 유용하기 때문에, 나는 내가 어디를 가든지 내 노트북을 항상 가지고 다닌다.

해설 문맥상 '어디를 ~하든지'의 의미가 되어야 하므로, wherever가 알맞다.

09 However | 당신이 아무리 많이 과거를 기억하거나 미래를 기대하더라도, 당신은 현재에 살고 있다.

해설 '아무리 ~하더라도'의 의미가 되어야 하므로, However가 알맞다.

---

10 네가 무엇을 하기를 결정했더라도 | 네가 무엇을 하기를 결정했더라도, 다른 사람이 아닌 자신의 즐거움을 위해 그것을 해라.

해설 부사절로 쓰인 whatever는 '무엇을 ~하더라도'라는 양보의 의미로 해석한다.

구문 Whatever you decided to do, // do it for your own pleasure, / not for that of others.
- that은 the pleasure를 대신하는 대명사이다.

11 그 습관과 관련된 것은 무엇이든지 | 만약 나쁜 습관을 고치고 싶다면, 그 습관과 관련된 것은 무엇이든지 멈춰야 한다.

해설 동사 stop의 목적어로 쓰인 명사절이므로 whatever는 '~하는 것은 무엇이든지'라는 의미로 해석한다.

12 무엇이든지 당신이 보고자 하는 것 | 밤하늘의 어둑한 빛 아래에서, 더 큰 거울을 가진 망원경은 무엇이든지 당신이 보고자 하는 것으로부터 더 많은 빛을 모을 수 있게 한다.

해설 전치사 from의 목적어로 쓰인 명사절이므로 whatever는 '~하는 것은 무엇이든지'라는 의미로 해석한다.

구문 Under the dim lighting of the night sky, / a telescope (with a larger mirror) allows you to gather more of the light /
S · V · · O · · · · · · · · · · · C
from whatever you want to look at.

---

13 had the tango started at the concert hall than the audience cheered

해설 '～하자마자 …하다'의 의미는 〈no sooner ～ than …〉 구문으로 나타내며, 이때 no sooner 뒤의 주어와 동사는 〈조동사(had) + 주어(the tango) + 동사(started)〉의 순으로 도치된다.

14 had she left the conference room when people complained

해설 '～하자마자 …하다'의 의미는 〈hardly ～ when …〉 구문으로 나타내며, 이때 hardly 뒤의 주어와 동사는 〈조동사(had) + 주어(she) + 동사(left)〉의 순으로 도치된다.

15 As long as the trainer gives the dog a food reward

해설 '～하기만 하면'의 의미는 접속사 as long as로 나타낸다.

배점	채점 기준
4	어순은 올바르나 동사의 어형이 틀린 경우

UNIT 58 분사구문의 해석

01 **Because** | 모임에 늦었기 때문에, 나는 대중교통 대신에 택시를 타야 했다.

해설 Being late for the meeting은 '~하기 때문에'라는 뜻의 이유를 나타내는 분사구문이다.

02 **If** | 새로운 소프트웨어로 교체를 하면, 우리는 결국 우리의 관리 시스템을 비용 효율이 더 높을 뿐만 아니라 더욱 효율적으로 만들 수 있다.

해설 Switching to the new software는 '만약 ~하면'이라는 뜻의 조건을 나타내는 분사구문이다.

03 **Although** | 처음에는 동의해 주지 않았지만, 그 청년은 마침내 경찰이 그의 아파트를 수사하도록 허락했다.

해설 Not giving ~ at first는 '비록 ~일지라도'라는 뜻의 양보를 나타내는 분사구문이다.

04 **When** | 새에 대한 Sally의 관심에 대한 이야기를 듣자마자, 조류 전문가는 그녀가 얼마나 깊이 빠진 상태인지 알기 위해 그녀를 그의 사무실로 초대했다.

해설 Hearing ~ in birds는 '~하자마자'라는 뜻의 때를 나타내는 분사구문이다.

구문 Hearing about Sally's interest in birds, the bird expert invited her to his office to see how deep her fascination was.
  • to see 이하는 목적을 나타내는 부사적 용법의 to부정사구이다.

05 **and** | 저희는 당신의 제안 실행 가능성을 평가한 후, 지체 없이 실행에 착수할 예정입니다.

해설 proceeding 이하는 '그리고 ~하다'라는 뜻의 연속동작을 나타내는 분사구문이다.

---

06 **conveying little or no benefits to patients** | 환자들에게 이득을 거의 혹은 전혀 가져다주지 못하면서, 방사선은 여러 상황에서 남용되어 왔다.

해설 부사절을 분사구문으로 바꿀 때는, 접속사 as 및 주절과 같은 주어 it을 생략하고, 동사 conveys를 분사의 형태로 바꾼다.

07 **Taking a walk in the fresh air** | 맑은 공기 속에서 산책하는 동안, 당신은 책상에 앉아만 있는 것보다 더 창의적으로 사고할 수 있을 것이다.

해설 부사절을 분사구문으로 바꿀 때는, 접속사 While 및 주절과 같은 주어 you를 생략하고, 동사 take를 분사 형태로 바꾼다.

---

08 **continuing to make films there**

해설 '그곳에서 계속해서 영화를 만들었다'는 연속동작을 나타내는 분사구문으로 쓴다.

09 **saving his family from the fire**

해설 '계단을 올라갔고, 화재로부터 그의 가족을 구했다'는 연속동작을 나타내는 분사구문으로 쓴다.

10 **Not knowing what to do at that moment**

해설 '무엇을 해야 할지 몰라서'는 이유를 나타내는 분사구문으로 쓰되, 부정의 의미를 담고 있으므로 분사 앞에 Not을 쓴다.

11 **often leading to diseases**

해설 '~하여, 질병들로 이어진다'는 결과를 나타내는 분사구문으로 쓴다.

구문 A diet (poor in vitamin C) makes iron absorption difficult, / often leading to diseases / such as scurvy and anemia.
　　　　S　　　　　　　　　　V　　　　　O　　　　　C

배점	채점 기준
5	어순은 올바르나 동사의 어형이 틀린 경우

01 ①, 직독직해는 아래 [구문] 참고

[구문] Children can build a sense of community, / working on the gardens together.
분사구문 ((동시동작))

아이들은 공동체 의식을 형성할 수 있다 / 함께 정원 일에 공을 들이면서.

02 ②

[구문] He enrolled in medical school, / qualifying as a doctor in 1892.
분사구문 ((연속동작))

그는 의대에 입학하여 / 1892년에 의사로서 자격을 얻었다.

03 ①

[구문] Looking at a lovely bouquet of roses [that Mike gave to her], / she smiled brightly.
분사구문 ((동시동작))

[Mike가 그녀에게 준] 아름다운 장미 꽃다발을 바라보면서 / 그녀는 밝게 미소 지었다.

04 ②

[구문] Having got dressed in a suit, / he slowly went downstairs for his breakfast.
분사구문 ((때))

정장으로 옷을 입은 후 / 그는 아침 식사를 하러 천천히 아래층으로 내려갔다.

· Having got dressed는 주절의 시제(went)보다 앞선 일을 나타낸다.

배점	채점 기준
5	시점만 바르게 고른 경우
5	직독직해만 바르게 한 경우

---

05 **Performing throughout Europe with famous musicians** | 유럽 전역에서 유명 음악가들과 공연하는 동안, 그는 큰 명성을 얻었다.

[해설] 부사절을 분사구문으로 바꿀 때, 접속사 While 및 주절과 같은 주어 he를 생략하고, 동사를 분사의 형태 Performing으로 바꾼다.

06 **Having practiced badminton regularly after school** | 방과 후에 규칙적으로 배드민턴을 연습했기 때문에, 그녀는 그를 수월하게 이길 수 있을지도 모른다.

[해설] 부사절을 분사구문으로 바꿀 때, 접속사 As 및 주절과 같은 주어 she를 생략하고, 동사를 분사의 형태 Having practiced로 바꾼다.

07 **Having formed special bonds with some artists** | 여러 예술가들과 특별한 유대를 맺은 탓에, 그는 예술을 더 잘 이해할 수 있었다.

[해설] 부사절을 분사구문으로 바꿀 때, 접속사 As 및 주절과 같은 주어 he를 생략하고, 동사를 분사의 형태로 바꾼다. 이때 주절의 시제(could)보다 앞선 일이므로, 분사는 having p.p.의 형태인 Having formed로 쓰이는 것에 유의한다.

---

08 **Having tried to stand up on his surfboard**

[해설] 때를 나타내는 분사구문(서 있으려고 애쓴 것)은 주절의 시점(마침내 해낸 것)보다 앞선 시점의 일이므로, Having tried의 형태로 쓴다.

09 **Not having won the chess game yesterday**

[해설] 이유를 나타내는 분사구문(체스 게임을 이기지 못한 것)은 주절의 시점(지금 괴롭고 우울한 것)보다 앞선 시점의 일이므로, having won의 형태로 쓴다. 분사구문의 부정은 부정부사 not을 분사 앞에 쓴다.

10 **Having retired from professional football**

[해설] 때를 나타내는 분사구문(프로축구에서 은퇴한 것)은 주절의 시점(새로운 경력을 쌓고 있는 것)보다 앞선 시점의 일이므로, Having retired의 형태로 쓴다.

11 Having expected to see some old castles and historical monuments

해설 이유를 나타내는 분사구문(기대했던 것)은 주절의 시점(흥분한 것)보다 앞선 시점의 일이므로, Having expected의 형태로 쓴다.

배점	채점 기준
4	어순은 올바르나 동사의 어형이 틀린 경우

UNIT 60 분사구문의 주의할 형태

01 직독직해 아래 [구문] 참고

구문 Suppressed emotionally / and constantly doing things against your own will, / you will experience a high level of stress.
감정적으로 억눌리고 / 네 자신의 의지에 반하는 일들을 계속해서 할 때, / 너는 높은 수준의 스트레스를 경험할 것이다.

해설 Suppressed emotionally는 〈p.p. ~, S + V ...〉 형태로 앞에 being 또는 having been이 생략된 분사구문으로 의미상 주어(you)와는 수동 관계이다. and 뒤에는 v-ing로 시작하는 능동의 분사구문 constantly ~ will이 쓰였다.

02 구문 When purchasing an item, / you pay for the costs to get that item to you.
여러분이 어떤 물품을 구입할 때, / 여러분은 그 물품이 당신에게 도달하기까지 드는 비용도 지불하고 있다.

해설 접속사(When)를 두어 의미를 확실한 분사구문이다.

03 구문 While studying natural sciences at the university, / he became interested in botany.
대학에서 자연과학을 공부하는 동안에, / 그는 식물학에 관심을 가지게 되었다.

해설 접속사(While)를 두어 의미를 확실한 분사구문이다.

04 구문 A literal adaption of the novel, / the film gained widespread public popularity / just like the novel did.
소설을 원문에 충실하게 각색했기 때문에, / 그 영화는 폭넓은 대중의 인기를 얻었다 / 소설이 그랬던 것처럼.

해설 분사구문 앞에 being이 생략되어 〈명사 ~, S + V ...〉 형태로 쓰였다.

05 구문 Not as remarkable as the work of his teacher, / his painting was absolutely a work of art.
그의 선생님의 작품만큼 놀랍지는 않았지만, / 그의 그림은 틀림없이 예술품이었다.

해설 as 앞에 Being이 생략된 분사구문이다.

06 ○ | 그의 발표 원고 초안을 검토하면서, 그녀는 자신의 팀의 신입이 인터넷에서 정확하지 않은 자료를 포함했음을 알아차렸다.

해설 주절의 주어와 같아 생략된 분사구문의 의미상의 주어인 she가 '검토한' 것이므로 능동의 의미인 현재분사 Reviewing이 알맞게 쓰였다.

07 ✕, → Encountering | 홍수 때 빠르게 상승하는 물로 침수된 도로에 맞닥뜨리면, 너는 재빨리 차에서 나와 더 높은 지대로 이동해야 한다.

해설 주절의 주어와 같아 생략된 분사구문의 의미상의 주어인 you가 '맞닥뜨리는' 것이므로 능동의 의미인 현재분사 Encountering으로 고쳐야 한다.

08 ✕, → (Having been) recommended | 그의 선생님에게 추천을 받았기 때문에 Jonas는 열정적으로 역사 강좌를 위한 현장 학습에 신청했다.

해설 주절의 주어와 같아 생략된 분사구문의 의미상의 주어인 Jonas가 '추천을 받은' 것이므로 having been p.p. 형태인 수동형 분사구문을 써야 한다. 따라서 Having been recommended로 고쳐야 하며, Having been은 생략 가능하다.

배점	채점 기준
2	틀린 부분을 바르게 고치지 못한 경우

09 ⓑ

ⓐ 장을 보러 다니는 것이 버거운 것 같을 때, 내가 시장까지 태워다줄 수 있다.

해설 When shopping ~ overwhelming은 때를 나타내는 부사절이며, 부사절의 주어는 동명사구 shopping for groceries이다.

ⓑ 다리가 여덟 개인 동물에게 즉각적인 끌림은 보통 없는 반면에, 사람들은 따뜻하고 털이 보송보송한 포유류를 귀엽게 본다.

해설 while 이하는 앞 절의 주어 People을 의미상의 주어로 하는, 접속사를 남긴 분사구문이다.

ⓒ 남들과 다른 것이 틀린 것으로 여겨져서는 안 되기 때문에, 다른 사람들의 모든 차이점을 존중해야 한다.

해설 As는 부사절을 이끌며, 부사절의 주어는 동명사구 being different from others이다.

---

10 alerted by their peculiar smell, threatening looks, or scary noise

해설 동시동작을 나타내는 분사구문으로, 우리가 냄새, 모습, 소리에 '경계하게 되는' 것이므로 수동형 분사구문을 쓴다. 이때 being은 생략 가능하므로 alerted로 시작하는 분사구문으로 영작한다.

11 When deciding whether they will invest in a company

해설 때를 나타내는 분사구문으로, 사람들이 '결정하는' 것이므로 능동형 분사구문을 쓴다. 의미를 명확하게 하기 위해 when을 분사구문 앞에 쓴다. '투자할지'는 접속사 whether가 이끄는 절로 영작한다.

12 The host of the classroom debate, he asked

해설 분사구문 Being the host of the classroom debate가 와야 하지만, 괄호 안에 being이 주어지지 않았으므로 명사로 시작하는 분사구문으로 영작한다.

배점	채점 기준
4	어순은 올바르나 동사의 어형이 틀린 경우

UNIT 61 분사구문의 의미상 주어

01 **There being** | 이 지역에 큰 태풍이 불고 있어, 정부는 학교를 임시로 닫을 것을 지시했다.

해설 부사절의 주어(there)와 주절의 주어(government)가 일치하지 않으므로, 분사구문의 분사 앞에 부사절의 주어 There를 쓰고 부사절의 was는 being으로 쓴다.

02 **not being uniform** | 정치권력에 대한 생각은 획일적이지 않기 때문에, 정치권력에 대한 우리 자신의 개념을 통해 다른 문화에서의 정치권력을 이해하는 것은 잘못된 것이다.

해설 부사절의 주어(ideas of political power)와 주절의 주어(가주어 it)가 일치하지 않는 경우, 분사구문의 분사 앞에 부사절의 주어를 쓴다. 분사구와 의미상의 주어가 능동 관계이므로 현재분사가 오며, 분사구문의 부정은 분사 바로 앞에 not을 쓴다.

구문 As ideas of political power are not uniform, // it is misguided to understand political power in other cultures / ⎵⎵⎵⎵⎵⎵⎵⎵⎵⎵⎵⎵⎵⎵⎵⎵⎵⎵⎵⎵⎵⎵⎵⎵⎵⎵⎵⎵⎵
S(가주어)   S'(진주어)
through our own notion of it.

---

03 ⓐ | 이 사건을 둘러싼 많은 특이한 상황들로 판단해보면, 경찰들이 이를 해결하는 게 그렇게 쉽지는 않을 것이다.

해설 빈칸 뒤에 명사구가 왔고, 문맥상 '~로 판단해보면'이라는 뜻이 알맞으므로 전치사와 함께 쓰인 Judging from이 와야 한다.

04 ⓒ | 비록 유명인에 대한 그 이야기가 사실이라 할지라도, 기자는 그녀의 사생활을 보호하기 위해 그 기사를 싣지 말았어야 했다.

해설 빈칸 뒤에 두 개의 절이 있으므로 이를 이어주는 접속사 형태가 필요함을 알 수 있고, 문맥상 '~이라 할지라도'라는 뜻이 알맞으므로 Granting that이 와야 한다.

05 ⓑ | 솔직히 말하면, 나는 뚜렷한 계획이 전혀 없지만 내게 꿈이 있다는 사실은 나를 활기차고 다시 어린 기분이 들게 한다.

해설 빈칸 뒤에 두 개의 절이 등위접속사로 연결되어 완벽한 구조를 이루고 있으며, 문맥상 '솔직히 말하자면'이라는 뜻이 알맞으므로 부사 역할을 하는 Frankly speaking이 와야 한다.

구문 Frankly speaking, I have no specific plan // but the fact [that I have a dream] makes me feel vigorous and young again.
S₁ V₁   O₁   S₂ ⎵=⎵   V₂ O₂   C₂

---

06 **수천 마리의 개미 집단들이 함께인 채로** | 수천 마리의 개미 집단들이 함께인 채로, 개미 집단은 식량을 모으고 집을 방어한다.

해설 ⟨with + O + 형용사/부사/전명구⟩는 O 뒤의 분사 being이 생략된 것으로, 'O가 ~한 채로'의 동시동작을 나타낸다.

07 그의 얼굴에 미소를 띤 채로 | 그는 자신의 두려움을 감추며, 그의 얼굴에 미소를 띤 채로 그것(=두려움)을 숨기고 싶지 않았다.

해설 〈with + O + 형용사/부사/전명구〉는 O 뒤의 분사 being이 생략된 것으로, 'O가 ~한 채로'의 동시동작을 나타낸다.

---

08 ✕, criticized → criticizing | 처음에 지어졌을 때 모든 사람이 에펠탑을 좋아한 것은 아니었고, 많은 사람이 그 디자인을 비판했다.

해설 많은 사람이 디자인을 '비판한' 것이므로 능동을 나타내는 현재분사 criticizing으로 고쳐야 한다.

09 ✕, closing → closed | 내 눈이 가려진 채, 나는 그녀가 나를 어디로 데려가는지 궁금해하고 있었다.

해설 내 눈이 '가려진' 것이므로 수동을 나타내는 과거분사 closed로 고쳐야 한다.

구문 With my eyes closed, / I was wondering // where she was taking me.
　　• where 이하는 was wondering의 목적어 역할을 하는 의문사절이다.

10 ○ | 국민당이 만든 아파르트헤이트 정책이 1948년부터 1994년까지 인종 차별 체계를 시행하면서, 남아프리카는 불안정한 역사를 이어왔다.

해설 〈with + O + 분사〉에서 목적어와 분사의 관계가 능동이면 현재분사를, 수동이면 과거분사를 쓴다. 목적어에 해당하는 아파르트헤이트 정책은 인종 차별 체계를 '시행하는' 것이므로, 현재분사 enforcing은 알맞게 쓰였다.

구문 South Africa has had an unsettled history, / with apartheid policies (made by the National Party)
　　　　　　　　　　　　　　　　　　　　　　　　　　　　　　　　O'
enforcing a system of segregation from 1948 until 1994.

11 ✕, disappeared → disappearing | 소매(小賣)가 훨씬 더 빠르게 온라인으로 이동해가면서, 미래에는 실제 상점들이 사라져서, 소매는 완전히 온라인상에서 이루어질 것이다.

해설 소매는 '이동하는' 것이고, 실제 상점들은 '사라지는' 것이므로 현재분사를 사용한다. retail 뒤에 moving은 바르게 쓰였으나, real-life stores 뒤의 disappeared는 disappearing으로 고쳐야 한다.

배점	채점 기준
3	틀린 부분을 바르게 고치지 못한 경우

---

12 pouring down heavily from the morning

해설 분사구문의 의미상의 주어와 주절의 주어가 다르므로 분사구문의 주어인 The rain이 분사 앞에 쓰인다. the rain과 분사와의 관계가 능동이므로 현재분사 pouring을 사용하여 영작한다.

13 Global health improving and mortality falling

해설 분사구문의 의미상의 주어(global health, mortality)와 주절의 주어(the people)가 다르므로, 분사구문의 주어가 분사 앞에 쓰인다. 분사의 의미상의 주어와 분사와의 관계가 능동이므로, 현재분사 improving과 falling으로 쓴다.

14 With more health care providers entering the market

해설 '더 많은 의료 공급자들이 시장에 들어오면서'는 괄호 안의 with를 활용하여 〈with + O + 분사〉 구문으로 영작한다. 목적어와 분사가 의료 공급자들이 '들어오는' 능동의 관계이므로, 현재분사 entering으로 쓴다.

배점	채점 기준
5	어순은 올바르나 동사의 어형이 틀린 경우

CHAPTER 1 1 비교구문

UNIT 62 비교 결과가 서로 같은 경우

01 **Yoga, antidepressant drugs, 직독직해는 아래 [구문] 참고**

해설 A as ... as B: A는 B만큼 …하다

구문 Yoga can enhance mood / and may be **as** *effective* **as** antidepressant drugs / at treating depression and anxiety.

요가는 기분을 향상시킬 수 있다 / 그리고 우울증 치료제만큼이나 효과적일지도 모른다 / 우울증과 불안증을 치료하는 데.

02 **His company, any other large institution**

해설 A no more ... than B: A가 …이 아닌 것은 B가 …이 아닌 것과 같다

구문 His company is **no more** *perfect* **than** any other large institution, // in that it does not care about environmental issues.

그의 회사는 여타 다른 큰 기업만큼이나 완벽하지 않다 // 환경 문제를 신경 쓰지 않는다는 점에서.

03 **Diplomacy aimed at public opinion, traditional classified diplomatic communications among leaders**

해설 A no less ... than B: A가 …인 것처럼 B도 …이다

구문 Diplomacy (aimed at public opinion) can become **no less** *important* to create soft power /

than traditional classified diplomatic communications among leaders.

(대중의 의견을 겨냥한) 외교는 소프트 파워를 창출하기 위해 중요해질 수 있다 /

지도자들 사이의 전통적인 비밀 외교 소통만큼.

배점	채점 기준
4	비교 대상만 바르게 찾은 경우
5	직독직해만 바르게 한 경우

---

04 **정가의 2/3밖에 안 되는** | 중고책의 권장 판매 가격은 정가의 2/3밖에 안 된다.

해설 no more than은 '~밖에 안 되는'의 의미이다.

05 **끝내는 데 열흘이나 걸리다** | 경찰은 증거를 확보하는 어려움 때문에 수사를 끝내는 데 열흘이나 걸릴 것이라고 말했다.

해설 no less than은 '~이나 되는'의 의미이다.

06 **이전 사람만큼이나 믿을만하지 못한** | 새로운 매니저는 경험이 없어서, 이전 매니저만큼이나 믿을만하지 못하다.

해설 〈A no more ... than B〉는 A=B의 관계로 'A가 …이 아닌 것은 B가 …이 아닌 것과 같다'의 의미이다.

07 **전통적인 농부들의 작물만큼이나 해충의 피해를 입는 작물들** | 유기농 농작물을 가꾸는 농부들은 전통적인 농부들의 작물만큼이나 해충의 피해를 입는 작물들을 키운다.

해설 〈A no less ... than B〉는 A=B의 관계로 'A가 …인 것처럼 B도 …이다'의 의미이다.

구문 Organic farmers grow crops [that are no less plagued by pests / than **those** of conventional farmers].

• those는 앞에 나온 crops를 가리키는 지시대명사이다.

---

08 **✕, regular → regularly** | 팬들은 이번 시즌의 초반에 비해 그 축구 선수가 주기적으로 득점하고 있지 않아 화가 났다.

해설 동사 is not scoring을 수식하는 부사가 필요하므로, 형용사 regular를 부사 regularly로 고쳐야 한다.

09 X, is → does | 심해는 표층만큼 높은 수준의 산소를 함유하고 있지 않다.

해설 두 번째 as 뒤에는 앞에 나온 동사 contain을 대신하는 대동사가 나와야 하므로, is를 does로 고쳐야 한다.

10 X, those → that | 인간의 뇌는 우리와 신체 크기가 같은 포유동물의 그것보다 다섯 배에서 일곱 배 더 크다고 여겨진다.

해설 두 번째 as 뒤에는 앞에 나온 brain을 대신하는 대명사가 나와야 하므로, those를 단수형 that으로 고쳐야 한다.

11 ○ | 한 세기 전에, 인도와 한국의 기대 수명은 23년으로 낮았지만, 지금은 인도의 기대 수명은 거의 세 배가 되었고, 한국의 기대 수명은 거의 네 배가 되었다.

해설 동사 was의 보어로 형용사가 필요하므로, as low as가 알맞게 쓰였다.

배점	채점 기준
3	틀린 부분을 바르게 고치지 못한 경우

---

12 because it is as humid as it has ever been

해설 두 대상 A와 B의 같음을 표현할 때는 〈A as ... as B〉 구문을 이용한다.

13 Silence is no less meaningful than

해설 'A와 B 둘 다 ~이다'의 의미일 때는 〈A no less ... than B〉 구문을 이용한다.

14 The administration was no more transparent than those

해설 'A와 B 둘 다 ~아니다'의 의미일 때는 〈A no more ... than B〉 구문을 이용한다.

배점	채점 기준
4	어순은 올바르나 동사의 어형이 틀린 경우

UNIT 63 비교 결과가 서로 차이 나는 경우

01 ① | 직원들의 업무 수행은 돈보다는 일을 잘해서 인정받는 것과 같은 개인적인 요인과 종종 더 관련되어 있다.

해설 〈A -er[more ...] than B〉는 'A는 B보다 더 …하다'의 의미이다.

02 ③ | 오늘 현재, 사회 내부에서 점점 커져가는 불평등의 조짐을 볼 때, 세계화의 이점은 문제점보다 분명하지 않다.

해설 〈A less ... than B〉는 'A는 B만큼 …하지 않다'의 의미이다.

구문 As of today, the benefits of globalization are less clear than the drawbacks, // when we see the signs of growing inequality within societies.

03 ③ | 전 학년 학생들은 일부 사람이 생각하기에 오프라인 수업만큼 효율적이지 않은 온라인 수업을 통해 공부했다.

해설 〈A not as[so] ... as B〉는 'A는 B만큼 …하지 않다, A라기보다는 오히려 B이다'의 의미이다.

구문 The whole year students studied through online classes, // which (some people think) are not as efficient as offline classes.
• online classes를 선행사로 하는 관계대명사절 안에 everyone agrees가 삽입된 형태이다.

04 ③ | 당신의 생활은 당신에게 일어나는 것에 의해서라기보다 당신이 삶에 가져오는 태도에 의해서 결정된다.

해설 〈A not so much ... as B〉는 'A는 B만큼 …하지 않다, A라기보다는 오히려 B이다'의 의미이다.

05 ① | 인간 평균 기대 수명의 증가는 의료의 발전이라기보다는 공중위생의 발전 덕택이다.

해설 〈A rather than B〉는 'B라기보다는 오히려 A이다'의 의미이다.

06 ④ | 사람들은 말하는 것만큼 듣는 것에 더 관심 있는 것처럼 보이지 않는다.

해설 〈A not more ... than B〉는 '(A와 B 모두 …이긴 하지만) A는 B만큼 …인 것은 아니다'의 의미이다.

07 ② | 만일 우리가 음악을 한 음 한 음 뇌에서 부호화해야 한다면, 우리는 동요 못지않게 간단한 어느 것이든 이해하기 위해 애써야 할 것이다.

해설 〈A not less ... than B〉는 '(A와 B 모두 …인데) A는 B보다 나을지언정 못지않게 …이다'의 의미이다.

08 빈도가 높은 운동은 근육량을 증가시키는 데 있어 빈도가 낮은 운동보다 더 효과적인 것은 아니다.

해설 〈A not more ... than B〉는 '(A와 B 모두 …이긴 하지만) A는 B만큼 …인 것은 아니다'의 의미이다.

09 우리 집에서 운전해서 길어야 10분인 곳에 큰 가구 소매점이 있다.

해설 〈not more than ~〉은 '많아야'의 의미이다.

10 이 상품의 보증 기간은 설치한 날로부터 적어도 열두 달이다.

해설 〈not less than ~〉은 '적어도'의 의미이다.

11 그는 정보를 받는 방식 못지않게 정보를 전달하는 방식에도 신경을 쓴다.

해설 〈A not less ... than B〉는 '(A와 B 모두 …인데) A는 B보다 나을지언정 못지않게 …이다'의 의미이다.

---

12 Energy-efficient goods are more expensive than old-fashioned stuff

해설 'A는 B보다 더 …하다'의 의미일 때는 〈A -er[more ...] than B〉 구문을 활용해 영작한다.

구문 Energy-efficient goods are more expensive / than old-fashioned stuff (designed for an era of cheap energy).
  • designed 이하는 old-fashioned stuff를 수식하는 과거분사구이다.

13 is not more damaging to the legs than

해설 '(A와 B 모두 …이긴 하지만) A는 B만큼 …인 것은 아니다'의 의미일 때는 〈A not more ... than B〉 구문을 활용해 영작한다.

14 were not as practical as the ones that had simple designs

해설 'A는 B만큼 …하지 않다, A라기 보다는 오히려 B이다'의 의미일 때는 〈A not as[so] ... as B〉 구문을 활용해 영작한다.

구문 <u>Buildings</u> [that had complex architectural decorations] <u>were</u> not as practical as the ones [that had simple designs].
  S   V
  • the ones는 앞에 나온 buildings를 가리키는 부정대명사이다.

배점	채점 기준
4	어순은 올바르나 동사의 어형이 틀린 경우

UNIT 64 여러 가지 것 중 가장 정도가 심한 경우

01 important as, important than | 사회 발전의 가장 중요한 측면은 인권의 보호이다.

해설 최상급 표현은 〈no (other) ... as[so] + 원급 + as ~〉 혹은 〈no (other) ... 비교급 + than ~〉으로 바꾸어 쓸 수 있다.

02 crucial as | 비즈니스 세계에서는, 다른 사람들을 이해하는 것이 기업주가 가져야 할 가장 중요한 덕목이다.

해설 최상급 표현은 〈as + 원급 + as any ~〉로 바꾸어 쓸 수 있다.

03 as essential, more essential | 이 비옷은 여름의 가끔 내리는 소나기를 버티어 내는 데 가장 필수적인 물건이다.

해설 최상급 표현은 〈nothing ... as[so] + 원급 + as ~〉 혹은 〈nothing ... 비교급 + than ~〉으로 바꾸어 쓸 수 있다.

---

04 ×, importantly → important | 우리 시대의 어떤 기술적 발전도 사회를 도울 가장 큰 잠재력을 가진 AI만큼 중요하지 않다.

해설 〈no (other) ... as[so] + 원급 + as ~〉의 최상급 구문으로 동사 is의 보어 역할을 하는 형용사가 원급 자리에 와야 한다. 따라서 importantly를 important로 고쳐야 한다.

05 ×, factors → factor | 몸짓 언어는 다른 어떤 요소보다 당신의 의사소통 기술에 영향을 미칠 것이다.

해설 최상급의 의미를 갖는 비교급 문장은 〈비교급 + than any other ~〉로 써야 한다. 따라서 factors를 factor로 고쳐야 한다.

06 ○ | 변함없이 유능한 그 가수는 지난 토요일 밤에 자신의 전국 콘서트를 성공적으로 마쳤다.

해설 최상급을 나타내는 표현 〈as 원급 ... as ever〉가 주어 The singer를 보충 설명하는 어구로 삽입되어 알맞게 쓰였다.

07 ✕, more → as 혹은 as → than | 우리가 세계의 가장 큰 건강과 환경적인 문제에 대해 이야기할 때, 안전하지 않은 물보다 더 심각한 것은 없다.

[해설] 최상급의 의미를 갖는 표현으로, 〈nothing ... as[so] + 원급 + as ∼〉 혹은 〈nothing ... 비교급 + than ∼〉이 와야 한다. 따라서 more를 as로 고치거나, as를 than으로 고쳐야 한다.

08 ○ | 북미에 있는 그 어떤 지진도 20만 메가톤의 응집된 힘으로 알라스카를 뒤흔든 것만큼 더 컸던 일이 없었다.

[해설] 최상급의 의미를 갖는 〈no (other) ... 비교급 + than ∼〉 구문으로 알맞게 쓰였다.

[구문] No other earthquake in North America has been larger / than the one [that rocked Alaska / with 200,000 megatons of concentrated might].

• that 이하는 the one를 선행사로 하는 주격 관계대명사절이다.

배점	채점 기준
3	틀린 부분을 바르게 고치지 못한 경우

---

09 no other company was as big as the railroad company

[해설] '어느 다른 …도 ∼만큼 …하지 않다'라는 의미의 최상급 구문은 주어진 어구의 no와 as를 활용하여 〈no (other) ... as[so] 원급 + as ∼〉로 표현한다.

10 No other scientist is more aware of an experiment's potential hazards

[해설] '어느 다른 …도 ∼보다 …하지 않다'라는 의미의 최상급 구문은 주어진 어구의 no, more를 활용하여 〈no (other) ... 비교급 + than ∼〉으로 표현한다.

11 higher levels of solidarity than any other neighborhood in the country

[해설] '어느 다른 …보다 ∼하다'라는 의미의 최상급 구문은 주어진 어구의 higher, than, any, other를 활용하여 〈비교급 + than any other ∼〉로 표현한다.

12 nothing is as precious as spending quality time with my family

[해설] '어떤 것도 ∼만큼 …한 것은 없다'라는 의미의 최상급 구문은 주어진 어구의 nothing, as를 활용하여 〈nothing ... as[so] + 원급 + as ∼〉로 표현한다.

배점	채점 기준
[09번] 3 [10~12번] 4	어순은 올바르나 동사의 어형이 틀린 경우

UNIT 65 주요 비교 표현

01 as you can | 시험을 보는 도중에 가능한 한 정확하게 내용을 떠올리려고 애쓰기 때문에, 낭독하는 것은 실제로 시험에 좋은 습관이다.

[해설] '가능한 한 ∼하게'라는 뜻의 〈as + 원급 + as possible〉은 〈as + 원급 + as + 주어 + can[could]〉으로 쓸 수 있다.

02 The more, the more | 우리가 자연이 어떻게 작동하는지 더 많이 알게 될수록, 우리는 자연의 신비함에 더 감명받게 될 것이다.

[해설] '∼할수록 점점 더 …하다'는 〈the + 비교급, the + 비교급〉으로 쓸 수 있다.

03 the trickier, the costlier | 기술은 사람들이 그들 지역의 지리를 극복하게 해주지만, 그 지리적 요건이 까다로울수록, 그것을 유용하게 만드는 데는 돈이 더 많이 든다.

[해설] '∼할수록 점점 더 …하다'는 〈the + 비교급, the + 비교급〉으로 쓸 수 있다.

[구문] Technologies allow people to overcome their local geography, // but as that geography is trickier, /
V O C
it is costlier to make it useful.
S(가주어) S'(진주어)

• 첫 번째 it은 가주어이고, 두 번째 it은 that geography를 대신하는 대명사이다.

04 bigger and bigger lies

[해설] '점점 더 ~한'은 〈비교급＋and＋비교급〉으로 표현한다.

05 worse and worse

[해설] '점점 더 ~한'은 〈비교급＋and＋비교급〉으로 표현한다.

06 The smallest change

[해설] '가장 ~한 …조차도'라는 양보의 의미는 〈the＋최상급〉으로 표현한다.

07 The fastest runner

[해설] '가장 ~한 …라도'라는 양보의 의미는 〈the＋최상급〉으로 표현한다.

---

08 the likely → the more likely | 팀에서 함께 일하는 밝고 활동적인 사람이 많으면 많을수록, 팀 분위기가 활기찰 가능성이 더 높다.

[해설] '~할수록 점점 더 …하다'의 〈the＋비교급, the＋비교급〉이 와야 한다. 따라서 the likely를 the more likely로 고쳐야 한다.

[구문] The more bright and active people you have (working together in your team), // the more likely the atmosphere of the team will be lively.

· working together in your team은 bright and active people을 수식하는 현재분사구이다.

09 accessibly → accessible | 교통 혼잡을 해결하기 위해 지어지고 있는 교통 및 도로 시설은 가능한 한 모든 사람들이 접근할 수 있어야 한다.

[해설] '가능한 한 ~한'이라는 뜻의 〈as＋원급＋as possible〉 구문의 원급 자리에 be동사의 보어가 필요하므로 accessibly는 형용사 accessible로 고쳐야 한다.

[구문] The transport and road infrastructure [which is being built to resolve the traffic congestion] /
         S
should be as accessible as possible for everyone.
  V

10 many and many → more and more | 많은 단과대와 종합대학들이 세계화 추세에 맞추기 위해 점점 더 많은 국제 학생들을 받아들이고 있다.

[해설] '점점 더 ~한'은 〈비교급＋and＋비교급〉으로 표현한다.

배점	채점 기준
3	틀린 부분을 바르게 고치지 못한 경우

---

11 The more energy you spend, the more energy you will have

[해설] '~할수록 점점 더 …하다'는 〈the＋비교급~, the＋비교급…〉으로 쓴다.

12 The more shelves the bookshelf has, the better model it would be

[해설] '~할수록 점점 더 …하다'는 〈the＋비교급~, the＋비교급…〉으로 나타내며, 여기에서 명사 shelves, model은 비교급 more, better 뒤에 쓴다.

13 The more specific the to-do lists are, the faster you will be able to finish

[해설] '~할수록 점점 더 …하다'는 〈the＋비교급~, the＋비교급…〉으로 나타낸다.

배점	채점 기준
5	어순은 올바르나 동사의 어형이 틀린 경우

UNIT 66 강조구문

01 it is the area dealing with directions and spatial memory that is likely to be more highly developed | 택시 운전사의 뇌에는, 방향과 공간 기억을 다루는 영역이 더 고도로 발달되어 있는 것 같다.

[해설] 문장의 주어를 강조하는 문장으로, it is와 that 사이에 강조되는 어구를 써준다.

02 It was a performance style that combined comedy with classical music that a pianist from Denmark developed | 덴마크 출신의 한 피아니스트는 코미디와 고전 음악을 결합한 공연 스타일을 발전시켰다.

[해설] 문장의 목적어를 강조하는 문장으로, 과거의 일을 나타내므로 It was와 that 사이에 강조되는 어구를 써준다.

03 It was thanks to your weather forecast yesterday that I was prepared for the showers this morning | 당신의 어제 기상 정보 덕택에, 나는 오늘 아침 소나기에 대비했다.

[해설] 부사구를 강조하는 문장으로, 과거의 일을 나타내므로 It was와 that 사이에 강조되는 어구를 써준다.

04 It is because they[some vegetarians] have access to many foods that are high in iron that some vegetarians[they] avoid serious diseases | 일부 채식주의자들은 철분 함유가 높은 음식을 많이 섭취하므로, 많은 심각한 질병을 피한다.

[해설] 부사절을 강조하는 문장으로, It is와 that 사이에 강조되는 어구를 써준다.

----

05 (move) | 시음을 한 후에, 사람들의 입맛은 적절한 방향으로 정말로 이동해 갔는데, 그들은 더 질 좋은, 그리고 더 비싼 와인을 선호했다.

[해설] did는 동사 move를 강조하고 있다.

06 (first steps) | '우호적인 인공 지능'이라는 철학은 개발자들이 바로 그 첫 단계부터 인간들에게 이롭도록 프로그래밍된 로봇을 만들어야 한다는 것이다.

[해설] the very는 '바로 그'라는 의미로, 뒤에 오는 명사를 강조한다.

07 (I) | 나는 1등 상을 받은 소년을 축하하기 위해 시상식에 직접 가고 싶다.

[해설] 재귀대명사 myself는 문장의 주어인 I를 강조하고 있다.

----

08 조금도 걱정하지 않는 | 나는 미래의 내 어려움에 대해서는 조금도 걱정하지 않는다. 내가 걱정하면서 그것에 맞서 싸우지 않으면, 그들은 나를 괴롭히는 것을 멈추지 않을 것이다.

[해설] a bit은 부정어와 함께 쓰여 '조금도 ~하지 않는'이라는 의미를 갖는다.

09 아이들을 혼내는 것은 그들을 훈육하는 것과 절대 같지 않다 | 아이들을 기르는 것에 관한 한, 아이들을 혼내는 것은 그들을 훈육하는 것과 절대 같지 않음을 기억하는 것이 도움이 된다.

[해설] by any means는 부정어와 함께 쓰여 '절대 ~ 아니다'라는 의미를 갖는다.

[구문] When it comes to raising children, // it's helpful / to remember / that punishing a child isn't the same as disciplining them by any means.

• 〈when it comes to v-ing〉는 'v에 관한 한'이라는 의미이다.

• it's helpful 이하에서 it은 가주어이고, to remember 이하가 진주어이다. that 이하는 to remember의 목적어로 쓰였다.

----

10 does sound appealing to me

[해설] 괄호 안에 do가 있는 것으로 보아, '정말로 매력적으로 들린다'는 동사를 강조하는 조동사 do를 이용해 does sound appealing으로 영작한다.

11 did enable astronomers to gaze at the moons of Jupiter

[해설] 괄호 안에 do가 있는 것으로 보아, '정말로 가능하게 했다'는 동사를 강조하는 조동사 do를 이용하되, 과거의 내용을 나타내는 문장이므로 did enable로 영작한다. 'A가 v하게 하다'는 〈enable A to-v〉 구문을 활용한다.

12 his actions were not sincere at all

해설 '전혀 ~하지 않았다'는 〈not ~ at all〉 구문을 활용해 영작한다.

13 ignore the very instincts and creativity

해설 '바로 그 ~'는 뒤에 오는 명사를 강조하는 the very를 활용해 영작한다.

구문 <u>Some schools (emphasizing a standardized education)</u> <u>ignore</u> <u>the very instincts and creativity</u> [which everyone is born with].

　　　S　　　　　　　　　　　　　　　　　　　　　　　V　　　　O

배점	채점 기준
4	어순은 올바르나 동사의 어형이 틀린 경우

UNIT 67 공통구문

01 sports, exercises, 직독직해는 아래 [구문] 참고

구문 The doctor gave me the recommendation [that <u>sports</u> and <u>exercises</u>
[which involve repetitive movements of large muscle groups] / can relieve stress].
의사는 나에게 추천을 해주었다 [스포츠와 운동이
[큰 근육군의 반복적인 동작을 수반하는] 특히 스트레스를 낮출 수 있다는].
　• that 이하는 the recommendation의 동격절이다.

02 taking credit for positive events or outcomes, blaming outside factors for negative events

해설 현재분사구 taking ~ outcomes와 blaming ~ negative events가 접속사 but으로 연결되어, a person을 공통으로 수식하고 있다.

구문 A self-serving bias is the common habit of **a person** (<u>taking credit for positive events or outcomes,</u> /
[but] <u>blaming outside factors for negative events</u>).
자신의 이익을 추구하는 성향은 사람의 흔한 특성이다 (긍정적인 사건이나 결과의 공은 차지하는 /
그러나 부정적인 사건에 대해서는 외적인 요인을 탓하는).

03 get a towel, pick up the glass, get a new glass of milk

해설 동사구 세 개가 접속사 and로 조동사 would에 공통으로 연결되었다.

구문 When a glass of milk spills, // <u>someone (with a solution-oriented thought process)</u> **would** <u>get a towel,</u>

　　　　　　　　　　　　　　　　　S　　　　　　　　　　　　　　　　　　　　　　　V₁
<u>pick up the glass,</u> [and] <u>get a new glass of milk.</u>

　V₂　　　　　　　　　　V₃
우유 한 잔이 엎질러지면, // (해결 지향적인 사고 과정을 가진) 사람은 수건을 가져오고,
우유 잔을 집어올리고, 우유 한 잔을 새로 받을 것이다.

04 a list of tasks they didn't finish during the day, a to-do list for the next day

해설 명사구 두 개가 접속사 or로, 동명사 writing에 공통으로 연결되어 writing의 목적어 역할을 한다.

구문 The teacher had students spend five minutes before bed / **writing** <u>a list of tasks</u> [they didn't finish during the day] /
[or] <u>a to-do list for the next day.</u>
선생님은 학생들이 잠자기 전 5분을 보내게 했다 / [그들이 그 날 끝내지 못한] 일의 목록을 쓰는 데 /
또는 다음 날 해야 하는 일의 목록을 쓰는 데.
　• 〈spend + 시간 + v-ing〉: v하는 데 (시간)을 보내다

05 Unequal terms of trade, protective tariffs, quality standards, other barriers

해설 문장의 주어로 쓰인 명사구 네 개가 접속사 and로, 동사 have combined에 공통으로 연결되었다.

구문 <u>Unequal terms of trade,</u> <u>protective tariffs,</u> <u>quality standards,</u> [and] <u>other barriers</u> **have** long **combined** /

　　　S₁　　　　　　　　　　S₂　　　　　　　　S₃　　　　　　　　S₄　　　　　　　└──V──┘
to deny farmers (in the developing countries) access / to profitable consumer markets in the rich nations.
불공평한 무역 조건, 보호 관세, 품질 기준, 그리고 다른 장벽들이 오랫동안 결합하여 /
(개발도상국의) 농부들이 접근하지 못하게 했다 / 부유한 국가들의 수익성이 좋은 소비자 시장에.

- to deny는 결과(~해서 결국 v하다)를 나타내는 to부정사의 부사적 용법으로 쓰였다.
- 〈deny A B〉는 'A가 B를 못 하게 하다'의 의미로 A 자리에 farmers in the developing countries, B 자리에 access 이하가 쓰였다.

배점	채점 기준
5	공통어구만 바르게 찾은 경우
5	직독직해만 바르게 한 경우

---

06 but recognize when further control is impossible | 최적의 건강을 위해, 사람들에게 스트레스 받는 상황을 어느 정도 통제하는 것이 권장되어야 하지만, 더 이상의 통제가 불가능한 때를 인지하는 것도 권고되어야 한다.

해설 people should be encouraged to가 반복되고 있으므로 한 번만 써주고, 뒤에 이어지는 take control ~ a point와 recognize ~ impossible을 접속사 but으로 연결한다.

07 A person striving to reach a difficult goal or complete a task | 어려운 목표를 달성하거나 업무를 완성하기 위해 노력하는 사람은 친구와 그것에 대해 내기함으로써, 자신의 동기를 보완하는 것이 현명할 것이다.

해설 A person striving to가 반복되고 있으므로 한 번만 써주고, 뒤에 이어지는 reach a difficult goal과 complete a task를 접속사 or로 연결한다.

구문 A person (striving to reach a difficult goal [or] complete a task) would be wise /
　　　　S　　　　　　　　　　　　　　　　　　　　　　　　　　　　V
to supplement his motivation / by making a bet on it with a friend.
- it은 a difficult goal or a task를 대신하는 대명사이다.

---

08 behaviors, thoughts, or emotions that support our true selves

해설 접속사 or로 연결되는 behaviors, thoughts, emotions 뒤에 이 어구들에 공통으로 연결되는 관계대명사절(that support our true selves)을 쓴다.

구문 Because we hope to satisfy people around us, // behaviors, thoughts, [or] emotions [that support our true selves]
　　　　　　　　　　　　　　　　　　　　　　　　　　　　　　　　S
are often ignored.
　└──V──┘

09 they are educated to empathize with others and listen first

해설 접속사 and로 연결되는 to empathize with others, listen first 앞에 이 어구들에 공통으로 연결되는 요소인 they are educated를 쓴다. listen first 앞의 to는 반복되어 생략된 형태이다.

10 by releasing chemicals to signal emergencies or to guide a route to food

해설 '응급 상황이라는 신호를 보내는, 또는 먹이까지의 길을 알려주는 화학 물질'은 접속사 or로 연결되는 형용사적 용법의 to부정사구 to signal emergencies와 to guide a route to food가 공통으로 연결되는 chemicals를 수식하도록 쓴다.

11 the way in which people dined and the food that they ate reflected

해설 문장의 주어인 the way ~ dined와 the food ~ ate를 접속사 and로 연결하고, 이 어구들에 공통으로 연결되는 문장의 동사 reflected를 쓴다.

구문 In the medieval world, / with its rigid hierarchy, / the way [in which people dined] [and] the food [that they ate] reflected
　　　　　　　　　　　　　　　　　　　　　　　　　　　　S₁　　　　　　　　　　　　S₂　　　　　　　　　V
their position in society.

01 <u>high blood pressure, obesity, high blood sugar, environmental risk factors including air pollution</u>, 직독직해는 아래 [구문] 참고

> **해설** 동사 include의 목적어인 명사구 네 개가 접속사 and로 병렬 연결되었다.

> **구문** Leading risk factors for premature death globally include / high blood pressure, obesity, high blood sugar |and| environmental risk factors (including air pollution).
>
> 조기 사망의 주요 위험 요인은 전 세계적으로 포함한다 / 고혈압, 비만, 고혈당 그리고
> (대기 오염을 포함한) 환경 위험 요인을.

02 <u>that no one is born to be an entrepreneur, that everyone has the potential to become one</u>

> **해설** 동사 show의 목적어 역할을 하는 명사절 두 개가 접속사 and로 병렬 연결되었다.

> **구문** Studies show // that no one is born to be an entrepreneur / |and| that everyone has the potential to become one.
>
> 연구는 보여준다 // 아무도 사업가가 될 운명을 타고나지 않았다는 것을 / 그리고 모든 사람들은 기업가가 될 잠재력을 가지고 있다는 것을.

03 <u>are passed from parents to children, may be passed on from any one individual to another by writing</u>

> **해설** 동사구 두 개가 'A뿐만 아니라 B도'라는 뜻의 〈not only A but B〉 구문으로 병렬 연결되었다.

> **구문** Cultural characteristics are |not only| passed from parents to children, // |but| may be passed on / from any one individual to another by writing.
>
> 문화적 특성들은 부모에게서 아이들에게 전해질 뿐만 아니라, // 전해질 수도 있다 /
> 글을 통해 어떤 한 개인에게서 다른 개인으로.

04 <u>telling us something, shaping our understanding of the world, compelling us to act in certain ways</u>

> **해설** 보어로 쓰인 동명사 telling, shaping, compelling이 접속사 or로 병렬 연결되었다.

> **구문** Media is telling us something, / shaping our understanding of the world, / |or| compelling us to act in certain ways.
>
> 미디어는 우리에게 무언가를 말해주는 것이다. / 세상에 대한 우리의 이해를 형성하는 것이다 / 또는 우리가 특정 방식으로 행동하게 하는 것이다.

05 <u>from hearing what the parents have to say, from doing what the parents want them to do.</u>

> **해설** 전치사구 from hearing ~ to say와 from doing ~ to do가 접속사 or로 병렬 연결되었다.

> **구문** Excessive criticism discourages children / from hearing // what the parents have to say / |or| from doing // what the parents want them to do.
>
> 과도한 비판은 아이들을 막는다 / 듣는 것으로부터 // 부모들이 말하는 것을 / 또는
> 하는 것으로부터 // 부모들이 그들이 하기를 원하는 것을.

---

06 <u>developing</u> → **(to) develop** | 대학들은 학생들에게 비판적인 사고를 기르고, 학생들이 인류를 위한 성과를 내도록 돕고, 능력을 개발하도록 가르친다.

> **해설** to nurture, to help와 같이 병렬 연결되어 동사 teach의 목적격보어 역할을 해야 하므로, developing을 (to) develop으로 고쳐야 한다.

07 <u>rehearse</u> → **rehearsing** | 음악 감독의 책무는 매년 4회의 연주회를 위한 음악을 선정하는 것과 대략 2시간 동안 매주 교향악단을 연습시키는 것을 포함한다.

> **해설** 문맥상 동사 include의 목적어인 selecting과 and 다음에 병렬 연결되어야 하므로, rehearse를 동명사 rehearsing으로 고쳐야 한다.

08 <u>enjoyably</u> → **enjoyable** | 우리가 고전 영화에 갖는 익숙함은 감상을 더 쉽게 만들 뿐만 아니라 어떤 면에서는 더 즐겁게 만든다.

> **해설** 〈not only A but B〉 구문으로 목적격보어인 easier와 병렬구조를 이루어야 하므로, enjoyably를 형용사 enjoyable로 고쳐야 한다.

> **구문** Our familiarity with the classic film makes watching it |not only| easier |but| in some ways more enjoyable.
> S · V · O · C

배점	채점 기준
2	틀린 부분을 바르게 고치지 못한 경우

09 Both reading books and listening to others' thoughts contribute

> 해설 'A와 B 둘 다'라는 뜻의 〈both A and B〉 구문이 문장의 주어 자리에 오도록 영작한다. 주어가 〈both A and B〉 구문으로 연결되면, 항상 복수 취급하여 복수동사를 쓴다는 점에 유의한다.

10 not from a card but from a personalized pie

> 해설 'A가 아닌 B'라는 뜻의 〈not A but B〉 구문을 이용하며, A와 B 자리에는 문법적으로 대등한 어구인 from이 이끄는 전치사구를 쓴다.

11 Neither prosecutor nor defender is obliged to consider anything

> 해설 'A도 B도 아닌'이라는 뜻의 〈neither A nor B〉 구문이 문장의 주어 자리에 오도록 영작한다. 이때 동사는 B(defender)에 수 일치시키므로, 단수동사를 쓴다.

> 구문 <u>Neither</u> prosecutor <u>nor</u> defender / is obliged to consider anything [that weakens their respective cases].
>   S   V

12 Either the originality of the clothes or votes received by visitors are able to be

> 해설 'A와 B 둘 중 하나'라는 뜻의 〈either A or B〉 구문이 문장의 주어 자리에 오도록 영작한다. 이때 동사는 B(votes)에 수 일치시키므로, 복수동사를 쓴다.

> 구문 <u>Either</u> the originality of the clothes <u>or</u> votes (received by visitors) / are able to be the judging standard for the fashion
>   S   V
> design contest.

13 The duration of the separation as well as the level of intimacy has impact

> 해설 'A뿐만 아니라 B도'라는 뜻의 〈B as well as A〉 구문이 문장의 주어 자리에 오도록 영작한다. 이때 동사 B(The duration of the separation)에 수 일치시키므로, 단수동사 has를 쓴다.

배점	채점 기준
4	주어진 어구를 바르게 골랐으나 어순과 어형이 틀린 경우

UNIT 69 부정구문

01 Some | 모든 변화가 좋거나 필수적인 것은 아니지만, 끊임없이 변하는 세상에서 적응하는 법을 배우는 것은 이롭다.

> 해설 〈not all〉은 '모두 ~은 아니다, 일부만 ~하다'의 부분부정의 의미로, Some으로 바꾸어 쓸 수 있다.

02 one | 선생님은 학생들이 수학이나 문학 시험을 치를 것인데, 둘 다 치르지는 않을 것이라고 강조하며 말한다.

> 해설 〈not ~ both〉는 '둘 다는 아닌'의 부분부정의 의미로, 둘 중의 하나를 뜻한다.

03 어떠한 발전도 가장 기본적인 구직 기술의 중요성을 감소시키지 않았다 | 인터넷은 직업을 구하는 데 방대한 정보를 제공하지만, 어떠한 발전도 가장 기본적인 구직 기술, 즉 자기 이해의 중요성을 감소시키지 않았다.

> 해설 no는 '어떠한 ~도 아닌'의 전체부정의 의미를 나타낸다.

04 아무도 밟는 것을 좋아하지 않는다 | 개와 산책할 때, 아무도 개 배설물을 밟는 것을 좋아하지 않으니, 당신 개의 뒤처리를 해주십시오.

> 해설 nobody는 '아무도 ~ 아닌'의 전체부정의 의미를 나타낸다.

05 요점을 되새기지 않고는 독서 시간을 절대 끝내지 마라(요점을 되새기고 독서를 끝내라) | 어떤 내용을 기억하기 위해서는, 당신이 막 읽은 것의 요점을 되새기지 않고서는 독서 시간을 절대로 끝내지 마라.

> 해설 〈부정어 A without B〉는 'A하면 반드시 B한다'의 이중부정의 의미를 나타낸다.

06 X. → do not [don't] always | 다양한 많은 장르의 예술이 있고, 그것들은 항상 박물관의 모든 방문객의 관심을 끄는 것은 아니다. 어떤 사람들은 특정 장르를 좋아하지 않는다.

해설 뒤에 특정 장르를 좋아하지 않는 사람들도 있다는 내용이 이어지는 것으로 보아, 문맥상, '항상 ~은 아니다'이라는 부분부정 구문이 와야 한다. 따라서 always를 do not[don't] always 등으로 고쳐야 한다.

07 ○ | 연구들은 창의성이 뇌의 어느 특정한 영역에 국한된다는 아무런 증거를 발견하지 못했고, 사실 모든 증거는 창의성이 뇌 전체의 기능임을 시사한다.

해설 두 번째 문장에서 모든 증거가 창의성이 뇌 전체의 기능임을 시사한다고 했으므로, 창의성이 뇌의 특정 영역에만 국한된다는 '증거가 없다'라는 문맥이 알맞다. 따라서 전체부정을 나타내는 no가 알맞게 쓰였다.

구문 Studies have found no evidence [that creativity is localized to any specific brain region]; //

in fact, / all of the evidence suggests // that creativity is a whole brain function.
               S   V   O

08 X. → unimaginable 또는 not imaginable | 전쟁은 적에 대한 이미지를 생각해 내지 않고는 생각할 수 없다. 전쟁에 의미와 정당화를 제공하는 것은 바로 적의 존재이다.

해설 문맥상, '전쟁에 대해서 생각하면 반드시 적에 대한 이미지가 떠오른다'는 문맥이 적절하므로, 〈부정어 A without B〉의 이중부정 구문이 와야 한다. 따라서 imaginable을 부정의 의미가 있는 unimaginable 또는 not imaginable로 고쳐야 한다.

구문 It is the presence of the enemy // that gives meaning and justification to war.
- 문장의 주어인 the presence of the enemy를 강조하는 〈It is ~ that ...〉 구문이다.

배점	채점 기준
4	틀린 부분을 바르게 고치지 못한 경우

09 does not necessarily generate meaning or lead to emotional wealth

해설 '반드시 ~은 아니다'는 부분부정을 나타내는 not necessarily를 이용해 영작한다.

10 perfection does not come without practice

해설 'B하지 않으면 A하지 않는다'의 이중부정의 의미를 나타내기 위해, not과 without을 이용하여 〈부정어 A without B〉 구문으로 쓴다.

11 no mountain is too high and no trouble is too difficult to overcome

해설 '아무도 ~ 않다'는 전체부정을 나타내는 부정어를 이용해 영작한다. 괄호 안에 부정어가 형용사적 역할을 하는 한정사 no로 제시되어 있으므로, 주어 역할을 하는 mountain과 trouble 앞에 온다는 점에 유의하여 영작한다.

배점	채점 기준
6	어순은 올바르나 동사의 어형이 틀린 경우

UNIT 70 대명사 · 대용어

01 pursuit, 직독직해는 아래 [구문] 참고

해설 another는 앞에 나온 pursuit와 같은 종류의 '또 다른 것'을 뜻하는 부정대명사이다.

구문 The successful adapters were excellent at taking knowledge from one pursuit / and applying it creatively to another.
성공적으로 적응하는 사람들은 하나의 활동에서 지식을 얻는 데 탁월했다 / 그리고 그것을 다른 것에 창의적으로 적용하는 데.

02 fruits like kiwis, dairy products

해설 the others는 여러 개 중에서 일부를 제외하고, 그 나머지를 지칭하는 부정대명사이다. 앞 문장에서 제시된 세 가지 식품군 중, sugary foods를 제외한 나머지 모두를 지칭하므로, the others가 가리키는 대상은 fruits like kiwis, dairy products이다.

구문 The health expert explained the best time to eat fruits like kiwis, dairy products, and sugary foods like candy. Sugary foods should be put away before bed, // but the others are very good for your sleep.

건강 전문가는 키위와 같은 과일, 유제품, 그리고 사탕 같은 설탕이 든 음식을 먹기에 가장 좋은 시간을 설명했다. 설탕이 든 음식은 잠자리에 들기 전에 치워져야 한다 // 하지만 다른 것들은 수면에 아주 좋다.

03 others

해설 the latter는 '후자'라는 의미로 others를 지칭하고, the former는 '전자'라는 의미로 Some people을 지칭한다.

구문 Some people are more dedicated to their job than others, // because the former see themselves as having "a duty" / while the latter see themselves as just having "jobs."

일부 사람들은 다른 사람들보다 자신들의 일에 더 전념하는데 // 전자는 그들이 '의무'를 가진 것으로 보기 때문이다 /
후자는 그들이 단지 '직업'을 가진 것으로 보는 반면에.

04 Words like 'lavender', and 'soap'

해설 they는 앞에 나온 Words like 'lavender', and 'soap'를 대신하는 대명사이다.

구문 Words (like 'lavender', and 'soap') not only activate language-processing areas of the brain, //
but they also trigger the area related to smell / as though we physically smelled them.

('라벤더'와 '비누' 같은) 단어들은 뇌의 언어 처리 영역을 활성화할 뿐 아니라 //
후각과 관련한 영역도 활성화한다 / 마치 우리가 실제로 그것들의 냄새를 맡는 것처럼.

• 〈not only A but also B(A뿐만 아니라 B도)〉 구문으로 앞 절과 뒤의 절 전체가 연결되어 있다.

배점	채점 기준
6	밑줄만 바르게 그은 경우
6	직독직해만 바르게 한 경우

05 another | 그녀는 호화로운 리조트에 갔지만, 방 전망이 매우 형편없었다. 그래서 그녀는 다른 방을 요청했고, 즉시 그곳으로 옮겼다.

해설 여러 개 중에서 '또 다른 하나'를 지칭하는 부정대명사로는 another를 쓴다.

06 the others | 당신을 포함해서 작문 워크숍에는 10명의 사람이 있다. 시 작성이 끝나면, 그것을 다른 사람들에게 큰 소리로 읽어라.

해설 10명의 워크숍 참석 인원 중, '당신'을 제외한 나머지 9명 모두를 지칭하는 부정대명사로는 the others를 쓴다.

07 another | 가진 것을 뿌듯해하는 것과 그것을 잘 다루는 것은 별개이다.

해설 'A와 B는 별개이다'라는 의미의 〈A is one thing, B is another〉 구문이므로, another가 와야 한다.

08 you must be ready to change to another

해설 전략이나 자원 배분 이외의 '또 다른 것'으로 바꾼다는 의미이므로, 부정대명사 another를 사용한다.

09 So she decided to donate the others

해설 여러 개 중에서 일부를 제외한 나머지들을 지칭할 때는 부정대명사 the others를 사용한다.

10 the former is much more likely, the latter

해설 '전자는 ~, 후자는 …'은 〈the former ~, the latter …〉로 나타낸다. 비교급 표현 more likely than을 사용하고, 비교급을 수식하는 부사는 비교급 앞에 much를 써준다.

배점	채점 기준
5	〈보기〉의 어구는 바르게 골랐으나 어순과 어형이 틀린 경우

500 SENTENCES **ESSENTIAL**

✳ ⭘ ◼

천일문 핵심 문제집

영문법 학습의 올바른 시작과 완성은 문법이 제대로 표현된 문장을 통해서만 얻어질 수 있다고 생각합니다. 심혈을 기울여 엄선한 문장으로 각 문법의 실제 쓰임새를 정확히 보여주는 천일문은 마치 어두운 동굴을 비추는 밝은 횃불과 같습니다. 만약 제가 다시 학생으로 돌아간다면, 주저하지 않고 선택할 첫 번째 교재입니다. '학습에는 왕도가 없다'라는 말이 있지요. 천일문은 그럴싸해 보이는 왕도나 허울만 좋은 지름길 대신, 멀리 돌아가지 않는 바른길을 제시합니다. 영어를 영어답게 접근하는 방법, 바로 천일문에 해답이 있습니다.

황성현 | 서문여자고등학교

변화하는 시대의 학습 트렌드에 맞춘 고급 문장들과 정성스러운 해설서 천일비급, 빵빵한 부가 학습자료들로 더욱 업그레이드되어 돌아온, 천일문 개정판의 출시를 진심으로 축하드립니다. 전체 구성뿐만 아니라 구문별로 꼼꼼하게 선별된 문장 하나하나에서 최고의 교재를 만들기 위한 연구진들의 고민 흔적이 보입니다. 내신과 수능, 공시 등 어떤 시험을 준비하더라도 흔들리지 않을 탄탄한 구문 실력을 갖추길 원하는 학습자들에게 이 교재를 강력히 추천합니다.

김지연 | 송도탑영어학원

그동안 천일문과 함께 한지도 어느새 10년이 훌쩍 넘었습니다. 천일문은 학생들의 영어교육 커리큘럼에 필수 교재로 자리매김하였고, 항상 1,000문장이 끝나면 학생들과 함께 자축 파티를 하던 때가 생각납니다. 그리고 특히 이번 천일문은 개정 작업에 참여하게 되어 개인적으로 더욱 의미가 있습니다.
교육 현장의 의견을 적극적으로 반영하고 참신한 구성과 문장으로 새롭게 변신한 천일문은 대한민국 영어교육의 한 획을 그을 교재가 될 것이라 확신합니다.

황승휘 | 에버스쿨 영어학원

문법을 자신의 것으로 만드는 방법은 어렵지 않습니다. 좋은 교재로 반복하고 연습하면 어제와 내일의 영어성적은 달라져 있을 겁니다. 저에게 진짜 좋은 책 한 권, 100권의 문법책보다 더 강력한 천일문 완성과 함께 서술형에도 강한 영어 실력자가 되길 바랍니다.

민승규 | 민승규영어학원

저는 본래 모험을 두려워하는 성향입니다. 하지만 제가 전공인 해운업계를 떠나서 영어교육에 뛰어드는 결정을 내릴 수 있었던 것은 바로 이 문장 덕분입니다.

"Life is a journey, not a guided tour." 인생은 여정이다, 안내를 받는 관광이 아니라.
- 천일문 기본편 461번 문장

이제 전 확실히 알고 있습니다. 천일문은 영어 실력만 올려주는 책이 아니라, 영어라는 도구를 넘어 수많은 지혜와 통찰을 안겨주는 책이라는 것을요. 10대 시절 영어를 싫어하던 제가 내신과 수능 영어를 모두 1등급 받을 수 있었던 것, 20대 중반 유학 경험이 없는 제가 항해사로서 오대양을 누비며 외국 해운회사를 상대로 온갖 의사전달을 할 수 있었던 것, 20대 후반 인생에 고난이 찾아온 시기 깊은 절망감을 딛고 재기할 수 있었던 것, 30대 초반 온갖 도전을 헤치며 힘차게 학원을 운영해 나가고 있는 것 모두 천일문에서 배운 것들 덕분입니다. 이 책을 학습하시는 모든 분들이, 저처럼 천일문의 막강한 위력을 경험하시면 좋겠습니다.

한재혁 | 현수학영어학원

최고의 문장과 완벽한 구성의 "본 교재"와 학생들의 자기주도 학습을 돕는 "천일비급"은 기본! 학습한 것을 꼼꼼히 점검할 수 있게 구성된 여러 단계(해석, 영작, 어법 수정, 문장구조 파악 등)의 연습문제까지! 대한민국 최고의 구문교재가 또 한 번 업그레이드를 했네요! "모든 영어 구문 학습은 천일문으로 통한다!" 라는 말을 다시 한번 실감하게 되네요! 메타인지를 통한 완벽한 학습! 새로운 천일문과 함께 하십시오.

이헌승 | 스탠다드학원

"천일문"은 단지 수능과 내신 영어를 위한 교재가 아니라, 언어의 기준이 되는 올바른 영어의 틀을 형성하고, 의미 단위의 구문들을 어떻게 다루면 좋을지를 스스로 배워 볼 수 있도록 해주는 교재라고 생각합니다.
단순히 독해를 위한 구문 및 어휘를 배우는 것 이상으로, (어디로나 뻗어나갈 수 있는) 탄탄한 기본기를 형성을 위한 매일 훈련용 문장으로 이보다 더 좋은 시리즈가 있을까요.
학생들이 어떤 목표를 정하고 그곳으로 가고자 할 때, 이 천일문 교재를 통해 탄탄하게 형성된 영어의 기반이 그 길을 더욱 수월하게 열어줄 것이라고 꼭 믿습니다.

박혜진 | 박혜진영어연구소

최근 학습에 있어 가장 핫한 키워드는 문해력이 아닌가 싶습니다. 영어 문해력을 기르기 위한 기본은 구문 분석이라 생각합니다.
다년간 천일문의 모든 버전을 가르쳐본 결과 기초가 부족한 학생들, 구문 학습이 잘 되어 있는데 심화 학습을 원하는 학생들 모두에게 적격인 교재입니다.
천일문 교재를 통한 영어 문장 구문 학습은 문장 단위에서 시작하여 더 나아가 글을 분석적으로 읽을 수 있어 영어 문해력에 도움이 되어 자신 있게 추천합니다.

아이린 | 광주광역시 서구

고등 내신에도, 수능에도 가장 기본은 정확하고 빠른 문장 파악! 문법 구조에 따라 달라지는 문장의 의미를 어려움 없이 이해할 수 있게 도와주는 구문 독해서! 추천합니다!

안미영 | 스카이플러스학원

쎄듀 초·중등 커리큘럼

	예비초	초1	초2	초3	초4	초5	초6
구문		천일문 365 일력 |초1-3| 교육부 지정 초등 필수 영어 문장		초등코치 천일문 SENTENCE 1001개 통문장 암기로 완성하는 초등 영어의 기초			
문법					초등코치 천일문 GRAMMAR 1001개 예문으로 배우는 초등 영문법		
			왓츠 Grammar		Start (초등 기초 영문법) / Plus (초등 영문법 마무리)		
독해				왓츠 리딩 70 / 80 / 90 / 100 A / B 쉽고 재미있게 완성되는 영어 독해력			
어휘				초등코치 천일문 VOCA&STORY 1001개의 초등 필수 어휘와 짧은 스토리			
		패턴으로 말하는 초등 필수 영단어 1 / 2 문장 패턴으로 완성하는 초등 필수 영단어					
ELT	Oh! My PHONICS 1 / 2 / 3 / 4 유·초등학생을 위한 첫 영어 파닉스						
	Oh! My SPEAKING 1 / 2 / 3 / 4 / 5 / 6 핵심 문장 패턴으로 더욱 쉬운 영어 말하기						
	Oh! My GRAMMAR 1 / 2 / 3 쓰기로 완성하는 첫 초등 영문법						

	예비중	중1	중2	중3
구문	천일문 STARTER 1 / 2			중등 필수 구문 & 문법 총정리
문법	개정 천일문 중등 GRAMMAR LEVEL 1 / 2 / 3			예문 중심 문법 기본서
	GRAMMAR Q Starter 1, 2 / Intermediate 1, 2 / Advanced 1, 2			학기별 문법 기본서
	잘 풀리는 영문법 1 / 2 / 3			문제 중심 문법 적용서
	GRAMMAR PIC 1 / 2 / 3 / 4			이해가 쉬운 도식화된 문법서
			1센치 영문법	1권으로 핵심 문법 정리
문법+어법			첫단추 BASIC 문법·어법편 1 / 2	문법·어법의 기초
문법+쓰기	EGU 영단어&품사 / 문장 형식 / 동사 써먹기 / 문법 써먹기 / 구문 써먹기			서술형 기초 세우기와 문법 다지기
				올씀 1 기본 문장 PATTERN 내신 서술형 기본 문장 학습
쓰기	개정 천일문 중등 WRITING LEVEL 1 / 2 / 3 *거침없이 Writing 개정			중등 교과서 내신 기출 서술형
	중학 영어 쓰작 1 / 2 / 3			중등 교과서 패턴 드릴 서술형
어휘	천일문 VOCA 중등 스타트 / 필수 / 마스터			2800개 중등 3개년 필수 어휘
	어휘끝 중학 필수편		중학 필수어휘 1000개	어휘끝 중학 마스터편 고난도 중학어휘 +고등기초 어휘 1000개
독해	ReadingGraphy LEVEL 1 / 2 / 3 / 4			중등 필수 구문까지 잡는 흥미로운 소재 독해
	Reading Relay Starter 1, 2 / Challenger 1, 2 / Master 1, 2			타교과 연계 배경 지식 독해
	READING Q Starter 1, 2 / Intermediate 1, 2 / Advanced 1, 2			예측/추론/요약 사고력 독해
독해전략			리딩 플랫폼 1 / 2 / 3	논픽션 지문 독해
독해유형			Reading 16 LEVEL 1 / 2 / 3	수능 유형 맛보기 + 내신 대비
			첫단추 BASIC 독해편 1 / 2	수능 유형 독해 입문
듣기	Listening Q 유형편 / 1 / 2 / 3			유형별 듣기 전략 및 실전 대비
	쎄듀 빠르게 중학영어듣기 모의고사 1 / 2 / 3			교육청 듣기평가 대비